海客瀛洲
说名著

徐习军
陈 婕
著

中国言实出版社

图书在版编目(CIP)数据

海客瀛洲说名著 / 徐习军 , 陈婕著 . -- 北京 : 中国言实出版社, 2024.1

ISBN 978-7-5171-4728-2

Ⅰ.①海… Ⅱ.①徐… ②陈… Ⅲ.①名著—介绍—中国 Ⅳ.①Z835

中国国家版本馆 CIP 数据核字 (2024) 第 030617 号

海客瀛洲说名著

责任编辑：佟贵兆
责任校对：史会美

出版发行：中国言实出版社
   地 址：北京市朝阳区北苑路180号加利大厦5号楼105室
   邮 编：100101
   编辑部：北京市海淀区花园北路35号院9号楼302室
   邮 编：100083
   电 话：010-64924853（总编室） 010-64924716（发行部）
   网 址：www.zgyscbs.cn 电子邮箱：zgyscbs@263.net

经 销：新华书店
印 刷：阳谷毕升印务有限公司
版 次：2024年12月第1版 2024年12月第1次印刷
规 格：660毫米×950毫米 1/16 22.75印张
字 数：265千字

定 价：68.00元
书 号：ISBN 978-7-5171-4728-2

序

张树庄

　　连云港市古称海州。素有"东海名郡"之称的海州，又有"瀛洲"之说。连云港是江苏省历史文化名城、海上丝绸之路申遗城市，有2200多年建城史，是一座山、海、港、城相依相拥的城市，有"东海第一胜境"之称。这里历史悠久，文化绵长，底蕴醇厚；地灵人杰，物华天宝，人文荟萃，曾是圣人过化之地，邹鲁礼仪之邦。这里山有仙，海有龙，是一个"山名水灵"的宝地。古今有多少文人学士曾在此流连、生活，或求学、著书，或巡视、为官，他们的很多作品扬名于世，成为影响巨大的名著。在他们的作品中，写到海州的人和事很多。历史上这些来海州为客的名人在他们的著作里是如何写海州的，有哪些名著写到海州？这对于我们今天生活在连云港的人们是一些饶有兴味的事情，也是十分关注的事情。徐习军先生在这部《海客瀛洲说名著》里，就把非海州本土人士，即与海州关系密切的"海州客"，在他们的"名著"里涉及海州的内容介绍给大家，这是一件非常有意义的事情，也是非常值得海州人欢迎的事情。

　　这些海州客上至汉代，下迄当今，数不胜数，他们的著作更是多之又多。唐代海州刺史、大书法家李邕在其所著《李北海集》中，留下了《海州大云寺禅院碑》。日本"慈觉大师"圆仁和尚在他的《入唐求法巡礼行记》一书中记录了圆仁一行多次来海州的事迹，留下了田湾浦、宿城、兴国寺、新罗村、李夷甫等地名和人名。唐代小说家牛肃在他的小说《纪闻》中写了一篇诬陷之作——《李邕》，造成了千年冤案！宋代著名金石学家赵明诚及他有天下第一才女之称的夫人李清照，在其所著《金石录》中收录的关于海州的碑刻信息就有六条。其中，三绝诗碑的诗作者，海州知州祖无择还著有《龙学文集》。曾在海州任职的北宋大科学家沈括，在中国古代科学名著《梦溪笔谈》中关于"海州"的内容，共有十二条之多。更值得称道的是医、文、科技无所不精的北宋宰相苏颂，在他主持编撰的《本草图经》里，有数以百计的海州云台山所产物种的记载。作为"苏门四学士"之一的张耒多次光临古海州，并与海州结下了深厚的情缘，在《柯山集》中留下了不少写海州的诗文。南宋的洪迈在其所著的宋代最大的志怪小说集《夷坚志》中写下关于"海州"的官员百姓、奇人异事的故事多达数十篇。在元代关汉卿的《窦娥冤》、施耐庵的《水浒传》、罗贯中的《三国演义》中，能够看到更多的海州背景。金元时期的"一代文宗"元好问，留下了《遗山集》这样厚重的文学名著，他的《横波亭——为青口帅赋》成为诗歌史上一首能与李杜苏辛诗词比肩的著名诗歌。明代的吴承恩，除了《西游记》外，还有一部《射阳先生存稿》，这是一部深具文化品位的厚重大书，他在书中多处记述了海州的人和事。明末清初丁耀亢的长篇小说《续金瓶梅》，与海州也有着割不断的关系。

到了清代，海州的文人士大夫阶层，包括凌廷堪、李汝珍、许乔林、许桂林、吴振勃、吴振勋、吕莱园、吕小莱、朱黼、吴敬梓等，以及与海州关系密切的袁枚、魏源、阮元、杨锡绂、陶澍、唐仲冕等学者文人形成了一个多元文化部落，或从事经史考据，或音韵辨识，或诗词唱和，或研究天文历算……他们的诗文书稿里大量地涌现关于海州的内容，像杨锡绂的《四知堂文集》、吴敬梓的《儒林外史》、袁枚的《随园食单》、唐仲冕的《陶山诗录》、凌廷堪的《校礼堂诗集》、李汝珍的《镜花缘》《李氏音鉴》、阮元的《畴人传》、陶澍的《印心石屋诗钞》、魏源的《筹鹾篇》等。

伟大的民主革命先行者孙中山，在他的《建国方略》一书中规划了海州港（即今连云港）的建设，系统地抒发了自己的建国宏愿和构想。在该书的第二部分《实业计划》中，他提出要在中国东部海岸建设十六个海港，其中连云港被列入二等港之列。当代地理学家、新时期徐福研究的开拓者——罗其湘教授，发现并考证了徐福故里——赣榆金山徐阜村（今徐福村），成为学术史上的重大发现，继而揭开了中国新时期徐福学术研究的新篇章。

徐习军先生学养完粹，道味盎然。《海客瀛洲说名著》计三十篇文章，内容丰富，语言流畅，精深博远，考证精详。真是"灼见真知析究理，旁征博引探渊源"，做到了博、精、信。

《海客瀛洲说名著》分为文化名著记海州、文学名著写海州、诗文名著颂海州三个部分。每个部分十八篇文章，列举了十八部在我国乃至世界上有影响力的名著。编者从作者生平、作品介绍、社会影响、与海州关系等诸多方面进行了铺写。其"名著"不限于文化、文学著作，或历史，或科技，或文学，或艺术，均在选题之列。名著在时间上的跨度也很大，从唐代开始直至当代。洋洋三十余万字，把这些海州客与海州的关系说得清清楚楚。"博"是这部书的一个重要的特点。

《海客瀛洲说名著》内容广博，见地深刻，叙说精详，准确细致，在思想和学识方面均有独到的见解。每篇文章也都结构严谨，层次清楚。例如讲述魏源的这篇文章，卷首语先简单介绍魏源生活的时代及其评价，然后分成三个部分进行叙述，先写"睁眼看世界"的魏源，再写魏源的盐政改革及其檄文《筹鹾篇》，最后写魏源的海州板浦情结。每一部分又分三个层次，进行详细精准地剖析，达到了"精"的程度。本书考证精细，说服力强。书中多有对于一些相关的历史事件、著作、版本、成书时间，及至人物的籍贯、世系的精细考证，条分缕析，极具说服力。著者还注意运用分析的手法，理清一个人的心路历程。在介绍《镜花缘》的作者李汝珍的时候，著者将李汝珍通过师承学习板浦文化，进而自觉地适应板浦文化，到发自内心地认同板浦文化，最后自身参与创造板浦文化的整个融入过程为读者整体呈现了出来。"精"是这部书的又一个重要的特点。

《海客瀛洲说名著》多处引用名著原文，或译成白话文进行叙写，这些文字均能做到不悖原文，文意准确，不偏离，不随意增减，不杜撰。对人物的评价更是实事求是，无虚妄之言，无谄媚之辞，能做到客观、准确地刻画人物，介绍他们的成就、贡献，准确地给予评价，既有褒，也有贬：评介孙中山是"伟大的民主革命先行者"，李清照是"千古第一才女"，袁枚是"性灵派的创始人"，罗其湘是"新时期徐福研究的开拓者"，沈括的《梦溪笔谈》是"中国古代科学的世界名著"，魏源是"近代中国睁眼看世界第一人"……这些评介在历史上也早有定论。在写到唐代牛肃的《纪闻》时，著者除了肯定了这本书是由志怪向现实生活过渡的代表作外，还指出书中杜撰的海州刺史李邕的故事"不仅仅对时任海州刺史李邕是一个极大的诬陷，对唐朝时期的海州也是一个莫大的侮辱"。据理力争，立场鲜明，达到了"信"。

细读《海客瀛洲说名著》，您会更加了解海州文化的博大精深，会更加热爱我们生活的这块热土。正如作者在《阮元〈畴人传〉与海州》所说:"这些进入《畴人传》的海州关联人物,是历代活跃在海州文坛、科坛上最为'积极'的文化分子,构成了当时海州'先进文化'的因子,也是古代海州之所以成为国家文化重镇的缘由所在。"

读了《海客瀛洲说名著》后,我学到了很多东西,开阔了眼界,扩大了视野,更加坚信这座江苏省历史文化名城的明天会更美丽,更繁荣!

2022 年 10 月 20 日于东方之珠

目 录

卷二 文学名著写海州

卷一

文化名著润海州

第一章　圆仁《入唐求法巡礼行记》与海州

　　无论在中国还是在日本、韩国、越南，也无论在亚洲还是欧美，或者在世界任何一个角落，佛教的三藏法师"玄奘"都有谜一样的传奇经历，都是神一样的存在。由于小说《西游记》的广泛流传，世界各地的孩子们都知道《西游记》的主人公唐僧，也就是大唐玄奘法师。相比之下，在日本，圆仁法师虽说不上家喻户晓、妇孺皆知，但在佛教界，特别是在天台宗，圆仁有一个伟大的称号，他被天皇赐封为"慈觉大师"，也是一个赫赫有名的重要历史人物。日本佛教界几乎无人不晓他巡礼大唐名寺古刹的种种事迹，以及他对中日佛教文化交流产生的深远影响。

　　日本的僧人都十分崇敬玄奘法师、鉴真和尚，也都受过玄奘法师西行求法和鉴真和尚东渡弘法精神的感召。而圆仁法师，是众多求法僧中被称为"日本的玄奘"的僧人，堪称中日佛教交流的代表性人物，他与玄奘、鉴真一样伟大。虽然他们各自有着不同的人生经历和时代背景，但有一点是共通的，那就是舍身求法的精神。而圆仁这位伟大的高僧，与我们的海州也有着不解之缘，他入唐求法时数次来到海州，并且在他的著作《入唐求法巡礼行记》中记下了关于海州浓墨重彩的一笔。

圆仁留唐近十年，他广泛寻师求法，曾到五台山巡礼，足迹遍及今江苏、安徽、山东、河北、山西、陕西、河南诸省，并留居长安近五年。他用中文写的日记《入唐求法巡礼行记》，是研究唐代历史的宝贵资料。

圆仁的记述涉及唐王朝皇室、宦官和士大夫之间的政治矛盾，他与李德裕、仇士良的会见，社会生活各方面如节日、祭祀、饮食、禁忌等习俗，所经过的地方的人口、出产、物价，水陆交通的路线和驿馆，新罗商人在沿海的活动和新罗人聚居的情况，以及关于唐代南北佛教寺院中的各种仪式等，并且都有详细记载。

圆仁在唐时适值武宗废佛（会昌废佛），关于845年（唐武宗会昌五年）正式下诏废佛之前对佛教徒的种种迫害措施，以及朝廷大臣、宦官对废佛的不同态度，不同年龄的僧尼和外国僧人所受的不同待遇等，他在书中都留下了生动的第一手资料。

圆仁留下著作百余部，最著名的有《入唐求法巡礼记》四卷，《入唐求法巡礼记》与玄奘的《大唐西域记》和马可·波罗的《东方见闻录》并称为世界三大旅行记。

第一节　圆仁法师及其海州之缘

（一）

日本佛教天台宗第三代座主慈觉大师圆仁，俗姓壬生氏，桓武天皇延历十三年（唐德宗贞元十年，794 年）出生于下野国都贺郡（今栃木县），幼年丧父，九岁时随其兄学经史，心慕佛乘。十五岁到京都滋贺县比睿山，师从日本天台宗创始人最澄，系统研习天台宗教义。由于圆仁勤学苦修，深得最澄钟爱。他二十一岁在东大寺戒坛受具足戒，二十四岁就被最澄授予圆顿大戒。

最澄，称德天皇神护景云元年（唐代宗大历二年，767年）诞生于近江国（滋贺县大津市）。父亲三津首百枝，幼名广野。三津首家族系登万贵王系统，乃汉献帝的子孙，应神天皇时代来日，定居于近江国滋贺郡，赐姓三津首。近江一带称汉献帝子孙的人很多。经薗田香融精查，滋贺郡所居华裔归化氏族，皆为汉献帝苗裔，因氏族传承关系结成同族。桑吉扎西发表《寻访圆仁法师的足迹——阿南史代女士访谈》一文称："在日本传统文化观念中，佛教徒还是习惯上把圆仁的老师最澄放在第一位，把圆仁放在他老师最澄的后面。"[①]

最澄在比睿山上设置四种三昧，让圆仁创设常坐三昧堂（后为文殊楼院）。最澄还曾写有《山家学生式》上奏朝廷，请求在比睿山设大乘圆顿戒坛。嵯峨天皇弘仁十三年（唐穆宗长庆二年，822年）获朝廷允准，嵯峨天皇特下诏书，批准在比睿山建立天台宗大乘戒坛，同时为比睿山寺赐"延历寺"匾额。圆仁于比睿山北谷结庵苦行六年，始讲学于法隆寺和天王寺等处。而此时最澄刚刚去世不久，乃由未满三十岁的弟子圆仁开坛弘法。大约应了中国的一句俗语"名师出高徒"，圆仁法师在弘扬佛法上取得的成就胜于他的老师最澄：他完善了日本天台宗，为日本佛教的发展做出了伟大贡献；他对当时日本社会各阶层的生活，从文学艺术到民俗信仰等各个层面都具有一定的影响；圆仁作为日本的入唐求法僧，是唐代佛教东渡的核心载体，在唐代中日佛教交流以及日本中古文化的发展方面起到了非

---

① 桑吉扎西：《寻访圆仁法师的足迹——阿南史代女士访谈》，《法音》2024年第10期。

常重要的推动作用。

圆仁在四十岁时因感身乏体惫，自觉寿命不长，乃于山上幽深之地隐居修炼三年，此地即横川首楞严院。圆仁在此建立"根本如法堂"，淳和天皇天长十年（唐文宗太和七年，833年）写成《根本如法经》。仁明天皇承和四年（唐文宗开成二年，837年），由义真和尚推荐，山上众僧拥戴，圆仁获选入唐请益。所以可以肯定地说，在入唐求法之前，圆仁已是日本天台宗的一位高僧。

（二）

日本仁明天皇承和五年（唐文宗开成三年，838年），四十五岁的圆仁受众僧推举，作为请益僧跟随日本国第十八次遣唐使团，与遣唐使藤原常嗣等一行，历尽波折、九死一生，西渡入唐。到中国后，圆仁又备尝艰辛，屡经磨难。次年农历七月，圆仁法师从淮南镇大江口入江，经掘港庭、郭补村、临河仓铺至如皋镇，后北上扬州。他以带来日本比睿山延历寺未决天台教义三十条请求唐朝高僧决释为名，先后向扬州、五台山、长安等地高僧请益求法，主要是受学天台止观和遮那，即法华显教和真言密教这两门，此外还有受灌顶，学梵、汉文字，写经卷和画曼荼罗功德帧等。圆仁在中国求法历时九年七个月左右。他即将回日本时，适逢唐武宗会昌年间毁佛事件发生。

会昌毁佛指唐武宗李炎在位期间（840—846年）推行的一系列"灭佛"政策，以会昌五年（845年）四月颁布的敕令为高峰。会昌六年唐武宗驾崩，宣宗即位后又重新尊佛，灭佛风潮就此结束。这一事件使佛教在中国受到严重打击，唐武宗李炎灭佛也因此与之前的北魏太武帝拓跋焘灭佛、北周武帝宇文邕灭佛和后来的后周世宗柴荣灭佛并称为"三武一宗灭佛"。在灭佛同时，大秦景教僧、祆教僧也皆被敕令还俗，寺院亦被拆毁。但当时地方藩镇割据，朝廷命令因而不能完全贯彻，如河北三镇就没有执行；有的地方执行命令不力。这是一次寺院地主和世俗地主矛盾的总爆发，佛教遭到的打击是严重的，佛教徒称之为"会昌法难"。在此期间，圆仁几经曲折、饱经沧桑。唐宣宗大中元年（847年），他携同在扬州、五台山与长安等处求得的佛教经论章疏传记等共五百八十五部、七百九十四卷，以及胎藏、金刚两部曼荼罗诸尊坛样之类法门道具，归返故土。

回国以后，他先在比睿山设灌顶台，接着又建法华总持院、定心院、常行三昧院等，进一步弘扬显、密二教。文德天皇仁寿四年（唐宣宗大中八年，854年）圆仁被敕封为延历寺座主，日本有"座主"公称亦由此开始。圆仁所创的"台密"，比之于东寺、高野山等所谓的"东密"更为充实。作为延历寺第三代座主，圆仁继承最澄遗志，大力弘扬大乘戒律，住寺十年，使日本天台宗获得很大发展。

圆仁在清和天皇贞观六年（唐懿宗咸通五年，864年）正月十四日圆寂，终年七十一岁。贞观八年（唐懿宗咸通七年866年），天皇授予他"慈觉大师"谥号，是为日本佛教史上僧人荣获大师尊号的开始。

（三）

圆仁法师入唐求法期间，游历了江苏、山东、河北、河南、山西、陕西等地，拜访寺庙、饱览名山，其中数次来到海州。

唐文宗开成三年（838年）七月二日，圆仁所搭乘的头船在抵达扬州海陵县（今江苏泰州）后，遣唐使藤原常嗣带领其中的四十余人前往长安。因唐朝时期人员的流动需要路证，原计划前往天台山国清寺请益的圆仁因申请未获批准而滞留扬州。葛莹在《圆仁往台州求法失败原因考》分析圆仁往台州求法失败的原因时认为："一是党派分歧。圆仁请公验的扬州归李德裕管辖，而计划前往的台州则归李宗闵管辖。二人为牛李二党的代表人物，政治观点相左，关系不睦。二是官员对待圆仁的态度因藩镇类型不同而存在差异。东南财源型藩镇的官员多为文臣，谨遵朝廷法度，而河朔割据型藩镇的官员在处理圆仁请公验的问题时则更为自由。"①

　　历史的机遇就这样让圆仁和海州结下了缘分。圆仁未能求得前往天台宗圣地台州的公验，内心十分矛盾，他不甘心就此回国，决定转道五台山。于是，他带着三名随从，在新罗水手的协助下一路北上，于唐文宗开成四年（839年）三月二十九日，从淮河口出，至海口，向北直行，"水手稻益驾船便向海州方向去"，"申时。到海州管辖内东海县东海山（今云台山）东边"。②《入唐求法巡礼行记》记载，圆仁于四月十三日午后"从东海县前指东发行"③，离开海州，十七日到达"登州（今山东蓬莱）牟平县（今烟台市牟平区）"。④

　　圆仁法师第二次来海州是在会昌五年（845年）七月十五日，"十五日，到海州。入县通状请暂停泊。……从此发归本国"⑤。这是圆仁返回日本时路过海州，要在这里签署通关文牒。但因"从海州向北无水路。虽傍海行。而不见海"，圆仁十八日沿陆路到了仁怀（今连云港市赣榆区境内，当时归海州管辖）。圆仁第二次到海州，在境内停留四天。

　　圆仁法师第三次来海州，是会昌七年（847年）闰三月十四日，他乘坐的船因遇到风向突变，在大珠山与琅琊台之间（今青岛市黄岛区一带）停泊了四晚，十三日夜间发船，"十四日。黄昏。到海州

① 　葛莹：《圆仁往台州求法失败原因考》，《河北北方学院学报》，2017年第5期。
② 　[日]圆仁著：《入唐求法巡礼记》，广西师范大学出版社，2007年版，第35页。下引只注书名、页码。括号内为引者注，下同。
③ 　《入唐求法巡礼行记》第41页。
④ 　《入唐求法巡礼行记》第42页。
⑤ 　《入唐求法巡礼行记》第151页。

界东海山田湾浦"①，即今高公岛西南宿城海湾田湾核电站附近，停船候风四天。十八日发船后又因风向变化在海上漂流，直至二十三日依然"却到东海山过夜"②，这一次在海州的东海山东边留置，以及海域漂流也有十天时间。其中停船候风那四天时间虽未有记载，但圆仁上岸考察近在咫尺的云台山新罗村，想必是极有可能的。

　　圆仁法师日记中还记载了宿城、小海等诸多海州地名，以及他在停留海州时的许多活动，笔者将在下面予以介绍。

第二节　经典著作《入唐求法巡礼行记》的史料价值

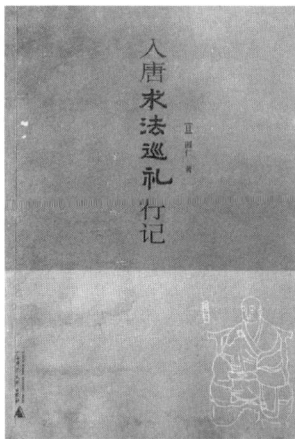

　　广西师范大学出版社 2007 年出版的《入唐求法巡礼行记》中指出：《大唐西域记》《入唐求法巡礼行记》和《马可·波罗游记》历来被视为中外文化交流的三大文化游记，前二部堪称记录佛学东渐的姊妹篇。

---

① 《入唐求法巡礼行记》第 158 页。
② 《入唐求法巡礼行记》第 158 页。

从《大唐西域记》到《入唐求法巡礼行记》，时间间隔近两百年，中日两国的先人，就像跑接力棒一样，共同完成了这样一场文化接力。两次赛棒的交接，似乎都含有某种文化拯救的意义——玄奘去印度求法时，正是佛教在印度即将走向衰败之际；而圆仁来大唐求法，也恰遇武宗毁佛的"会昌法难"之时。从中不难看出，文化的拯救与弘扬，最终靠的都是人的坚韧信心。他们怀着信心上路，用信心接过赛棒，而那棒端始终燃着一炷明亮的文化焰火，生生不息。——这火的种子，就是佛学佛心。在国人热切呼唤中华文化走向复兴的今天，相信这桩千年之前的文化接力事件，将对我们有特殊的启发。

（一）

《入唐求法巡礼行记》记录了圆仁自日本仁明天皇承和五年（唐文宗开成三年，838 年）六月起至承和十四年（唐宣宗大中元年，847 年）十二月的日记，时间长达近十年，地域广及中国的七省二十余州六十余县，内容涉及晚唐时期的社会经济、政治、宗教文化、僧俗交往、时令风俗以及中国、日本、新罗关系等许多方面，具有广泛的史料价值，在日本受到了学界的普遍重视。日本学者牧田谛亮认为：日本僧侣游历日本佛教的母胎和祖国的中国所留下的游记，具有代表性的文献可列举三种，天台慈觉大师圆仁的《入唐求法巡礼行记》四卷即其中之一（另外两种是成寻的《参天台五台山记》和临济策彦周良的《入明记》）。

《入唐求法巡礼行记》共四卷，日记体。其主要内容如下。

【卷第一】记载了唐文宗开成三年（838 年）六月十三日至开成四年（839 年）四月十八日圆仁渡海来华的经历，来华后的路线为：海陵县—扬州—楚州—海州—登州。

本书开篇记载："承和五年六月十三日。午时。第一。第四两舶诸使驾舶。缘无顺风，停宿三个日。"①

此行四舶共六百五十一人于837年自博多（今日本福冈博多区）首次出海，遇台风，第三舶一百四十人仅二十余人生还。839年，修复后的三舶再次出海，再遇逆风。六月十三日，第一、第四舶结队自博多第三次出发，第二舶亦稍迟启航。《入唐求法巡礼行记》文中涉及地理方位、日期时辰，均以中国海道定方位，用中国的天干、地支、八卦纪年及时辰。

【卷第二】记载了开成四年（839年）四月十九日至开成五年（840年）五月十六日，圆仁在登州赤山—青州—贝州—赵州—镇州—五台山的经历。

【卷第三】记载了开成五年（840年）五月十七日至会昌三年（843年）五月二十五日，圆仁到达五台山，向高僧请益求法之后，在五台山—并州—汾州—晋州—蒲州—同州—长安游历的经历。

【卷第四】记载了唐武宗会昌三年（843年）六月三日至唐宣宗大中元年（847年）十二月十四日，圆仁经长安—洛阳—郑州—汴州—泗州—楚州—海州—密州—登州—文登县—渡海归国的经历。

（二）

圆仁在中国的活动，也包括了广大的农村地区，记录了一些相当重要的农村经济资料。因此《入唐求法巡礼行记》这本书的经济史料十分丰富和宝贵。

开成三年（838年）七月十四日，圆仁等刚到扬州，便以桃子赠送给刚来到唐朝的异国同行，想必扬州的桃子是当时拿得出手的

---

① 《入唐求法巡礼行记》第3页。

优等水果。然而在各类史书中，还没有当时扬州产桃子的记录。圆仁从扬州海陵县延海乡往海陵县县城的途中，记录了县郊养殖业的具体发展情况："白鹅白鸭。往往多有。"[①]"水路之侧。有人养水鸟。追集一处。不令外散。一处所养。数二千有余。如斯之类。江曲有之矣。"[②] 这就告诉我们，唐代后期扬州农村养殖的禽类品种有鹅、鸭、水鸟，养殖方式是集中圈养，一户圈养数量多达两千余只。开成四年（839年）正月十八日条记载："又大官军中并寺里僧，并以今日，咸皆拣米，不限日数。从州运米，分付诸寺，随众多少，斛数不定，十斛廿斛耳。寺库领受，更与众僧，或一斗，或一斗五升。"[③] 这是关于唐代农作物的记录，说明当时扬州主要出产大米，扬州的大米不仅可以供给寺僧，还要上贡给天子。除大米外，圆仁还记有扬州盛产"生粟"，以及"小角豆"、竹笋等蔬菜。圆仁来到登州，记道："又此州但有粟，其粳米最贵云云。"[④] 反映出了登州主要出产粟，以粟为主粮，而米的数量较少，所以价格昂贵。在河北道的深州，他记载了当地以大量种植芝麻而榨油闻名。这些记载，为唐代农作物、养殖业发展史的研究提供了宝贵的农村经济史料。《入唐求法巡礼行记》在唐代农业经济史料上的贡献还在于它记录了今山东五个不同地区的粮价，这对于我们推测出唐代正常年景的粮价起到了不可低估的作用。

（三）

《入唐求法巡礼行记》中关于社会交往、百姓生活、民俗文化

---

① 《入唐求法巡礼行记》第9页。
② 《入唐求法巡礼行记》第9页。
③ 《入唐求法巡礼行记》第27页。
④ 《入唐求法巡礼行记》第43页。

等方面的史料也非常丰富。圆仁在长途跋涉取经巡礼的过程中，既与官府、官吏们打交道，又在寺庙中或乡村百姓家中吃住，因而在书中关于饮食方面的资料也十分丰富。比如，用面粉制成的食品在圆仁书中记有很多，馄饨、粉粥、胡饼、薄饼、空饼、馒头等，不论是在寺院还是在寻常百姓家中，食用都极为普遍。书中也提到，官员到寺庙，寺庙招待的饮品非茶莫属，官府招待客人也是茶，这说明茶是当时不失高雅规格的一品饮料。圆仁结识的官员以私人名义相赠礼物时，也常常选茶。书中关于茶的记载反映了唐后期极为普遍的茶叶种植、经营活动与茶文化。在中国的九年间，圆仁主要是拜师学经巡礼，潜心研究佛教，因而他记录的佛教礼仪也比较多。

关于盐业的繁荣，圆仁也有所记，书中写道："盐官船积盐，或三四船，或四五船，双结续编，不绝数十里，相随而行。"[①] 而"道俗共烧纸钱，俗家后夜烧竹与爆，声道万岁。街店之内，百种饭食异常弥满"[②]，则记录了扬州城内百姓大年夜的风俗。

圆仁书中一些关于价格的记载史料价值极高，一般很难在其他史书中查找到。唐代关于绢价的记录不多。关于绢价，圆仁有这样的记录："更买白绢二疋。价二贯。令作七条。五条二袈裟。"[③]

《入唐求法巡礼行记》中有关唐代城市、小集镇方面的记录，弥足珍贵，可以补史书记载之不足。在圆仁的记录中，一些点滴资料也反映出了唐代许多农民从事工商业，进入了商品市场，当时也有了较为规范的商品市场管理。例如他记载的"砂金大二两于市头。令交易。市头秤定一大两七钱。七钱准当大二分半"[④]。圆仁记载的

---

① 《入唐求法巡礼行记》第 8 页。
② 《入唐求法巡礼行记》第 24 页。
③ 《入唐求法巡礼行记》第 17 页。
④ 《入唐求法巡礼行记》第 17 页。

"市头"，是在交易双方之间代表着一种权威与公正的现场管理官员，这也可以使得人们对唐代商业的发展研究得到新的启迪。

（四）

在《入唐求法巡礼行记》这部著作中，作者用了几乎一半以上的篇幅记载了新罗人在唐朝的侨居情况。根据圆仁的记载，唐朝的登州、莱州、密州、楚州、海州等地，即今天江苏、山东省沿海地区分布有众多新罗侨民村落。

圆仁到扬州后，想到台州天台山进香朝拜，但未得唐朝政府的批准，并被要求随日本使团回国。圆仁心有不甘，于是和其随从一起在海州一带就岸，离开了归途的日本朝贡使团船队，期望能在中国滞留而从事求法活动。就在圆仁一行寻找淡水之际，不期遇到从密州前往楚州送炭的新罗船队。此后，圆仁在新罗侨民的帮助下，在当地进行了多年的求法活动。后来由于遇上"会昌灭佛"运动，圆仁被迫离开唐朝返回日本，也是搭乘新罗商船归国的。

开成四年（839年）四月廿五日早晨，圆仁一行利用东北风乘船离开邵村浦，向西南的乳山浦航去。廿六日巳时，般队到达乳山西浦。"未时。新罗人三十余骑马乘驴来云。押衙潮水落拟来相看，所以先来候迎。……不久之间押衙驾新罗船来。"[①] 这些人是专门迎接圆仁一行的新罗人，从有三十多人的规模来看，乳山浦周围的新罗侨民规模当在百人以上。四月廿九日，圆仁一行又通过道玄与当地新罗人商量留住之事。五月一日，他们又与当地邵村的新罗人王训协商并购买粮食。在海州，他也有很多关于新罗人的记载，将在下文阐述。

---

① 《入唐求法巡礼行记》第 46-47 页。

第三节　《入唐求法巡礼行记》中的海州记述

（一）

《入唐求法巡礼行记》中有诸多关于海州的记述。卷一中记载，唐文宗开成四年（839年）三月二十九日，"九个船悬帆发行。卯后从淮口出。至海口。指北直行。送客军将缘浪很高。不得相随。水手稻益驾便船向海州去。望见东南两方。大海玄远。始自西北。山岛相连。即是海州管内东极矣。申时。到海州管内东海县东海山东边。入澳停住。从澳近东。有胡洪岛。南风切吹。摇动无喻。其东海山纯是高石重岩。临海险峻。松树丽美。甚是爱怜。自此山头。有陆路到东海县。百里之程。"①

这里记载了当时云台山东端的海岸线情况。因为圆仁一行的船是从淮河口往北驶来的，"始自西北"显然是船进了"田湾浦"（今宿迁市宿城区田湾），才能望见"望见东南两方"有"山岛相连"，才能有"高石重岩""松树丽美"。"入澳停住"的"澳"，即海岸凹入陆地、便于停船的海湾。"从澳近东"有圆仁记录的"胡洪岛"，这无疑应该是田湾东侧的高公岛。众所周知，从北齐起，云台山西南端的南城即为县治所在，北齐时为广饶县属东海郡，隋文帝仁寿元年（601年）改广饶县复置东海县，沿山海边缘从田湾到东海县南城，即圆仁所记载的"有陆路到东海县百里之程"。这条记载不仅确认了圆仁到达海州境的时间，也记载了当时的山海地貌、县治所在，对于唐代海州研究有重要意义。

---

① 《入唐求法巡礼行记》第35—36页。

圆仁在书中还曾这样写道："四月。一日。天晴。云气趋骚。未时。节下已下登陆岸。祀祠天神地祇。不久之顷。雨下。艮风稍切。波浪猛涌。诸船踊腾。小澳多船。数有相触。惊怕殊多。留学僧为送叡山。……官人祭祀之后，共议渡海"。[①]

这段记载，让我们了解几个史实：一是圆仁在到达云台山的第二天，就下船登陆祭拜"天神地祇"；二是海湾里船很多，说明当时的港湾非常繁忙，或许就是当今一直在寻找的一个古港；三是圆仁"祭祀之后，共议渡海"，打算离开云台山前往大珠山。

"二日。风变西南。节下唤集诸船官人。重议进发。……若到彼进发。灾祸难量。加以彼新罗与张宝高兴乱相战。得西风及乾坤风。定着贼境。"[②] 这些文字记录了当时圆仁召集各船船长商议离开云台山，继续前进，然而此时既有风变，又考虑大珠山一带新罗人与张宝高（张保皋）处于"兴乱相战"状态，如果前行，定有危险。这里涉及连云港一带至今流传的有关张保皋（大约出生在787年）的传说。张保皋荡除海盗，掌握了东亚海上贸易，是韩国历史上唯一一位开展海外贸易的人。因此，张保皋在韩国被视为民族英雄。这段记载让我们了解到虽然作为新罗民族英雄，但是张保皋仍然与居住在大珠山一带的新罗人相互为敌的历史事实。我们猜想，或许是大珠山一带新罗人也做匪盗营生吧，影响了张保皋的海上贸易，或许是别的原因，所以相互为敌。这不仅对于新罗在唐移民研究提出了新视角，也为张保皋研究提供了一定的历史资料。

（二）

《入唐求法巡礼行记》中记载了圆仁到达海州，与海州当地寺

---

① 《入唐求法巡礼行记》第36页。
② 《入唐求法巡礼行记》第36页。

僧、官府的交往。关于云台山"新罗村"也被圆仁记载得十分清晰准确。

四月五日，圆仁与沙弥惟正、惟晓、水手丁雄满一行四人在东海县境内海岸下船，准备暂住于此，隐居山里等待时机前去天台，继往长安。因为此前圆仁申请去天台山未获得批准，所以要"偷偷摸摸"地"隐居"，等待机会。就在他们四人"为斋时"，"寻水入深涧。不久之间。有闻多人声"。① 因为他们心虚，所以书中记载"惊怪"两字。他们遇到一艘小船，有十余人，船夫问他们是哪里人，圆仁担心暴露行踪，便谎称自己是新罗贡使，"先住楚州。为往密州②"。此船也是新罗人，船夫给他们留下一些吃的，还告诉他们，在宿城有新罗村，住了不少新罗人，让他们去那里投宿。圆仁一行前往新罗村投宿，村长王良发现他们的语言不但不是新罗语，也非唐朝本土居民的语言，于是便向衙门报告了这件事。

第二天，衙门便派来张亮、张茂等三名差役。这三人不是来"抓人"的，只是来通知圆仁等人前往东海县衙递交公文，并说明来海州之原因，可见唐朝时对外交往的管理还是相当文明的。

四月七日卯时，张亮等人雇脚夫挑着圆仁的行李前往县衙复命。途中他们"越两重石山。涉取盐处。泥深路远"③。据"连云港市图书馆"公众号发布的文章《"日本玄奘"圆仁法师的海州之行》："两重石山"，即今天的宿城虎口岭与小金湾，当时北云台与中云台之间尚存一道海峡，虎口岭是出入宿城的必经之路。"取盐处"位于今天北云台山南麓的白果树村。史籍中记载，唐代时那里曾是一片盐滩，当时盐业的运销机构即驻在白果树村。

---

① 《入唐求法巡礼行记》第37页。
② 《入唐求法巡礼行记》第38页。
③ 《入唐求法巡礼行记》第39页。

"未时。到兴国寺。寺人等云。押衙在此。不得待迟来。只今发去。"① 即是说下午一至三点，圆仁一行抵达兴国禅寺（今连云港市连云区朝阳镇境内）。之后，圆仁写道："寺主煎茶。便雇驴三头。骑之发去。驴一头行廿里。功钱五十文。三头计百五十文。行廿里到心净寺。是即尼寺。押衙在此。便人寺相看。具陈事由。押衙官位姓名。海州押衙兼左二将军将四县都游奕使。勾当蕃客。朝议郎。试左金吾卫张实。啜茶之后。便向县家去。更雇驴一头。……驴功与钱廿文。一人行百里。百廿文。"②

这里记载了几条重要信息：一是海州的兴国禅寺也和前边所记录的扬州延光寺等寺庙一样，通行用茶水待客，可见在唐代时，茶已成为上至达官下至平民的普遍嗜好；二是记录了民间脚力价值与官价之差别。《唐六典》卷三"度支郎中员外郎一节"有对于官价的记录："凡天下舟车水陆载运皆具为脚直，轻重、贵贱、平易、险涩而为之制……四道诸州，运租、庸、杂物等脚，每驮一百斤，一百里一百文。山阪处一百二十文；车载一千斤九百文……其山阪险难、驴少处，不得过一百五十文；平易处，不得下八十文"③；三是在离兴国禅寺二十里的心净寺，圆仁一行遇到了负责管理外国人事务的海州押衙张实（有史料记载的海州第一位外交官）。从圆仁的记载中看出，唐代不仅在海州云台山海防设置了"游奕使"（即负责边境巡查的士兵），还设置了级别高于县令的"朝议郎"（唐朝置为正六品上文散官）负责管理外国人事务，说明海州的海防受到朝廷相当的重视。

---

① 《入唐求法巡礼行记》第39页。
② 《入唐求法巡礼行记》第39页。
③ ［唐］李林甫等撰，陈仲夫点校，《唐六典（上）》，中华书局1992年版，第80页。

"从尼寺到县廿里。晚头到县。到押司录事王岸家宿。"① 张实陪同圆仁一行向西又走了二十里，在天黑前抵达了东海县（今连云港市海州区南城镇），晚上便投宿在"押司录事王岸家"，看来唐代的基层官员还是比较廉洁的，在自己家安排"公务"住宿，并不曾到"旅馆"破费。

（三）

《入唐求法巡礼行记》中记载，开成四年（839年）四月八日，圆仁从东海县过"小海"到达海州。早上"吃粥之后"，县令李夷甫、县丞崔君原、主簿李登、县尉花达、捕贼官陆僚等来到王岸家，王岸与县令等人设宴款待了圆仁一行。饭后，张实与圆仁等人乘船由小海西行前往海州。临行前，县令李夷甫托张实给海州刺史带二斗新面。这样的细节，也被圆仁记在了日记里："此县是东岸。州在西岸。良判官缘病未上泊船。押衙道。从此小海西岸有海龙王庙。良判官只今于此庙里安置。"②

唐时，云台山还在海中，就连后来的宋朝诗人苏轼还曾有诗说"欲济东海县，恨无石桥梁"。东海县（治南城）与海州之间有一道海峡，是片浅海，称之为"小海"，地理位置在今海州开发区。至今，海州上了年纪的老辈人还将凤凰西山以西至胸山头之间的区域称呼为"小海"。因当时"小海"上风疾浪险，故有"恬风渡""黑风口"等称呼。渡过"小海"，圆仁一行"到海龙王庙。相看良岑判官。粟录事。纪通事。神参军等。"③ "小海"西岸的"海龙王庙"大约就是今天孔望山"龙洞庵"一带，唐代时曾名为"龙兴寺"，

---

① 《入唐求法巡礼行记》第39页。
② 《入唐求法巡礼行记》第40页。
③ 《入唐求法巡礼行记》第40页。

是唐宋之际海州民间求雨的"圣地"之一。

离开海龙王庙，圆仁等三人随押衙前往州衙拜见海州刺史。"刺史姓颜名揩。粗解佛教。向僧等自说。语话之后。便归神庙。刺史颜大夫差一军将，令相送僧等三人及行者，暂住海龙王庙。"[1]

这位"姓颜名揩"的海州刺史，不见其他史料所记载，《"日本玄奘"圆仁法师的海州之行》写道："据民国《孟县志》收录的《唐故左内率府兵曹参军颜府君（元贞）墓志铭并序》中所记，颜揩（措），河阳（今河南孟州）人，唐开成三年至四年间（838—839年）曾担任海州刺史。圆仁在《入唐求法巡礼行记》中如实地记载了这位被地方志遗漏的海州职官，为今人补充正史提供了强有力的史料。"

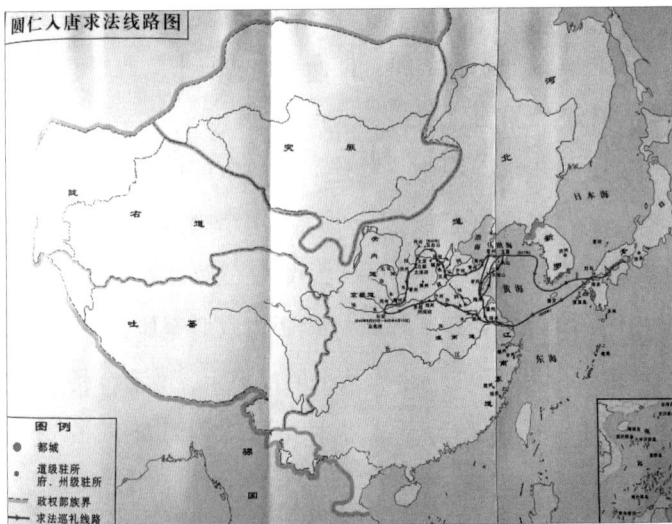

圆仁入唐求法线路图

---

[1] 《入唐求法巡礼行记》第40页。

　　圆仁《入唐求法巡礼行记》在卷四中还有唐武宗会昌五年（845年）七月十五日，"到海州。入县通状请暂停泊……从此发归本国"①。十八日从海州沿陆路到了仁怀（今连云港市赣榆区）；会昌七年（847年），"闰三月。十四日。黄昏。到海州界东海山田湾浦"②。停船候风四天，并且十八日发船后又因风向变化在海上漂流，直至二十三日依然"却到东海山过夜"③等诸多描写。此外，书中还记载了到海州沿海的宿城村有新罗居民等。

　　总的来说，《入唐求法巡礼行记》是后人研究唐代海州历史文化不可多得的一份宝贵史料。

①　《入唐求法巡礼行记》第151页。
②　《入唐求法巡礼行记》第152页。
③　《入唐求法巡礼行记》第152页。

第二章　苏颂《本草图经》记述的海州本草

在中国古代历朝历代的"宰相"中，苏颂算得上是一个栋梁之材，可谓是"医文科技无所不精的宰相"。

欧阳修评价苏颂："才可适时，识能虑远。珪璋粹美，是为邦国之珍；文学纯深，当备朝廷之用""子容处事精审，一经阅览，则修不复省矣"。

朱熹评价他说："赵郡苏公，道德博闻，号称贤相，立朝第一，始终不亏。"元末的脱脱更是称苏颂"大防重厚，挚骨鲠，颂有德量"。

作为朝廷要员，苏颂曾经两次出使辽国，三次担任接待辽使的伴使。其间，他十分注意搜集整理辽国的政治制度、经济实力、军事设施、山川地理、风土民情、外交礼仪等信息，并及时提供给朝廷，为协调宋、辽关系做出了贡献。

作为杰出的历史人物，苏颂的主要贡献在于对科学技术，特别是医药学和天文学方面。苏颂领导制造了世界上最古老的天文钟"水运仪象台"，还开启了近代钟表擒纵器的先河。

苏颂在《新仪象法要》中绘制了有关天文仪器和机械传动的全图、分图、零件图五十多幅，绘制机械零件一百五十多种，这是我国也是世界上保存至今最早最完整的机械图纸。此外苏颂在《新仪象法要》中还绘有十四幅星图。

清代纪昀在《四库全书总目提要》中对其赞美道："史称颂天性仁厚，宇量恢廓，在哲宗时称为贤相。平生嗜学，自书契以来，经史九流百家之说，至于图纬阴阳五行律吕星官等法，山经本草，无所不通。……是其学本博洽，故发之于文，亦多清丽雄赡，卓然可为典则。……而颂文翰之美，单词只句，脍炙人口，即此亦可见其概矣。"

英国科学史学家李约瑟称苏颂是中国古代和中世纪最伟大的博物学家和科学家之一，是一位突出的重视科学规律的学者。

在当代，曾任中国科学院院长的卢嘉锡这样赞美苏颂："探根源，究终始，治学求实求精；编本草，合象仪，公诚首创。远权宠，荐贤能，从政持平持稳；集人才，讲科技，功颂千秋。"

苏颂修订的《本草图经》更是取得了杰出的贡献。他主持编撰的《本草图经》是中国药物史上的一部杰作，是我国流传至今的第一部有图解的药物学著作，不仅为药性配方提供了依据，而且为历代本草的纠谬订讹做出了极大贡献，使不少过去无法辨认的药物得到了确认。

《本草图经》这部图谱性本草学著作，集中反映了当时全国用药的实际情况，也反映了当时博物学的水平和成就。

《本草图经》记载了数十种产于海州的药物品种，其中直接指明"产于海州"的就十数种，还为多种海州中草药配上了插图。因此，《本草图经》也是一部海州中草药宝库，对于海州中草药的保护、开发、利用都有重要的指导价值。

第一节　医文科技无所不精的宰相苏颂

（一）

苏颂（1020年12月10日—1101年6月18日），字子容，出生于福建路泉州同安县芦山堂（今福建省厦门市同安区城关）。其先祖在唐末随王潮入闽，后世代为闽南望族。其父苏绅（999—1046年），字仪父（一作仪甫），原名庆民，宋真宗天禧三年（1019年）进士，历宜、安、复三州推官，改任大理寺丞，再调任太常博士，升任祠部员外郎，通判洪州、扬州，进直史馆，为开封府推官、三司盐铁判官。时诏求直言，苏绅上疏极言时事，劝谏朝廷施用其安边之策。后来，苏绅又陈便宜八事："重爵赏，慎选择，明荐举，异章服，适才宜，择将帅，辨忠邪，修预备。"皇帝嘉许采纳，调苏绅任史馆修撰，升任知制诰，入翰林为学士，后再调任尚书礼部郎中。

苏颂少年时期聪慧机敏，刻苦求学，按照宋时惯例，以其父亲苏绅历任显职的地位，苏颂可以不经科举，而以父荫得京官之职，前边我们介绍过沈括就是蒙父荫而得沭阳主簿之职的。但苏颂"推辞不就"，决心自己通过科举入仕，在他二十三岁那年，即宋仁宗庆历二年（1042年）成功考中进士。就是这次考试，让他与欧阳修结了缘。1042年，苏颂在汴京参加进士考试，那时才三十六岁的欧阳修还不是考官，其官阶仅仅是馆阁校勘，还没有资格担任知贡举（进士主考官），或同知贡举（副考官），但是他却做了苏颂的考官。没有资格当考官的欧阳修怎么就成了苏颂的考官了？原来那一届科举，苏颂的父亲苏绅是同知贡举，苏颂按规定必须回避。回避并不是说不能考，否则对于官宦子弟就太不公平了。为了让"必须回避"的考生也有机会，宋代时采取了一种叫作"别头试"的考法，这不是"开小灶"，而是唐宋科举制度中为避免嫌疑而采取的措施，实质就是一种回避制度。《新唐书》及《宋史》的"选举志"记载，为了限制官僚子弟和士族子弟应试的特权，如应试者有亲戚在本州为官，或为主试官，或因随亲在外不能回乡应试的，由各路转运司主试，十中取三；"食禄之家"的子弟参加科举考试时必须加试复试；主考官的子弟、亲戚参加考试应该另立考场，别派考官，即"别头试"，进士试也有避亲另考的办法，叫作"别头场"。

　　苏颂与其他也须回避的考生一起在别头场参加了别头试，这场别头试让欧阳修成了苏颂的考官。最终苏颂得了第一名。不要以为这样的小灶是官场上的官官相护，其实是"制度安排"。欧阳修与苏颂的父亲毫无交情可言，甚至某种意义上说，两人还有些"不对付"，苏绅就是被欧阳修弹劾而遭贬的。虽然由于欧阳修的弹劾，致使他和马端一起被贬黜，结局可悲，但这并不妨碍欧阳修与苏颂结下师生之缘和终身之谊。

（二）

　　就在苏颂进士及第的第二年，欧阳修当上了谏官。在当时的朝中，苏颂的父亲苏绅博学多智，喜言事，锐于进取，亦善中伤人。《宋史·苏绅传》中即有记载称："王素、欧阳修为谏官，数言事，绅忌之……绅意以指谏官。"[①] 就是说，苏绅报告皇帝，说欧阳修虚哗愤乱，逾节陵上。欧阳修也针锋相对、毫不留情地弹劾苏绅，向皇帝上《论苏绅奸邪不宜侍从札子》："臣昨日窃闻敕除太常博士马端为监察御史，中外闻之，莫不惊骇。端为性险巧，本非正人。

---

① ［元］脱脱等著；《宋史》卷二九四《苏绅传》，中华书局1977年版，总第9813页。以下只注书名、页码。

往年常发其母阴事，母坐杖脊。端为人子，不能以立法防其家，陷其母于恶，又不能容隐，使母被刑。理合蒙羞负恨，终身不齿官联，岂可更为天子法官？臣不知朝廷何故如此用人。纵使天下全无好人，亦当虚此一位，不可使端居之，况刚明方正之士不少。"[1] 举荐马端的是苏绅，故而欧阳修称"绅之奸邪，天下共恶，视正人端士如仇雠，惟与小人气类相合"[2]，说苏绅的举荐是欺罔朝廷。后来，苏绅又曾任龙图阁学士、知扬州，复为翰林学士、史馆修撰、判尚书省，又改任集贤修撰，知河阳，徙河中，未上任即病逝，留下《文集》《奏疏》等著作（见清道光版《晋江县志·典籍志》）。苏颂将父亲葬于京口，同时举家徙居润州丹阳县（今江苏丹阳）。

苏颂既继承了他父亲耿直"抗上"的性格，也受到一直培养提携他的老师欧阳修的影响。在"李定超擢事件"中，苏颂抵制宰相王安石越级提拔秀州判官李定为太子中允、权监察御史里行，三次拒绝草拟任命诏书，神宗震怒，将他撤职。但他几次拒绝草诏，都有自己的理由：他坚持"举之于众，试之于事，功实著风而后命之"的用人原则，破格提拔李定，违背以前的法令；李定不够破格提拔的标准，所以不能因偶有奏对称心，就破格提拔。可以先做一般提拔，放在皇帝身边考察，如果确有奇谋硕画，再破格提拔也不迟。

苏颂进士及第之后，被授为汉阳军观察判官，未就职，于是改授宿州观察推官。庆历三年（1043 年），苏颂升知江宁县。他主政地方之初，便能做到为政有法，深得监司王鼎、王绰、杨纮等人的称许。宋仁宗皇祐二年（1050 年），欧阳修知应天府兼南京（今河南商丘）留守司事，苏颂任南京留守推官，成了欧阳修的助手，深

---

① ［北宋］欧阳修：《论苏绅奸邪不宜侍从札子》曾枣庄，刘琳主编：《全宋文》（第 16 册），巴蜀书社 1991 年版，第 457 页。以下只注书名、页码。

② 《全宋文》（第 16 册）第 458 页。

得欧阳修的倚重。欧阳修做一个"甩手主官",将大小政务都委托给苏颂办理。欧阳修说:"子容处事精审,一经阅览,则修不复省矣。"[①] 当时老宰相杜衍退居南京(今河南商丘),也非常器重苏颂,对其悉心传授平生经历,还经常邀请欧阳修、苏颂到家做客,三人小聚。苏颂受到两代高官的赏识,官至刑部尚书、吏部尚书,以及后来个人的显达(官至宰相)与此不无关系。苏颂的《苏魏公文集》里多有与两位前辈往来的诗书。欧阳修权知开封府时(1058年)赠字给苏颂,苏颂有点受宠若惊、诚惶诚恐,用一首酬谢诗赞美了欧阳修书法,最后两句说:"下僚何幸蒙垂赠,循览留为座右铭。"欧阳修文集尚存致苏颂书信十一封,多谈政事,也及诗词酬唱。

苏颂于哲宗朝(1086—1100年)曾担任宰相一职,他执政时,严格执行典章制度,要求百官守法,忠于职守;量才用人,杜绝不正之路;防止边将邀功生事;虽位极权贵,而奉养如寒士。宋徽宗时期,苏颂进太子太保,累封赵郡公。宋徽宗建中靖国元年(1101年),苏颂去世,享年八十二岁,追赠司空,后追封魏国公,宋理宗时追谥"正简"。

(三)

苏颂一生从政达五十余载,从地方官到中央官吏,为北宋仁宗、英宗、神宗、哲宗、徽宗五朝重臣,七十三岁荣膺宰相,是一位忠君爱国、品德高尚、为官清正、慎重稳健、举贤任能的贤臣良相。其实,苏颂不仅是一个为政有方的宰相,一位杰出的政治家、外交家、文学家、史学家,还是一位鲜为人知的在科学、药物学、星图绘制、水运仪象台研制等领域有成就的大科学家,曾为中华民族创

---

① 《宋史》卷三四〇《苏颂传》,第 10859 页。

造了多项世界之最。用现在的话说，他是一位杰出的天文学家、天文机械制造家、药物学家。有学者认为："沈括和苏颂是宋朝的两位通才型科学家，他们代表了宋代科技经验主义的杰出成就。"[1]

史料载，苏颂好学，对于经史九流、百家之说，以及天文、地理、历算、音乐、本草医药、训诂、律吕等学问都无所不通。尤其精于典故，朝廷每有新的典礼制作，必请苏颂审查。如今能目见的苏颂著作有《本草图经》《新仪象法要》《苏魏公文集》《魏公题跋》《苏侍郎集》《魏公谈训》，等等。

苏颂在科技上最大的成就莫过于创建了水运仪象台，这是集观测天象的浑仪、演示天象的浑象、计量时间的漏刻和自动报时的机械装置于一体的综合性观测仪器。苏颂于宋哲宗元祐元年（1086年）开始设计，元祐七年（1092年）水运仪象台竣工。整座仪器高约十二米，宽约七米，是一座上狭下广、呈正方台形的木结构建筑。全台共分三隔，上隔放浑仪，顶板可以自由开启，已具有现代天文观测室的雏形，中隔置浑象，下隔包括报时装置和全台的动力机构，其中的擒纵器则是报时的关键部件。

水运仪象台是当时中国最杰出的天文仪器，也是世界上最古老的天文钟。李约瑟等人认为，它可能是欧洲中世纪天文钟的直接祖先。这说明近代机械钟表的关键性部件——擒纵器也是中国发明的，反映出中国古代天文学和力学知识及应用已经达到了相当高的水平。

苏颂在科技方面创造了七项世界第一：一是由他领导研制的水运仪象台的浑仪四游窥管堪称是现代转仪钟控制天文望远镜的雏形；二是水运仪象台的"天衡"系统对枢轮的擒纵控制堪称是现代钟表的先驱，水运仪象台的活动屋板也可被看作是现代天文台自动启闭

---

① 卜宪群总主编：《中国通史——隋唐五代两宋》，华夏出版社 2016 年版，第 572 页。

圆顶的祖先；三是苏颂主持研制了世界上第一架"假天仪"；四是苏颂的星图（《新仪象法要》书后绘制的五幅星图）是国内现存最早的纸绘全天星图；五是他首创了横圆结合的绘图方式，代表了当时世界上星图绘制的最高水平；六是《新仪象法要》是世界上最早、最完整、最系统的机械图纸；七是他的《本草图经》是世界上最早的附有植物标本图的版刻本草图谱。

第二节　中国药物史上的杰作《本草图经》

（一）

苏颂接触药物学工作是从宋仁宗嘉祐二年（1057年）任校正医书官开始的，起初他与掌禹锡、林亿等一起编写了《嘉祐补注神农本草》，把唐《新修本草》与宋初《开宝本草》的研究成果向前推进了一大步。但他并不满足一般的推进，而是要在用药领域有新的开拓，彻底解决本草从书本到书本，陈陈相因，以讹传讹的弊病。

为了改变本草书中混乱和错讹状况，苏颂建议："嘉祐三年（1058年）十月校正医书所奏：窃见唐显庆中，诏修本草，当时修订注释《本经》外，又取诸药品，绘画成图，别撰图经，辨别诸药，最为详备，后来失传，罕有完本。欲望下应将产药去处，令识别人，仔细详认根、茎、苗、叶、花、实，形色大小，并虫、鱼、鸟、兽、玉石等，堪入药用者，逐件画图，并一一开说，着花结实、采收时月，及所用功效；其番夷所产，即令询问榷场市舶商客，亦依此供析，并取逐味各一、二两，或一、二枚封角，因入京人差赍送，当所投纳，以凭照证画书成本草图，并别撰图经，与今本草经并行，使后人用药，有所依据。"① 朝廷采纳了苏颂的建议："奉诏旨：宜令诸路转运司，指挥所辖下州军监差，逐处通判职官专切管句，依应供申教正医书所。"②

"至六年五月又奏：《本草图经》，系太常博士集贤校理苏颂分定编撰，将欲了当，奉敕差知颍州。所有图经文字，欲令本官一面编撰了当，诏可。其年十月编撰成书，送本局修写，至七年十二月一日进呈，奉敕镂板施行。"③ 朝廷委任苏颂编撰《本草图经》（也称《图经本草》）的准备过程大致就是这样。

《本草图经》的编撰是由政府下令，全国各郡县将所产药物，不分动、植、矿物，一律绘图，并注明植物开花结实、收采季节及功用等；进口的外来药物，要询问关税机关及商人，辨其来源，并配一二枚或一二两样品送往京城，供绘图之用。1058 年，全国有一百五十个州县很快进呈本草图近千幅，连同相应标本和文字说明一同呈上，由苏颂担任全书统编。他先对药物品种进行分类考注、区分条目，然后对植物茎叶花果形态详加著录，对文字说明追求本源，对资料中不同的说法两存其说，对不能解释的缺而不录。资料来源异常丰富，编写态度也十分认真。这个行为实质上也可被看作是全国性药用动植物的普查。这就是《本草图经》编撰的由来和编撰宗旨。

既受朝廷敕令修缮，又有专职官员领衔，可见得《本草图经》的编撰无疑属于"官修"行为。它的缘由，显然是因校正医书官苏颂看到了当时本草经典"后来失传，罕有完本"，导致本草书中充斥着

---

① ［宋］苏颂编撰，尚志钧辑校，《本草图经》，安徽科学技术出版社 1994 年版，第 3 页。以下注书名、页码。括号内为引者注，下同。
② 《本草图经》，第 3 页。
③ 《本草图经》，第 3 页。

混乱和错讹。这一行为凸显了苏颂为官的责任心，由此也可以看出苏颂是一个有担当的官员，后来能成为宰相应该也是顺理成章的事。

（二）

苏颂于嘉祐年间主持编撰《本草图经》时，所任职务为太常博士集贤校理。"太常博士"是汉代就有的古官职，为太常寺属官，主要负责掌教弟子，"国有疑事，则备咨询"，其职能相当于后世的国子博士。三国时期，魏文帝初置太常博士，晋以后沿置，职称清要，而品级不高，唐代也只是个从七品上的小官。宋代，太常博士的职守和前朝大致相同。明、清亦置此官职，均为正七品。"集贤校理"是北宋前期设置的官职，负责整理图书，供职一至二年后，许带职补外，并可超迁官阶。宋神宗元丰（1078—1085年）年间，因官制改革，这一职位遭到了取消。宋哲宗元祐元年（1086年）复置，为"贴职"之一。宋哲宗绍圣二年（1095年），并入秘阁校理。

苏颂领导主持《本草图经》编写工作时，采用了发动广大医师和药农呈送标本和药图，并写出详细说明的收集素材的方法，避免了以往从书本到书本，而脱离实物的弊病，从而为纠正药物的混乱与错讹做出了重大贡献。

《本草图经》全书前有苏颂于嘉祐六年（1061年）九月所写的《本草图经序》，从"序"最后边的署名是"嘉祐六年九月日，朝奉郎太常博士、充集贤校理、新差知颍州军州、兼管内劝农及管句开治沟洫河道事、骑都尉借紫臣苏颂谨上"可知，那个时期苏颂有很多头衔，也就是说他担任着诸多职责。大概是古代朝廷也"鞭打快牛"，能用的、好用的人拼命给他"压担子"。当然，我们也能看出，苏颂确实是个能才贤官。

《本草图经》"序"之后为"卷首"，即目录一卷；目录后是正文二十卷：玉石上品卷第一、玉石中品卷第二、玉石下品卷第三；草部上品之上卷第四、草部上品之下卷第五、草部中品之上卷第六、草部中品之下卷第七、草部下品之上卷第八、草部下品之下卷第九；木部上品卷第十、木部中品卷第十一、木部下品卷第十二；兽禽部卷第十三；虫鱼部上卷第十四、虫鱼部下卷第十五；果部卷第十六；菜部卷第十七；米部卷第十八；本经外草类卷第十九；本经外木蔓类卷第二十。正文后有附录，即《〈本草图经〉奏敕》。

《本草图经》全书载有常用药物八百一十四味、医方七百六十三首，特别是收录了前代本草著作中从来没有著录的一百零三种药用植物，丰富了本草学内容。《本草图经》将所载药用动植物分为草部、木部、禽兽部、虫鱼部、果部、菜部、米部，另外还列有本经外草类和木蔓类，在草部和木部内再分为上中下三品。这种体例基本上采取了《神农本草经集注》的分类方法。对药用植物的形态描述一般是按苗、茎、叶、花、果、实、根的顺序，对花萼、子房、果实、种子形态的描述十分精细，使用了一些相对稳定的术语，以描述植物的特殊形态。苏颂写作《本草图经》，采取了"博物者亦宜坚考其实"的科学态度，使本草学中的博物学内容更加明显，对古代生物学的发展做出了贡献。

特别突出的是，《本草图经》在六百三十五种药名下附本草图九百三十三幅，描绘了植物的类别、形态，多数都是写实图，形象逼真、图文并茂。如草部、木部、菜部及米谷部的许多图，都可以作为鉴定植物科、属甚至到种的依据。实际上这是一部全面描绘植物的类别、形态，图文并茂的书籍。书中配图皆是木刻版，因此可以被看作是中国现存最早的版刻本草图谱本。

《本草图经》于嘉祐六年（1061 年）完成。这是流传至今的第一部有图解的药物学著作，涵盖了药物学、植物学、动物学、矿物学和冶金学等学科的许多知识，不仅为药性配方提供了依据，而且为历代本草的纠谬订讹做出了极大贡献，使不少过去无法辨认的药物得以确认无误。这部图谱性本草学著作，集中反映了当时全国用药的实际情况，也反映了当时博物学的水平和成就。

（三）

《本草图经》是一部承前启后的药物学巨著，是宋朝最完善最科学的医药书。书中继承了祖国千多年来的古代医药学遗产，补充了作者自己的研究心得和发现，绘制了大量的药物图，并加以文字说明，准确地记载了各种药物的产地、形态、性质、用途、采集季节、炼制方法、鉴别方法与配伍、禁忌等，图文并茂，描述准确，开了明代集大成医药学家李时珍《本草纲目》之先河。以《本草纲目》闻名于世的明代著名医药学家、被后世尊为"药圣"的李时珍极其推崇《本草图经》，对《本草图经》的科学价值予以了很高评价，说它"考证详明，颇有发挥"。日本科学家评价说："北宋苏颂《本草图经》达到了世界（药学）的最高水平。""《本草图经》已经远远超越了它作为《补注本草》的补充附图的意义。"

可惜，《本草图经》原著已经佚失，只有辑本，其内容只能散见于后代诸家的相关著作中，其中李时珍的《本草纲目》做了较多的保留和借鉴，但也未能窥其全貌。原著绘图则多保存在现存的《重修政和经史证类本草》（1116年）里。

李时珍在《本草纲目》中的许多药物记载来源于《本草图经》。因此《本草纲目》中也不乏记载海州云台山的一些草药，如对海州"漏芦"就记载得十分翔实，还配有"海州漏芦"图，以至于有研究者甚至认为李时珍来过海州云台山。（参见《灌云文史资料》第四辑《灌云中医药史话》）。海州著名中草药专家、著名中医药世家

"松寿堂"传人吴舟先生二十年前曾在《苍梧晚报》（2001年1月6日）发表《李时珍来过云台山吗？》一文，认为李时珍来过海州的说法实为大谬。

实际上李时珍不来云台山照样能完整地记载云台山"漏芦"等多种云台山草药。同样，李时珍不到岭南、不去泰山也并不影响他的《本草纲目》记载这些地方的中草药植物，原因就在于早在宋代就有了苏颂的这部《本草图经》，李时珍《本草纲目》记载的很多内容就来自《本草图经》。通过将李时珍《本草纲目》与苏颂《本草图经》比对，可以发现，李时珍在《本草纲目》中引用《本草图经》的内容多达七十四处。从这也看出《本草图经》在中医药领域的贡献之大，对后来直至今天的中草药使用、研究都产生了极大的影响。

第三节 《本草图经》载录的海州本草

（一）

在《本草图经》中，载有可入中医药的石药、草药、兽禽、虫鱼、果实等各类本草、动物。有的虽然主要产于其他地区，但是海州、云台山、东海也都是产地之一，大约是这些草本在海州并不具有特色，因而《本草图经》中选择了产于其他地方的样本加以阐述。有的提及产于江淮，有的产于海州，这些记载都为海州草药的开发利用提供了很好的借鉴。

例如，《本草图经》草部上品之下卷记载的"沙参"："沙参，生河内川谷及冤句般阳续山。今出淄、齐、潞、随州，而江、淮、荆、湖州郡或有之。……七月间紫花；根如葵根，筋许大，赤黄色，中正白实者佳。二月，八月采根，暴干。南土生者，叶有细有大，花白，瓣上仍有白粘胶，此为小异。古方亦单用。葛洪卒得诸疝小腹及阴中引相痛如绞，自汗出欲死者，捣筛末，酒服方寸匕，立差。"[1] 连云港所产的白沙参其实也为草药之精品，据说现在已经很少了，到了该"抢救"的地步。

再如，玉石上品卷第一记载的"紫石英""白石英"等，玉石中品卷第二"食盐"。草部上品之上卷第四记载的"菖蒲""菊花""牛膝""卷柏""车前子""菟丝子"等，草部上品之下卷卷五记载的"漏芦"，草部中品之上卷第六记载的"芍药""前胡""杜衡""茅根""葛根""通草"等，草部中品之下卷第七记载的"白部""海藻"等，草部下品之上卷第八记载的"莨菪子"，草部下品之下卷第九记载的"鼠尾草""马鞭草"。木部上品卷第十记载的"松子""柏实""杜仲""榆皮"等，木部中品卷第十一记载的"厚朴""猪苓""竹""山茱萸""桑根"等，木部下品卷第十二记载的"白杨""橡实""椿木""栾荆"等。曾禽部卷第十二记载的"狸骨""兔""鼹鼠""狐""鸡"等。虫鱼部上卷第十四记载的"蜂""牡蛎""海蛤（文蛤）""鲤鱼""鲫鱼""鳖""乌贼鱼""蟹""蚕蛾""鲛鱼皮"。虫鱼部下卷第十五记载的"蛤蟆""蛙""蜘蛛""蛇""蜈蚣""蟑螂"等。果部卷第十六记载的"藕实""菱实""樱桃""柿""杏核仁"等。菜部卷第十七记载的"白瓜子""苋菜""芥""葱实""韭""紫苏""蒜""茄子""马齿苋"等。米部卷第十八记载的"生大豆""大麦""赤小豆""小麦""扁豆""稻米"等。

数以百计的海州云台山所产的物种的记载，能让我们了解到海州就是一座中草药宝库的事实。《本草图经》对这些物种的药理、

---

[1] 《本草图经》，第128页。

药用价值及其药用方法进行的详细阐述，对于开发海州本草具有积极的指导意义。本土著名中草药专家吴舟先生可以说是"彻底沉到书海里捞出这些家乡药物史料的第一人"。除了考释史料外，吴舟先生还对本土草药进行了几十年的调研考察，制作了大量标本，也出版发表了大量关于云台本草研究的文论、著作。据悉，他正在编制两部书：一是《海州本草》，辑录古本草记载的海州药物文和图；二是《海州本草考证》，对古本草文献记载的海州药物进行深入开展研究。

（二）

《本草图经》记载的药物中，明确指出产于"海州""东海"的石药、草药品种有十数种，不仅指明"产于海州""海州产最佳"，还有直接署名海州的药物图数幅。

在草部上品之上卷的"卷柏"条目里，有这样的介绍："宿根紫色多须，春生苗，似柏叶而细碎，拳挛如鸡足，青黄色，高三、五寸。无花、子。多生石上。五月、七月采，阴干。去下近石有沙土处用之。[①]"这一条里专门配有插图"海州卷柏"。

---

① 《本草图经》，第96页。

草部中品之上卷记载的"葛根"条目提到："春生苗，引藤蔓，长一、二丈，紫色；叶颇似楸叶而青。七月著花，似豌豆花，不结实，根形如手臂，紫黑色。五月五日午时采根，暴干。以入土深者为佳。今人多以作粉食之，甚益人。下品有葛粉条，即谓此也。古方多用根。张仲景治伤寒，有葛根及加半夏葛根黄芩黄连汤，以其主大热解肌，开腠理故也。葛洪治臀腰痛，取生根嚼之，咽其汁，多益佳。叶主金刀疮，山行刺伤血出，卒不可得药，但接叶敷之，甚效。"[1]该条特地配上了"海州葛根"插图。

这一卷中还记载了"海州通草"："生作藤蔓，大如指；其茎干大者径三寸，每节有二、三枝；枝头出五叶，颇类石韦，又似芍药，三叶相对，夏秋开紫花，亦有白花者；结实如小木瓜，核黑，瓤白，食之甘美，南人谓之燕覆，亦云乌覆。正月、二月采枝，阴干用。……又名倚商，主蛊毒，其花上粉，主诸虫瘘恶疮痔疾，取粉内疮中。"本条配有"海州通草"插图。

---

[1] 《本草图经》，第160—161页。

海州通草

　　草部中品之下卷记载的"海藻"，指明"生东海池泽"，"《本经》云：主瘿瘤是也。海人以绳系腰，没水下刈得之，旋系绳上。又有一种马尾藻，生浅水中，状如短马尾，细黑色，此主水㿈，下水用之。陶隐居云：《尔雅》所谓纶以纶，组以组，东海有之。"[1]

　　木部下品卷记载的"栾荆"条特别指出："栾荆，旧不著所出州郡。今生东海……性温，味苦，有小毒。苗叶主大风，头面手足诸风，癫狂痉，痹冷病。苏恭云：茎叶都似石南，干亦自反，经冬不凋。叶上有细黑点者真也。今诸州那所上者。支茎白，叶小圆而青色，颇似榆叶而长，冬夏不枯；六月开花，花有紫、白二种；子似大麻。四月采苗叶，八月采子。与柏油同熬，涂驼畜疮疥，或淋渫药中用之。亦名顽荆。"[2]

---

① 《本草图经》，第 211 页。
② 《本草图经》，第 402 页。

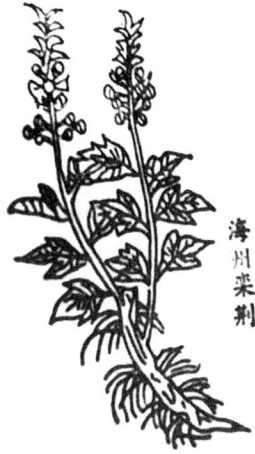

（三）

被载入《本草图经》而又被在其他诸多医药古籍文献呈现的"知名"海州草药品种，应该要提到《本草图经》木部中品卷记载的"山茱萸"和草部上品之下卷记载的"海州漏芦"。

关于东海"山茱萸"，呈现在古籍文献中较多。《本草图经》载："山茱萸，生汉中山谷及琅琊、东海承县，今海州亦有之。木高丈余，叶似榆，花白；子初熟未干，赤色，似胡颓子，有核；亦可啖，既干，皮甚薄。九月、十月采实，阴干。《吴普》云：一名鼠矢，叶如梅有刺毛，二月花如杏，四月实如酸枣，赤，五月采实。与此小异也。旧说当合核为用。而《雷敩炮炙论》云：子一斤，去核取肉皮用，只秤成四两半。其核八棱者名雀儿苏，别是一物，不可用也。"[①]

关于东海"山茱萸"的记载，早在《本草图经》之前，由李昉、李穆、徐铉等学者奉敕于宋太宗太平兴国二年（977 年）三月编

---

① 《本草图经》，第 367 页。

海州山茱萸

篆，成书于太平兴国八年（983年）的《太平御览》就有记载。在《太平御览》卷九九一"药部八·山茱萸"条引："《吴氏本草》曰：山茱萸，一名魃（音伎）实，一名鼠矢，一名鸡足。神农、黄帝、雷公、扁鹊：酸，无毒。岐伯：辛，一经酸。或生冤句、琅琊，或东海承县。叶如梅，有刺毛，二月华，如杏，四月实，如酸枣，赤。五月采实。"①

"海州漏芦"也算得上一个知名的草药品种，在李时珍提及有关海州的多种药物中，"海州漏芦"便是一例。在《本草纲目》草部第十五卷"漏芦"名下，记有"海州漏芦"，且有附图。李时珍在书里也引用了《本草图经》的内容。

《本草图经》中"漏芦"条目下写道："漏芦，生乔山山谷。今京东州郡及秦海州皆有之。旧说茎叶似白蒿，有荚，花黄生荚端，茎若筋大；其子作房，类油麻房而小。七、八月后皆黑，异于众草。

---

① ［北宋］李昉编撰，孙雍长，熊毓兰校点，《太平广记》第991卷，河北教育出版社1994年版，第936页。

今诸郡所图上，惟单州者差相类，沂州者花叶颇似牡丹，秦州者花似单叶寒菊，紫色，五、七枝同一杆上。"[1]

《本草图经》"漏芦"条目下的以下文字同时也被《本草纲目》原文照搬："海州者花紫碧，如单叶莲花，花萼下及根旁有白茸裹之，根如蔓青而细，又类葱本，黑色淮甸人呼为老翁花。三州所生花虽别，而叶相颇类，但秦、海州者叶更作锯齿状。"[2]《本草图经》和《本草纲目》均配以"海州漏芦"插图。

中草药专家吴舟先生发现：书中这段文字与其所附图形不符。绘图的叶片为全缘状，而文字描述的又是锯齿形。吴舟先生将这些记载的文字和所绘的图形作为参考，结合植物地理分布的规律性，以现代植物学的观点加以考证，初步认为此物应是现时所指的菊科多年生草本植物——华东蓝刺头。华东蓝刺头，海州地方土名叫"漏芦"，明清《海州志》里屡有记载。时至今日，在云台山区还流传着"是疮不是疮，先喝一碗漏芦汤"之谚语。

海州漏芦

---

[1] 《本草图经》，第145页。

[2] ［明］李时珍著，《本草纲目（校点本）》（第二册），人民卫生出版社1977年版，第974页。

　　吴舟先生在《江苏中药》杂志（1992 年第 1 期）发表了论文《海州漏芦考辨》，详细论述了以上的观点，受到业内专家的肯定。

　　文章指出："需要说明的是，这里所说的'海州漏芦'，并非中药店斗谱里的漏芦，为同名异物。但就其功效而言，是可以同等入药的，均具清热解毒，排脓消肿之功，可用于治疗疮痈初起等症。"

第三章　赵明诚、李清照《金石录》与海州之缘

海州，历史悠久，文化绵长，底蕴醇厚。

海州，地灵人杰，物华天宝，人文荟萃。

历史上，有许多帝王将相、文人骚客关注海州，如孔子、秦始皇、刘备、糜竺、苏东坡、石曼卿、李清照等，他们为海州留下了斑斑史迹，也为海州增添了页页诗篇。

他们或来到过古城海州，或与海州有着千丝万缕的联系；他们或留文于海州史志，或题咏而勒刻于海州金石。

海州境内留存有大量的古遗址、古石刻，古民俗等文化遗存。孔望山摩崖造像、石棚山题名石刻、刘志洲山石刻苑图、龙洞摩崖题刻、郁林观石刻等国家、省、市级文物保护单位，遍布青山绿水之间，闪耀着海州灿烂的文明之光。

碑刻，是一个城市的历史见证，所包含的政治、经济、地理、历史、艺术的内涵十分丰富，价值无可估量。

古海州碑刻之分量，让中国历史上最著名的金石学家赵明诚激动不已，也让金石学巨著与海州有了紧密关联——他在《金石录》

中收录了海州六条碑刻信息、四块著名碑刻。

《金石录》发扬了以金石证史的治学传统，在金石研究上具有继往开来的意义，对史学、考据学、文献整理和金石书法的研究，至今具有重要的参考价值。

然而，无论在文化界还是学术界，金石学巨匠赵明诚的名气远远没有他的妻子——宋代著名女词人，婉约词派代表，有"千古第一才女"之称的李清照响亮。

李清照不仅是中国古代文学史上一道亮丽的风景，也成为太阳系中一道独特的"风景"：1987 年，国际天文学会选取了十五个世界名人的名字来命名水星上的十五座环形山，李清照就是其中之一。

这样一个文学大咖、历史文化名人，近千年前因护送文物来到了海州，使得海州与她结下了缘分。

海州作为李清照人生的一个重要驿站，让她在颠沛流离中得以小憩；李清照作为划过海州的一颗流星，让海州多了文气，使文坛获得一些珍宝。

赵明诚、李清照、《金石录》、海州，已经融汇于历史文化，融合于文学艺术，堪称历史选择出来和传承下来的极富价值的经典！

第一节　李清照的海州之缘

李清照（1084 年 3 月 13 日—1155 年 5 月 12 日），号易安居士，北宋齐州章丘（今山东章丘）明水镇人。李清照生于书香门第，生活优裕。父亲李格非精通经史，长于散文，母亲王氏也知书能文。在家庭的熏陶下，李清照小小年纪便文采出众，后来成为宋代著名女词人，著有《易安居士文集》，《易安词》（已散佚）。后人有《漱

玉词》辑本，今有《李清照集校注》。李清照十八岁时与长她三岁的太学生赵明诚结婚，其后一生除写词外，便是与夫君追求金石文物，在赵明诚去世后，编订刊刻了丈夫遗著《金石录》。

（一）

李清照在《金石录后序》中写道："至靖康丙午岁，侯守淄川，闻金人犯京师，四顾茫然，盈箱溢箧，且恋恋，且怅怅，知其必不为己物矣。建炎丁未春三月，奔太夫人丧南来。既长物不能尽载，乃先去书之重大印本者，又去画之多幅者，又去古器之无款识者，后又去书之监本者，画之平常者，器之重大者。凡屡减去，尚载书十五车。至东海，连舻渡淮，又渡江，至建康。青州故第尚锁书册什物，用屋十余间，期明年春，再具舟载之。十二月，金人陷青州，凡所谓十余屋者，已皆为煨烬矣。"①

---

① ［宋］赵明诚著，刘晓东、崔燕南点校，《金石录》齐鲁书社2009年版，第257页。以下只注书名、页码。

这段话明确记载了李清照来到"东海"（即海州治下属县，宋时县治在今南城）的原因，一代伟大词人就此与海州结下了不解之缘。

关于这段话所写的历史事实，我们在众多史料中可以还原出来：

北宋时期，由于朝内强干弱枝、重文轻武，加之党争频繁，导致国力积弱，金兵入侵。宋徽宗宣和七年（1125年）十月，金兵灭辽国进而大举南下，直逼国都东京（今河南开封）。宋徽宗内心恐惧，连忙让位宋钦宗。在宋钦宗一系列有效的抵抗之下，东京才暂时得以保全。然而，仅仅一年，宋钦宗靖康元年（1126年）八月，金兵再次来犯，东京沦陷。次年二月，金人废黜宋徽宗、宋钦宗，北宋灭亡。同年五月，康王赵构在南京应天府（今河南商丘）继承皇位，改元建炎。这可称为南宋的开始，由此也说明，南宋都城临安是后来宋室被迫逃遁迁移后建都的。

当时，赵明诚在莱州的任期已满，被朝廷调派至淄州（今山东淄博）。淄州与李清照所在的青州相距不远，夫妻结束了聚少离多的分居状态，得以团圆。而此时战火已经往这里蔓延，时常有从战场上溃散下来的散兵游勇扰乱民生，李清照夫妇已经远远地嗅到了那浓烈灼热的火药之味。一波未平，一波又起。偏偏此时，即1127年农历三月，赵明诚的母亲郭氏在江宁（今江苏南京）去世，赵明诚立即离任赶赴江宁奔丧。于是，夫妇二人刚团圆一个多月，又再次被迫分离。李清照知道，此次奔丧意义非同寻常，在危急时刻，她为赵明诚规划好路线，送他出行，自己独自留下，照看这一笔数额巨大的珍贵文物，并且制定计划，将它们分批运往江宁。

李清照与赵明诚十分清楚：若要心无挂念地前去奔丧，首先要将文物字画安排妥善。他们最担忧的，是这些费尽心思收藏的文物、金石、字画该如何在这乱世中得以保全。为此，他们煞费心血，详细打算。考虑到运输难度，两人先后排除掉体积过大的刻印本以及多图幅的字画，又再排除掉一些易得书籍、普通字画，然而即便如此，剩下的物品居然还能装满十五车。

（二）

赵明诚赴建康奔丧之后，李清照深知时间紧迫，任务繁重，眼前这些文物若不及时转移，日后便更加岌岌可危。

将这批文物运往建康的重任，历史性地落到了一个弱女子的肩上。史料没有记载这十五车文物是谁安排转运的，但我们从仅有的资料中可以知道：是李清照一人独自承担了这十五车文物的转移任务，赵明诚没有参与转运甚至也没有参与安排。赵明诚为蔡襄《赵氏神妙帖》写的跋文明确地表达了这一点："此帖章氏子售之京师，余以二百千得之。去年秋，西兵之变，予家所资，荡无遗余。老妻独携此而逃。未几，江外之盗再掠镇江，此帖独存。信其神工妙翰，有物护持也。"这本《赵氏神妙帖》是赵明诚的宝贝，是他之前花费二十万钱从东京章氏人家购买来的。所以后来见到李清照亲自携此见他，他竟激动得热泪盈眶。

这说明，当时转移什么、怎么转移都是李清照一个人的事，李清照深知《赵氏神妙帖》是丈夫的宝，所以特地带上了，让赵明诚激动得热泪盈眶。

李清照因护送文物，来到了海州，使得海州与这位伟大的词人结下了缘分。何时启程没有说明，但应该在赵明诚三月南下建康奔丧不久之后，因为到了这年的十二月，"青州兵变"发生了，收藏在青州的文物"凡所谓十余屋者，已皆为煨烬矣"[①]（《金石录后序》）。李清照的车队已经远离青州，并于次年即建炎二年（1128年）

[①] 《金石录》，第 258 页。

初抵达建康。

十五车的文物，涉及几十匹马、十几个车把式、若干护卫人员，是一个浩浩荡荡的队伍。李清照一行住进海州什么驿馆已无考。在宋朝，州县旅馆有三类：一是官府办的"国宾馆"即"驿舍"，这里是不要钱的，但需要官府文书，赵明诚没有安排（况且赵本身因奔丧已辞官），这里不是李清照这个庞大队伍的住宿首选；二是民间旅舍，从文物安全和众人身份来看，显然不适合；三是寺院旅舍，因李清照信佛向善的"居士"身份，我们可以猜测李清照一行在海州住的是寺院旅舍。寺院旅舍并没有固定的房费价格，住客来往都是"与佛有缘"，被称为"檀越"或"施主"，只是根据缘分和财力"随意施舍香火银钱"，算是对佛祖的感谢。

（三）

一路颠簸劳顿，一路担惊受怕，一路萧瑟心愁！李清照的车队到达海州后，已是深秋。海州边界南侧就是淮河，渡过淮河即临近长江，到达建康也将指日可待。《金石录后序》说"至东海，连舻渡淮"[①]，当时淮河穿越海州属地涟水，至云梯关（今盐城市响水县）入海（六十多年后的1194年黄河夺淮以后也从此入海），因此，李清照一行要在海州安排租船渡淮，要去的下一个州府是在淮河南岸的楚州。在寺院旅舍里，要联系舟船、安排渡河等事宜，因而在海州待的时间稍长。

宋代旅馆业（包括一些酒店）有一个普遍特点——"下马先寻题壁字"，即店家会提供"留言墙"。旅店主人"把墙壁髹得雪白"，备以笔墨诗牌就等你来，旅客可以在墙上发表原创诗歌、记

---

① 《金石录》，第258页。

述生平、感时伤怀、评述热门话题、写诗留给自己，或给朋友、家人留言等。《水浒传》中，宋江曾在浔阳楼饮酒，酒后在酒店墙上题写了一首"反诗"。那时，那面题满诗的墙俨然已经成了客栈酒楼的文化地标，甚至成为客人选择旅店的重要参照，有些住客以读过往旅客的诗词为乐，读到共鸣处，便会提笔和诗一首。海州也不例外。作为词人的李清照经不住旅舍"留言墙"上那些"题壁字"的诱惑，也在题字壁上作词一首：

> 小楼寒，夜长帘幕低垂。恨萧萧、无情风雨，夜来揉损琼肌。也不似、贵妃醉脸，也不似、孙寿愁眉。韩令偷香，徐娘傅粉，莫将比拟未新奇。细看取、屈平陶令，风韵正相宜。微风起，清芬酝藉，不减酴醿。
>
> 渐秋阑、雪清玉瘦，向人无限依依。似愁凝、汉皋解佩，似泪洒、纨扇题诗。朗月清风，浓烟暗雨，天教憔悴度芳姿。纵爱惜、不知从此，留得几多时。人情好，何须更忆，泽畔东篱。

这便是《漱玉词》中最长的一首《多丽》。

这首词是否写于海州，不见史料记载，也有人说可能在赵明诚赴建康奔丧后写于青州，但笔者认为不可能：一是从词的内容看这词的写作时间应为深秋之后，李清照已经在转运文物的途中；二是这阕词所写的恰是当下的无助，此前李清照从没有如此的"担当"，押上一生为这批文物焦心伤感，又充满着企盼，等待着与赵明诚共赴白首。

李清照的很多词不曾记载作词的时间、地点，今研究者往往从词的内容找出内证，时代背景找外证。李清照的词有明显特征，前期多写悠闲生活，后期多悲叹身世，情调感伤。到达海州时，她已经四十四岁，可谓饱经风霜，人到中年的坎坷经历，使得她在词中先渲染了赏菊的深静寒寂的氛围，一个"恨"字承上启下，表现了孤居独处、良辰难再的抒情主人公对风雨摧花的敏锐感受，而这正是她此时肩负重任又颠沛流离的写照。

第二节　赵明诚的金石学巨著《金石录》

赵明诚（1081—1129年），字德父（或作德甫、德夫），密州诸城（今山东诸城）人。赵明诚出生于官宦世家，其父赵挺之（1040—1107年），字正夫，密州诸城人，北宋大臣。赵明诚少为太学生，从小博览群经诸史，倾心执着于金石书画的搜集与研究，后成为金石学家、文物收藏家，官至知湖州军州事。他与妻子李清照平生酷爱金石书画，收蓄古人书画及前代金石刻辞几成癖好，累月积年，悉心搜求，拓摹写录，校订整理，时间长达二十余载。赵明诚在著撰《金石录》期间历仕南北，中间又经靖康之乱，与李清照两地暌隔，流离坎坷，家藏古物奇器及书画碑文渐次丧失，但著述之志未衰。宋高宗建炎三年（1129年），《金石录》已初具规模，赵明诚却不幸罹疾身亡，李清照寓居临安，花了两年时间对遗稿做最后的笔削整理，《金石录》一书才告成功。

（一）

《金石录》全书收录著编者所见从上古三代至隋唐五代以来，钟鼎彝器的铭文款识和碑铭墓志等石刻文字，是中国最早的金石目录和研究专著之一。该著不仅考订精核，评论亦独具卓识。

《金石录》全书三十卷，前十卷是"目录"，以时间顺序为标准，每一目下注明碑文的撰写和书写人的姓名，以及立石的年月。

《金石录序》中说书中一共收录金石两千余种，实际并没有这么多，因为少数大碑是一碑分为两种或多种的，比如海州的"唐郁林观东岩壁记"一块碑就被收录成上、中、下三卷。《金石录》的后二十卷是"跋尾"（题跋），这是为辨别、考证古器物和碑刻所撰，因此并不是目录所列两千种都有题跋的，涉及的五百零二种。这是很有用的历史文献，汇集了作者多年研究的看法和心得。

《金石录》的体例仿照了宋代欧阳修撰、成书于宋仁宗嘉祐六年（1061 年）的《集古录》（专录历代石刻的金石学著作），不过是把目和题跋合为一书。但比起《集古录》收录的五百余种，《金石录》收录的数量已经多出好几倍，且都按时代先后排列，比不按时代排列的《集古录》也是后来居上。《金石录》的价值和成就在于补正前贤的阙失，对成书于北宋中叶的《先秦古器图》《考古图》和《集古录》的错误，包括年月、铭文内容，都一一考辨。尤其对欧阳修的《集古录》补正为最大。不仅如此，器物碑铭还有验证前史，考订典籍的讹舛之处的功能，由于"史牒出于后人之手，不能无失，而刻词当时所立，可信不疑"[1]，所以历代史书有关人物的岁月、理、官爵、世系等与金石相抵牾的，此书均予以了订正。

和《集古录》一样，《金石录》所收所题跋的大部分原石及拓本都已不传，其中唐代的占有很大部分。同时，赵明诚还在书中录存了不少重要的、不见于史书的史料，主要有历代碑铭墓志所载人物的生平、履历、氏族世系，以及宋以前存世的古籍的摘引等。

（二）

关于《金石录》的版本，大致可以梳理出以下脉络。最早在宋

---

[1] 《金石录》，第 1 页。

孝宗淳熙（1174—1189 年）年间，《金石录》已有刻本行世，《金石录序》称："若夫岁月、地理、官爵、世次，以金石刻考之，其抵牾十常三四。盖史牒出于后人之手，不能无失，而刻词当时所立，可信不疑。则又考其异同，参以他书，为《金石录》三十卷。"孝宗时期的这一刻本即为龙舒郡（今安徽舒城）斋刻本。这一版的版式为半叶十行，行二十一字，白口，左右双边，字体劲秀，笔画严整，纸质匀净，版心下镌刻工名。前有赵明诚序，而无易安（李清照）"后序"。刻工有胡珏、徐亮、胡刚等。书中宋讳缺笔至慎字，敦字不缺。此后，宋宁宗开禧元年（1205 年）有俊仪赵不谞刻本，该刻本系龙舒郡斋刻本的重刻本，书后收入李清照所做的"后序"，有无"后序"成为这两个宋刻本的区别所在。然而，上述两个南宋刻本皆不显于世。元、明两代近四百年这两个刻本均未见重刊，但明代有叶盛、吴宽、钱谷等人的抄本流传。

清初，冯文昌曾藏有宋刻残本十卷《金石录》，当时学人诧为惊人秘籍。因而特地刻了一方"金石录十卷人家"的图章，以后它又传至鲍廷博、阮元、赵魏、潘祖荫等著名藏家手中，均刻有同一印章，一时传为佳话。当时由于此书是《金石录》仅传的宋刻本，虽属残卷，却公认是宋版书无上珍品。此本今藏上海图书馆。此外，清初吕无党抄本，清顺治年间（1644—1661 年）济南谢世箕刻本，乾隆二十七年（1762 年）卢见曾刻雅雨堂丛书本，清光绪十九年（1893 年）醉六堂影印本，清末民国初扫叶山房影印本，都宣称是以明抄本为底本的。

1950 年在南京发现三十卷宋刊本《金石录》，行款版式与残存的十卷本全同，被认为即宋代龙舒郡斋初刊本，为目前最好的本子。此书旧藏金陵甘福津逮楼，三十卷完整无缺，为传世仅存宋刻孤本。

1951 年夏，赵世暹在南京购得这部《金石录》，遂送到上海，请著名版本目录学家张元济鉴定。该书上印有"金陵甘福梦六氏藏""津逮楼"等藏印，张元济见后高兴异常，历经数百年的战乱和水火，这部宋版书竟奇迹般地得以躲过历劫而幸存。张元济又进一步考证，潘祖荫"滂喜斋"藏本为重刻的，收藏者都镌刻了一枚"金石录十卷人家"小印，钤于书上。而甘氏"津逮楼"本才是龙舒郡斋初刻本。当时国家文物局局长郑振铎正在上海，赵世暹将此宋椠请郑振铎转献国家图书馆保存。1983年此书连同张元济跋文已经作为《古逸丛书三编》第二种，由中华书局影印出版。1985年，中国书店出版影印本《金石录》。

要说《金石录》与海州还真是有缘分，捐献出这部宋刻版《金石录》的赵世暹，与海州水利专家武同举合著过《再续行水金鉴》，还与沈怡合编过《黄河年表》等作品，先生晚年捐献的水利文献颇多。

齐鲁书社2009年编订的"齐鲁文化经典文库"中，包括了赵明诚《金石录》(刘晓东 崔燕南点校)，书末附有李清照的《后序》。编者在前言中称："以已收入《古逸丛书三编》的龙舒郡斋刻本为底本，其漫漶及明显阙讹处则以《四部丛刊续编》所收的吕无党抄本补正。"[①] 因此齐鲁书社本《金石录》是接近原版比较可靠的版本。

（三）

众所周知，甲骨、金石、竹木、缣帛、纸张等载体在不同的历史阶段，为保存和传播我国的文化发挥了不同的作用。其中碑刻文献作为一种以石头为载体的特殊文献，为后人研究史学、文学、书

---

① 《金石录》，第3页。

法、经学等历史文化提供了丰富的资料，具有重要的参考价值。史书经过传抄刊刻而多有脱误，而碑刻史料（除极少数伪造者外）则因其能长期保存、难以删改等特征，历来为学者所重视。"金石之学，与经史相表里……盖以竹帛之文，久而易坏，手钞版刻，辗转失真；独金石铭勒，出于千百载以前，犹见古人真面目。其文其事，信而有征，故可宝也。"①

《金石录》成书于宋代，那是金石学发展成"专学"的时代，作为一部有深远影响的钟鼎碑刻铭文集录和考证著作，《金石录》集中体现了赵明诚的学识和治学的方法，他通过互相比勘、细致寻绎，纠正了前贤和史书的一些谬误，补充了许多史籍未记载的内容，丰富了文献的内容，保存了许多第一手资料，并为后世的进一步研究提供了思路和便利条件。

赵明诚对碑刻的价值有深刻的认识，他在《金石录·序》里说："窃尝以谓《诗》《书》以后，君臣行事之迹，悉载于史，虽是非褒贬出于秉笔者私意，或失其实，然至其善恶大节有不可诬，而又传之既久，理当依据。若夫岁月、地理、官爵、世次，以金石刻考之其抵牾十常三四。盖史牒出于后人之手，不能无失，而刻词当时所立，可信不疑。则又考其异同，参以他书，为《金石录》三十卷。"

宋凤林在《〈金石录〉的文献价值》中指出，《金石录》可以"补史之缺""纠史之误""发覆旧注""增广见闻"。②

我国古代的典籍总是惜墨如金，记载的都是重大事件，细节则常被忽略，而碑刻则经常不厌其详地记述碑主的生平履历。《金石录》中录存的一些碑铭的内容并不见于史书，而它却是原始的、真

---

① ［清］钱大昕：《关中金石记序》，《潜研堂集》，上海古籍出版社1989年出版，第414页。
② 宋凤林：《〈金石录〉的文献价值》，《上海高校图书情报工作研究》，2012年第1期。

实的，具有很高的史料价值。比如，正史中有传的，但碑文的记载更翔实；正史中无传的，仅靠碑文便可见其姓名事迹，从而补史籍之缺。

历代史籍，无论官修还是私撰，由于各种原因，如史料缺失，疏于考证，有意采择等，难免会存在一些差错。而碑刻与史志记载常有不同，将这些互异的内容进行对勘，有助于判定正误。一般来说，《金石录》所录存的碑文早于史籍的修撰年代，可以用来纠正其谬误，但有些复杂的情况还要经过细致的考证后才能得出结论。典籍的注释主要依靠注者的学识和其他文献，由于时代和所见材料的局限，难免也会有训解不周之处，碑刻所记则可以提供新的补充。此外，碑刻中也记载了一些与通行的典籍不同的说法，或为他书所无，可备参考。

对于《金石录》的成就，李清照在《金石录后序》中说："皆是正讹谬，去取褒贬，上足以合圣人之道，下足以订史氏之失"①，知夫莫若妻，应该说李清照的评价是比较客观的，后世的评论也大多如此。

《金石录》正伪谬，补漏落，其内容丰富、考订精核、议论卓越，不仅为宋代金石学的发展做出了重大贡献，也对于史料的补充做出了极大贡献，更是给后人做学问以很大的启发。

第三节 《金石录》里所录的海州碑刻

《金石录》里，收录的关于海州的碑刻信息有以下六条。

一是在"卷第一，目录一，三代—秦—汉"中，"第七十汉东

---

① 《金石录》，第258页。

海相桓君海庙碑（永寿元年）；二是在"卷第三，目录三，后魏—梁—北齐—后周—唐"中，"第五百二十六，隋海州长史刘遥墓志，大业六年十一月"；三是在"卷第五，目录五，伪周—唐"中，"第九百三十五，唐郁林观东岩壁记上，崔逸文，八分书，无姓名。开元七年正月"；四是在"卷第五，目录五，伪周—唐"中，"第九百三十六，唐东岩壁记中"；五是在"卷第五，目录五，伪周—唐"中，"第九百三十七，唐东岩壁记下"；六是在"卷第五，目录五，伪周—唐"中，"第九百七十二，唐老子、孔子、颜子赞，睿宗撰，李邕行书。开元十一年十二月。"

以上有关海州碑刻的六条信息，涉及四块碑刻。其中，"唐郁林观东岩壁记"碑共列有上、中、下三条信息。除"隋海州长史刘遥墓志"碑几无信息外，现将其他三块碑刻信息作简要介绍。

（一）

《金石录》卷第一收录的"汉东海相桓君海庙碑"，地方文史工作者又称之为"东海庙碑""海庙碑"。《金石录》"卷第十五跋尾五—汉"有关于此碑的题跋："汉东海相桓君海庙碑：右《汉东海相桓君海庙碑》，云：'惟永寿元年春正月，有汉东海相桓君。'又云：'熹平元年夏四月，东海相山阳满君。'其余文字，完者尚多，大略记修饰祠宇事，而其铭诗有云：'浩浩仓海，百川之宗。'知其为海庙碑也。桓君与满君皆不著其名，莫知为何人。碑在今海州。"[1]

《东海庙碑》碑石早亡，没有原石拓本存世，摹刻拓本亦十分稀见。清叶昌炽《语石》云："海州，古朐山县地。明以前尚有汉刻，《东海庙碑》。吾乡顾氏艺海楼尚藏孤本，而原石之亡久矣。"[2]

---

[1] 《金石录》，第122页。
[2] ［清］叶昌炽撰，韩锐校注：《语石校注》，今日中国出版社1994年版，第193页。

顾蔼吉《隶辨》："永寿元年，东海相桓君修饰殿宇，部掾何俊等欲为镌石，桓君止之。熹平元年，后相满君惜其功绩不著，乃为作颂立碑。"[1] 又南宋洪适《隶释》记载："予官京口日，将士往来朐山者云：海庙一椽不存。自今非四十年前旧物，不复见此刻矣'。"[2] 可知东海庙在南宋初已无迹可寻。

据北京联合出版公司2016年4月出版的线装古籍善本影印本《东海庙碑》的《前言》记述："《东海庙碑》又名'东海祠碑'，东汉灵帝熹平元年（172年）四月刻，是东海相满君为纪念前任东海相桓君修建东海庙功绩而刻立的，隶书，原碑立于汉东海郡朐县东海庙址，即传说的秦代植石庙旧址上，在今江苏省连云港市南郊海

---

① ［清］顾蔼吉编撰：《隶辨》，中华书局1986年版，第260页。
② ［南宋］洪适：《隶释隶编》卷2《东海庙碑》，中华书局1985年版，第30—31页。

州区孔望山风景区内，石久佚，《东海庙碑》是江苏境内屈指可数的几通汉碑之一。"[①]

据文保所李彬先生提供的残存碑文，《东海庙碑》现有正文四百零七字，残缺或模糊不清的字数一百二十七字，因其难以翻译完整，故不在此列出。此残石拓本显示有碑阳九字："永寿元、灵、寔、面并、芳、史。"称为碑阴的有十七字："阙者秦始皇所立，名之秦东门阙，事在史记。"司马迁《史记》载："始皇三十五年，立石东海上朐界中，以为秦东门。"

此碑文对于研究秦始皇在朐县立石"秦东门"具有十分重要的意义。

（二）

《金石录》卷五第九百三十五至九百三十七收录的《唐郁林观东岩壁记》，位于今连云港市花果山山门南侧，即阿育王塔对面路南山坡上的"郁林观"石刻群中，现保存完好。

郁林观得名于一座建于隋文帝开皇年间（581—600年）的古建筑。附近还有飞泉迂回，绿水长流，潺潺有声，大旱不涸，涧水经狮子崖跌落而下，形成瀑布。所以，这里在过去的花果山游览手册上曾一度被叫作"飞泉"景点，也被称为"东海第一胜境"。最著名之处在于这里的石刻，除东岩壁纪外，祖无择、石曼卿等众多有价值的古代碑刻均在此处，现为全国重点文物保护单位。在一个雨后的中午，我们走进郁林观，《金石录》所记载的《唐郁林观东岩壁记》即可跃入眼帘。

《东海县郁林观东岩壁纪》位于郁林观东岩巨石上，面南，刻

---

① ［东汉］佚名：《东海庙碑》，北京联合出版公司2016年版，《顾沅旧藏〈东海庙碑〉影印出版说明》。

面高约两米，宽近四米。标题一行，字径十厘米，正文二十一行，每行十七字，落款五行，全文隶书，苍劲恢宏，气势非凡。标题十字，正文三百二十六字，落款五十六字，共三百九十二字。碑文全文如下。①

东海县郁林观东岩壁纪

纪曰：维大唐开元七年，岁在己未粤正月庚寅朔，时大人出为海州司马，礼当巡属县，问耆疾，周览海甸，察听吔谣。人无事矣。乃回驾惕想，眇瞩云山，寻紫翠之所，登虬龙之道，益欲征灵宅吉，洗我尘虑。岩岩直上，宵宵傍邃，雾月与碧海同深，霞朝将赤城争峻。代有知而不能至者，至而不能赏者，赏而不能穷者。亟闻我东海县宰、河南元公，光发幽蹋，起予泉石，缔思构匠，蠲洁形胜。遥披丛篁，凿崩壁。悬流喷水，藏宿雨而时来；卧石埋云，触摇风而不散。历时花木，红紫无名，入听笙歌，宫商自合，固可为真人之别馆，元始之离宫哉！夫登会稽，探禹穴，慕古长想，复何奇乎？岂如志在魏阙，心游江海，两忘出处，双遣是非，惟元公得之矣。攀赏未极，列壑生阴，促驾言旋，攒峰拥骑。家君顾而叹曰：尔知游名山，勒铭纪者，非思入上玄，道存虚白，亦何能造次不远而为之。吾少事云林，长牵尘迹，晚龄心事尽于岩间，小子志之，贻天来者。其列座同志，次而镌诸。

---

① 众多文献记载过该碑刻文字，这里的碑文录自方志出版社 2010 年出版的《云台新志》，笔者也曾前往原碑刻处对照碑文复校。

司马男 清河 崔逸文

朝议郎行海州司崔惟怦，字践直

朝议郎行东海县令元暖，字徽明

丞阎朝宾、主簿孙克友 尉苟抱简、尉上官崇素、司

兵窦晏

作为一篇纪实性的优美散文，《东岩壁纪》生动地描述了云台山的自然景观，借此表现出了作者出尘遁世、脱离现实的思想。

（三）

《金石录》卷第五所列的《唐老子、孔子、颜子赞碑》，众多资料称该碑"在海州，碑今不存"。据郑樵《通志·金石略》说及此碑时也留下文字："在海州，今碑已佚。"宋人《宝刻类编》也有录，说是"石在江苏海州，今佚，未见有拓本流传"。2001年江苏古籍出版社出版缪荃孙《江苏省通志稿·古迹志金石志》待访目第二卷八十八页存目："唐睿宗撰，李邕行书，开元十一年十二月立。"与赵明诚《金石录》所述一致。其实，开元十一年为723年，但农历十二月的实际阳历日期已经是724年。

众多史料说明，《金石录》卷第五所列《唐老子、孔子、颜子赞碑》确实在海州，由唐睿宗撰文，李邕书。

撰文者唐睿宗李旦（662—716年），唐高宗八子。初封殷墟王，后封平王，文明元年（684年）与景云元年（710年）两度登基，共在位八年。712年禅位于太子李隆基，称太上皇。

关于碑文书写者——海州刺史李邕，诸多史料有记载。李邕（675—747年），字泰和，扬州江都人，曾任北海郡太守，人称李北海。他为人辞烈义迈，刚正不阿，文章满天下，碑板照四裔，书

法直追大令，深得晋人奥秘。昔人评谓"右军如龙，北海如象"并誉之为中书仙手。《旧唐书》载："初，邕早擅才名，尤长碑颂。虽贬职在外，中朝衣冠及天下寺观，多赍持金帛，往求其文。前后所制，凡数百首，受纳馈遗，亦至钜万。时议以为自古鬻文获财，未有如邕者。有文集七十卷。"[①] 高似孙《纬略》说"李邕前后撰碑八百首"[②]，可是李邕所撰的八百多首碑文，却不一定都是自己写的，如《徐峤之碑》就是李邕所撰，徐浩所书。李氏所书碑刻传至今日，所知者包括伪作在内仅二十余种，"唐老子孔子颜子赞"碑，因为是皇帝撰文，李邕当然用心，以其擅长的行书书写，足见此碑之分量。

需要说明的是，《嘉庆海州直隶州志》将这么重要的碑刻记录成《孔子颜回赞碑》，实属大误。因为《孔子颜回赞碑》其实另有其碑，它在山东省曲阜市被发现，碑石前半部分及下截均有缺损。此碑文为睿宗李旦撰并正书，唐开元十一年（723 年）五月刻，碑石现在山东曲阜孔庙。2019 年 7 月第 604 届金石碑帖专场拍卖会上曾拍卖过"唐孔子颜回赞残石及题石拓本"，系为清晚期旧拓，背面有旧题签。

---

① ［后晋］刘昫等：《旧唐书》卷一九〇《李邕传》，中华书局 1975 年版，第 5043 页。
② ［宋］高似孙：《纬略》卷七，中华书局 1985 年版，第 101 页。

第四章　沈括《梦溪笔谈》里的海州故事

海州与沈括，一生一世都紧密联系在一起。

沈括与海州，注定有一种割不断的情感。

沈括为官的起点在海州。二十四岁初入官场的沈括来到海州沭阳，主持沭阳水患治理。这让他取得了第一份官场业绩，也让他赢得了民心，因而得以在海州辗转沭阳、东海两县做官。

沈括科学研究的开始在治水，他科学精神的培养就基于海州沭阳治水的历练。作为一个大科学家，沈括不仅在治水方面具有世界领先的独创性，而且在多个科学领域在当时都有领先世界的研究、发现、发明。

沈括是一个杰出的天文学家，他治学态度认真，主张从观测天象入手，以实测结果作为修订历法的根据。为此，他首先研究并改革了浑仪、浮漏和影表等旧式的天文观测仪器，这些改革措施为这些仪器的发展开辟了新的途径。后来元朝郭守敬于元世祖至元十三年（1276年）创制的新式测天仪器——简仪，就是在这个基础上产生的。

沈括的物理学研究成果颇丰，涉及力学、光学、磁学、声学等各个领域。在光学方面，沈括通过亲自观察实验，对透光原因做了一些比较科学的解释，推动了后人对"透光镜"的研究；他还设计了纸人实验，以此研究声学上的共振现象。

沈括在数学方面也有精湛的研究。他从实际计算需要出发，创立了"隙积术"和"会圆术"；在化学方面，他发现了石油、胆水炼铜，"石油"这个名称就是他首先使用的；地学方面，沈括也有许多卓越的论断，例如他正确论述了华北平原的形成原因；在制图方法上，沈括把四面八方细分成二十四个方位，使地图的精度有了进一步提高，为古代地图学做出了重要贡献；沈括对医药学和生物学、农学也很精通，他的医学著作有《良方》等三种，农学著作有《梦溪忘怀录》。

沈括文武双全，不仅在科学上取得了辉煌的成绩，而且为保卫宋朝的疆土也做出过重要贡献。他攻读兵书，精心研究城防、阵法、兵车、兵器、战略战术等军事问题，对弓弩甲胄和刀枪等武器的制造也都做过深入研究，他还编成了《修城法式条约》和《边州阵法》等军事著作。

此外，沈括所著诗文，在南宋时经人编成《长兴集》四十一卷，今残存十九卷。

《梦溪笔谈》是沈括的代表著作，其中记述的许多科学成就均达到了当时世界的最高水平，因而堪称享誉世界的科学名著。这部名著与沈括一样，与海州有着重要关联。

《梦溪笔谈》不仅是我国古代的学术宝库，在世界文化史上也有重要的地位。英国著名科学史专家李约瑟称，沈括的《梦溪笔谈》是中国科学史上的坐标。

为了纪念沈括这位世界闻名的中国古代科学家，1979年7月1

日，中国科学院紫金山天文台将该台在 1964 年发现的一颗小行星
（编号 2027）命名为"沈括星"。

第一节　我国科学史上巨人沈括的海州缘

（一）

沈括（1031—1095 年），字存中，号梦溪丈人，北宋科学家、
政治家。宋仁宗嘉祐八年（1063 年）中进士，后任翰林学士。沈括
精通天文、数学、物理学、化学、生物学、地理学、农学和医学；
是卓越的工程师、出色的军事家、外交家和政治家；同时还博学善
文，对方志律历、音乐、医药、卜算等无所不精。因为这样的成就，
沈括被史家称为"中国历史上最卓越的科学家之一"。

沈括生于北宋时期浙江杭州钱塘县（今浙江杭州）一个官僚家
庭，他的父亲沈周（字望之）曾在泉州、开封、江宁做过地方官，
母亲许氏是一个有文化教养的妇女。沈括自幼勤奋好读，在母亲的
指导下，十四岁就读完了家中的藏书。后来他跟随父亲到过福建泉
州、江苏润州（今镇江）、四川简州（今简阳）和京城开封等地，在
接触社会的过程中，对当时人民的生活和生产情况有所了解，增长
了不少见闻，也显示出了超人的才智。

沈括二十三岁始入仕途，先任海州沭阳县（今属江苏宿迁）主
簿，后在海州东海（今连云港市海州南城）、宁国（时属芜湖，今
属安徽宣城）、宛丘（今河南淮阳）等县任职。三十二岁考中进士后，
被任命做扬州司理参军，掌管刑讼审讯。三年后，又被推荐到京师
昭文馆编校书籍。在这里，他开始了对于文历算的研究。宋神宗熙
宁五年（1072 年），沈括兼任提举司天监，职掌观测天象，推算历

书等事务。接着，沈括又担任了史馆检讨一职，熙宁六年（1073 年）任集贤院校理。因职务上的便利条件，他有机会读到了更多的皇家藏书，充实了自己的学识。

沈括积极参与变法运动，受到了变法派宰相王安石的信任和器重。熙宁八年（1075 年）曾出使辽国，进行边界谈判。次年任翰林学士，担任过管理全国财政的最高长官三司使等许多重要官职。同年，王安石罢相。沈括被诬劾贬官，出任宣州知州（今安徽宣城一带）。三年后，为抵御西夏，沈括改知延州（今陕西延安一带），兼任鄜延路（鄜县为延安市属县，1964 年改为富县）经略安抚使。因守边有功，宋神宗元丰五年（1082 年），升任龙图阁直学士。但是不久又遭诬陷，降职做均州（今湖北省均县）团练副使。宋哲宗元祐二年（1087 年），沈括花费十二年心血编修的《天下州县图》完成，被特许亲自到汴京进呈皇帝。

（二）

沈括的官宦生涯起步于海州。北宋时期，海州下辖沭阳、朐山、怀仁（今连云港市赣榆区）、涟水、东海。宋仁宗皇祐三年（1051 年），沈括的父亲沈周去世，三年后的宋仁宗至和元年（1054 年），沈括踏上仕途，他是以父荫入仕，即因为父辈的庇荫而进入仕途的。他最初任海州沭阳县（今属江苏宿迁）主簿，相当于今日的县长助理一职，这是个正九品官职务（个别县级主簿也有从八品），宋代县里八品官有位于"县令"（七品）之下的"县丞"职务，"主簿"职位在"县丞"之下，应该在八品以下。沈括在任沭阳县主簿期间，大约由于生于官宦之家，年少时便随当官的父亲游走四方乃至在京城开封待过，养成了"初生牛犊不怕虎"的敢想敢干的精神，因而沈括初入官场就很有主见，也十分重视发展农业生产和兴修水利。面对前任官员对沭水疏于治理的现实,他竭力说服了当时的县令。县令本想按照"木匠戴枷"的意图,让沈括"自作自受",便将这个本来在县里主要承担核查户口、征督赋税、出纳官物等公务,辅助县令处理县务、整顿县政的重要佐官,兼及起草文件、管理文书档案及各种印章等事务的文官沈括,委任为治理沭水工程的总负责人。不料沈括主持治水工程干得有声有色,成效显著。沭阳百姓常年面对年久失修的沭河,汛期一到便河水肆虐,百姓受水害太苦,盼望县里能派人治水,沈括领衔治水工程后,迅速组织了几万民工修筑渠堰,不仅解除了当地人民的水灾威胁,而且还"开垦出良田七千顷",改变了沭阳的面貌,也得到了沭阳百姓的交口称赞,百姓爱戴这年轻县官甚至超过他们的县令。

因在沭阳主管兴修水利工程取得了令人称道的政绩,沈括于1060年前后被朝廷调任海州东海县任代县令。当时的东海县远不如沭阳县管辖地域之大,但是作为一县主官,沈括从平原来到海岛(当时东海县治南城及云台山为海中一岛屿)之后,他关心百姓疾苦,经常走访民间,勇于创新改革。江苏海洋大学龚际平教授也认为,后来沈括到朝廷中央任职,与十一世纪著名的改革家王安石相从甚密,支持代表中小地主利益的政治变法并成为中坚力量,与他的出身地位以及海州为官的经历都有较大关系。

(三)

关于沈括的经历,需要厘清两点历史常识性认识误区,即"1055年调任东海现代县令"和"任宁国县令"问题。

关于第一个问题,李为民先生在《沈括与宁国的渊源》一文中说沈括1055年调任东海代县令,笔者认为这个时间不可靠。即使治水工作成绩突出,沈括也不可能仅仅用一年时间跨越两级,由主簿升任县令。据史料载，嘉祐六年（1061年），沈括辞去东海县代县令到宁国治水，由此可知沈括绝不可能是1055年到东海，如果是1055年代县令，不可能"代"了六年，去宁国时所辞掉的仍是"代县令"。因此笔者认为沈括于1060年前后到东海比较可靠。

第二个问题，有不少文章说1061年"沈括调任宁国县令"，甚至清光绪二十二年（1896年）浙江书局刊刻的《沈氏三先生集》也提及了"沈括任宁国县令"。但笔者认为，"沈括任宁国县令"纯属臆说。宋、明年代史料早有记载，彼时宁国县令为沈括的胞兄沈披，沈括得以调任宁国，是因为胞兄沈披请其来宁国协助管理治水工程。由于沈括精通水利，又有治理沭水的成功经验，在施工中计划周详、指挥有方，工程进行得既轰轰烈烈，又十分顺利。经过八县万余民工近一年的奋战，一道底宽二十米、高四米、长达四十二公里的雄伟壮观的新圩堤成功筑成，堤内垦辟良田一千二百七十公顷，沿堤还种植了万千株杨柳。春来万亩良田秧苗葱绿，秋至无边稻海风涌金浪。宋仁宗闻之大喜，行旨将新修建的圩堤赐名"万春圩"，并于1062年底将治水有功的沈括升任陈州宛丘县令。

熙宁五年（1072年），沈括主持了汴河的水利建设。为了治理汴河，沈括亲自测量了汴河下游从开封到泗州淮河岸共八百四十多里河段的地势。他采用"分层筑堰法"，测得开封和泗州之间地势高度相差十九丈四尺八寸六分。这种地形测量法，是把汴渠分成许多段，分层筑成台阶形的堤堰，引水灌注，然后逐级测量各段水面。各渠段差额的总和，就是开封和泗州间的"地势高下之实"。在对地势高度计算时，其单位竟细到了寸分，可见，沈括的治学态度是极其严肃认真的，这在世界水利史上是一个创举。

在海州治水的经历、积累的经验和取得的成效，让沈括受益终身。沈括早期在各个地方为官时，无论调任何地、晋升何种官职，总是与治水相关的。所以说，沈括的为官从海州开始，他的科学研究实践从治水起步的。海州沭阳、东海为官的经历成为沈括日后做官的起点，更是他成为科学巨匠的基础。

第二节　中国古代科学的世界名著《梦溪笔谈》

（一）

《梦溪笔谈》是沈括以笔记体的形式记录自己一生社会和科学活动的总结，也是记录我国科学技术发展的第一部科技类图书，包含了当时方方面面的科学成就，显示了我国的科技水平在宋朝达到的高度。作为中国科学史的重要著作，《梦溪笔谈》中所记述的许多科学成就均达到了当时世界的最高水平。

宋神宗元丰五年（1082 年），五十一岁的沈括因"永乐城之战"宋军惨败于西夏军，从此结束了政治生涯，先后被贬谪随州、秀州和润州一带。直到宋哲宗元祐三年（1088 年），才在润州（今江苏镇江东郊）梦溪园定居下来。庄园为沈括十多年前购置，因为他在梦中所见一处风景与此处庄园相似，故为其取名"梦溪"，从此在梦溪园安度晚年。虽政治生命结束，但难得的安静也为他提供了总结归纳一生科学研究成果、观察自然的机会，因而他的晚年过得十分充实。

沈括博古通今，见识广泛、博学多才，能文能武，勤学习多实践，这些品质让他在梦溪园完成了科学巨著《梦溪笔谈》的创作。

沈括的科学研究和科学实践是从沭阳"治水"开始的，治水工作的严密性来不得半点疏漏，他的最早的学术著作《圩田五说》《万春圩图书》等便是关于治水、圩田方面的科学总结。他后来的著作，诸如大型地图集《守令图》，医学著作《良方》三种，军事著作《修城法式条约》《边州阵法》，农学著作《梦溪忘怀录》（已佚失），以及晚年的这部科学巨著《梦溪笔谈》等，均体现了与他早期治水学术专著一脉相承的创新品格、严谨态度和科学精神。

《梦溪笔谈》详细记载了我国古代科学技术的重要成果，是一部古代科学的名著，是中国文化宝库中极为珍贵的遗产。英国著名科学技术史专家李约瑟称《梦溪笔谈》是"中国科学史上的坐标""中国科学史上的里程碑"，并赞誉沈括"是中国整部科学史上最卓越的人物"。可以说，《梦溪笔谈》是中华儿女智慧的象征，沈括是中华民族的自豪。

《梦溪笔谈》不仅是一部百科全书，也是一部极富文采的文学著作，内容包括人文科学、社会科学、技术科学和自然科学的诸多方面，是后人进行研究的可靠依据，通过《梦溪笔谈》阅读和研究，读者可以更好地了解中国古代的巨大成果，从中领略到中国历史上的辉煌成就。

（二）

《梦溪笔谈》不仅反映了宋代自然科学和人文科学方面的巨大成就，还从侧面反映了宋代的社会现实。书中许多成果为民间发明，并不常见于官府修订的正史，因此《梦溪笔谈》的史料价值也尤显珍贵。

《梦溪笔谈》共有三十卷，分为《笔谈》《补笔谈》《续笔谈》三个部分。全书内容庞杂，网罗渊博，除收录了作者毕生科学研究的成果外，还记载了当时的诗文掌故、街谈巷语和异说奇闻，但总体上还是一部学术著作。《笔谈》共二十六卷，各卷依次为：故事（一、二），辩证（一、二），乐律（一、二），象数（一、二），人事（一、二），官政（一、二），机智，艺文（一、二、三），书画，技艺，器用，神奇，异事，谬误，讥谑，杂志（一、二、三），药议等十七项；《补笔谈》三卷，包括上述内容中十一门；《续笔谈》一卷，不分门。全书共计收录记述有条文的六百零九条，其中二百多条属于科学技术方面，记载了沈括的许多发明、发现和真知灼见。

在李约瑟所著的《中国科学技术史》中，他按科学标准，对《梦溪笔谈》全部内容进行了分类，共划分出三大类、二十五个具体类别，每一类别都包含了许多条内容。

其一是"人事类"，涉及"官员生活与朝廷""学士院与考试事宜""文学与艺术""法律与警务""军事""杂闻与轶事""占卜、方术与民间传说"七个类别；其二是"自然科学类"，涉及"《易经》、阴阳与五行""数学""天文与历法""气象学""地质学与矿物学""地理学与制图学""物理学""化学""工程学、冶金学与工艺学""灌溉与水利工程""建筑学""生物科学，植物学与动物学""农艺""医学与药物学"等十四个类别；其三是"人文科学类"，涉及"人类学""考古学""语言学""音乐"等四个类别。在这些类别中，属于人文科学，例如人类学、考古学、语言学、音乐等方面的，约占全部条目的18%；属于自然科学方面的，约占总数的36%，其余的则为人事资料、军事、法律及杂闻逸事等，约占全书的46%。

《梦溪笔谈》内容极为丰富，其中有二十多条记述涉及天文、历法方面；有三十多个条目涉及自然地理、政治经济地理、测量、地图制作等；有十多条记述涉及光学、磁学、声学等领域；有七条笔记涉及数学；有三十多个与生物学相关的条目；有四十多条与音乐相关的记述；有近三十条记述书画的条目；有二十多个条目记述的内容属文学类；有三十多条记述与语言学有关，内容涉及音韵学、文字学、训诂学诸方面；有二十多条属史学范畴的记述；涉及医药学的记述有四十多条；有三十多个条目记述了古代水利、建筑工程等方面的技术创新与发明；有近二十个条目与军事有关。也有研究者对其在化学、农学、考古学等领域的研究与应用价值进行过研究与探讨。由此可见，《梦溪笔谈》涉及的内容较为广泛，且多有创见。

《梦溪笔谈》是沈括毕生科学研究的结晶，对当时许多不同科学和技术问题提出了独到见解，以大篇幅记述自然科学，为其他笔记类著述所少有，北宋的重大科技发明和科技人物，均赖之记载传世，大大推进了我国古代科学技术的发展。其取材之广泛，议论之精辟，被后世学者推崇备至，其中许多内容为国内外各种学术专著不断征引，时至今天，在国内外学者中也享有很高声誉。

（三）

《梦溪笔谈》有宋本祖刻本，北宋有扬州刻本，南宋孝宗乾道二年（1166年）又曾重刻行世，可惜的是，宋刻本今皆不存。现今所见的，都是据流传本考订而成的。目前所能见到的最古版本是中国国家图书馆收藏的元成宗大德九年（1305年）年陈仁子东山书院刻本，此本据南宋乾道本重刊。历史上该刊本流传有序：元代曾藏于元宫中，明太祖朱元璋灭元后得到，并赠送给太子朱标，后又归宫中文渊阁。清代从宫中流出后，为汪士钟的艺芸精舍、松江韩氏先后收藏。中华人民共和国成立后，为避免珍贵文物外流，在周恩来总理亲自过问下，国家斥巨资购回，1976年文物出版社曾影印出版，2003年"中华再造善本工程"出版了简体版的《梦溪笔谈》。此外，《梦溪笔谈》还有《津逮秘书》《稗海》《学津讨原》《丛书集成》等多种版本行世。近人王国维、钱宝琛、胡道静等都对该书有深入研究和多种校注。

《梦溪笔谈》在国外也很有影响,早在 19 世纪,它就因对活字印刷术的记载而闻名于世。20 世纪,法、德、英、美、意等国都有人对《梦溪笔谈》进行了系统而又深入的研究,并有全部或部分章节的各国译本。

当然,金无足赤,《梦溪笔谈》也存在着一些局限与瑕疵,被研究者普遍认定的不足之处主要有以下几个方面:一是由于所处时代的局限,该书的部分条目充斥着维护封建王朝统治的意识与观点;二是由于当时认知水平的局限,该书部分条目的论述在后世看来显得不够科学;三是主要由于作者自身的原因,该书的部分条目特别是"神奇""异事"类条目中,充斥着浓重的怪诞、宿命唯心色彩,这也是该书受批评最多的方面;四是由于种种复杂原因,该书中的部分条目特别是据二手资料写就的条目存有讹误,胡道静《梦溪笔谈校证》、吴以宁《梦溪笔谈辨疑》等多有校订。

在《梦溪笔谈》里,沈括详细记载了劳动人民在科学技术方面的卓越贡献和他自己的研究成果,反映了我国古代,特别是北宋时期自然科学所达到的辉煌成就;在《梦溪笔谈》里,沈括写了很多海州时政、海州人文、海州轶事、海州奇物、海州风貌,倾注了他对海州的情感,以及以科学精神表达的对海州的人文情怀。

第三节 《梦溪笔谈》与海州

《梦溪笔谈》里关于"海州"(包括东海、赣榆)的书写,共有十二条信息,分布于卷四、卷五、卷九、卷十一、卷十二、卷十九、卷二十一、卷二十二、卷二十四、《补笔谈》卷二。这十几条记述或记海州的奇人,或写海州的奇事,或录海州的奇物,或辨海州之地域，或说海州之官政，或解海州之谬误。

（一）

《梦溪笔谈》里关于"奇人"的记录有两条。一条是在"卷九人事一"中，沈括记载了石曼卿这位奇人在海州喝酒的逸事：

> 石曼卿喜豪饮，与布衣刘潜为友。尝通判海州，刘潜来访之，曼卿迎之于石闼堰，与潜剧饮。中夜酒欲竭，顾船中有醋斗余，乃倾入酒中并饮之。至明日，酒醋俱尽。每与客痛饮，露发跣足，着械而坐，谓之"囚饮"。饮于木杪，谓之"巢饮"。以稾束之，引首出饮，复就束，谓之"鳖饮"。其狂纵大率如此。僻后为一庵，常卧其间，名之曰"扪虱庵"。未尝一日不醉。仁宗爱其才，尝对辅臣言，欲其戒酒，延年闻之。因不饮，遂成疾而卒。[①]

能将酒喝出花式、喝到皇帝关注，真算是喝到了极致，除了石曼卿还有谁能做得到？石曼卿一生给后人留下许多诗词文章，也留下了许多传奇故事。石曼卿嗜酒如命，性格豪放到了"张狂"的地步。他因上书章献太后，请还政给天子仁宗一事而丢掉了大理寺丞的官帽，被贬到海州做通判，这下喝酒就更无拘束了。石曼卿比沈括早十几年到海州，因而沈括将这位奇人记入了书中。

另一条是在"卷五　乐律一"中，有海州士人李慎言梦观宫女戏毬的记述：

---

① ［北宋］沈括：《梦溪笔谈》（第二卷），中华书局1974年版第186页。以下只注书名、页码。

海州士人李慎言，尝梦至一处水殿中，观宫女戏毬。山阳蔡绳为之传，叙其事甚详。有《抛毬曲》十余阕，词皆清丽。今独记两阕："侍燕黄昏晓未休，玉阶夜色月如流。朝来自觉承恩醉，笑倩傍人认绣毬。""堪恨隋家几帝王，舞裀揉尽绣鸳鸯。如今重到抛毬处，不是金炉旧日香。"①

日有所思，则夜有所梦。梦观宫女戏毬，而能触发灵感写出"《抛毬曲》十余阕"，真是神了，文艺心理学家该好好研究一下。这是宋代海州作家创作乐府诗的一条记录，值得研究。

（二）

关于海州"奇事"的记录，在《梦溪笔谈》"卷二十一异事异疾附"中，记载了沈括本人遇到的一件奇事：

卢中甫家吴中。尝未明而起，墙柱之下，有光熠然。就视之，似水而动。急以油纸扇抱之，其物在扇中混漾，正如水银，而光艳烂然。以火烛之，则了无一物。又魏国大主家亦尝见此物。李团练评尝言予，与中甫所见无少异，不知何异也。余昔年在海州，曾夜煮盐鸭卵，其间一卵，烂然通明如玉，荧荧然屋中尽明。置之器中十余日，臭腐几尽，愈明不已。苏州钱僧孺家煮一鸭卵，亦如是。物有相似者，必自是一类。②

沈括在海州煮咸鸭蛋吃时，奇怪的现象出现了，有一枚熟的咸

① 《梦溪笔谈》（第一卷），第98—99页。
② 《梦溪笔谈》（第四卷），第362—363页。

鸭蛋居然能发光，这真是奇怪了。问题是，苏州龙图阁直学士卢秉家也出现过会发光的东西，不过不是咸鸭蛋，而是一种水银状流动的液体，像火一样颤动着，用火光照它，便什么都没有了。另外苏州钱僧儒家也曾经煮出过一样会发光的咸鸭蛋。这条记载足以证明，沈括观察自然十分精细，并能切实地以科学的态度客观叙述。不过受制于科学发展，人类认识自然有时还不得其解。

（三）

《梦溪笔谈》中，关于海州"奇物"的记录有两条。

一条是"卷二十一 异事异疾附"记载了海州渔人捕获了一个轰动海州的"怪物"：

> 嘉祐中，海州渔人获一物，鱼身而首如虎，亦作虎文。有两短足在肩，指爪皆虎也。长八九尺。视人辄泪下。异至郡中，数日方死。有父老云："昔年曾见之，谓之'海蛮师'。"然书传小说未尝载。①

这种海中"怪物""海蛮师"在沈括那个时代无法解释，今天已经可以解释了，根据沈括的描述，可能是海中哺乳动物——海豹，也可能是"海牛"（俗称美人鱼），还可能是海狮或者娃娃鱼之类。

另一条是"卷十九 器用"记载了海州"奇特"的兵器——弩机：

> 予顷年在海州，人家穿地得一弩机，其望山甚长，望山

①《梦溪笔谈》（第四卷），第 377 页。

之侧为小矩，如尺之有分寸。原其意，以目注镞端，以望山之度拟之，准其高下，正用算家勾股法也。《太甲》曰：……大意天覆地载，前后手势耳；参连为奇，谓以度视镞，以镞视的，参连如衡，此正是勾股度高深之术也；三经、三纬，则设之于堋，以志其高下左右耳。余尝设三经、三纬，以镞注之发矢，亦十得七八。设度于机，定加密矣。^①

这一条记载了沈括发现了海州出土的弩机。此物产于何时未有详细记载，但至少说明宋时海州地区已有较高的兵器制作水平。或许沈括的这一见闻，对他后来研究、监制兵器是否有一定影响。

（四）

关于海州"官政"的记录有五条。

一是在"卷十二 官政二"中，沈括记载了海州茶叶专卖情况：

国朝六榷货务，十三山场，都卖茶岁一千五十三万三千七百四十七斤半，祖额钱二百二十五万四千四十七贯一十。其六榷货务取最中，嘉祐六年抛占茶五百七十三万六千七百八十六斤半，祖额钱一百九十六万四千六百四十七贯二百七十八。荆南府……；汉阳军……；蕲州蕲口……；无为军……；真州……；海州祖额钱三十万八千七百三贯六百七十六，受纳睦、湖、杭、越、衢、温、婺、台、常、明、饶、歙州片散茶共四十二万四千五百九十斤。^②

---

① 《梦溪笔谈》（第三卷），第330—331页。
② 《梦溪笔谈》（第二卷），第227—229页。

根据沈括的记载，可以得到下面两条有价值的信息：其一，海州为全国六大茶叶专卖市场之一；其二，海州茶叶专卖市场辐射范围极大，包括了睦州、湖州在内的十二个州县。

二是"卷十一 官政一"写到海州产"海盐"，宋时海州属淮南东路治下。文中写道：

> 盐之品至多，前史所载，夷狄间自有十余种；中国所出，亦不减数十种。今公私能行者四种：一者末盐，海盐也，河北、京东、淮南、两浙、江南东西、荆湖南北、福建、广南东西十一路食之。①

三是在"《补笔谈》卷二 官政"中，沈括记载了海州盐场的设置情况：

> 孙伯纯史馆知海州日，发运司议置洛要、板浦、惠泽三盐场，孙以为非便。发运使亲行郡，决欲为之。孙抗论排沮甚坚。百姓遮孙，自言置盐场为便。孙晓之曰："汝愚民，不知远计。官买盐，虽有近利。官盐患在不售，不患盐不足。盐多而不售，遗患在三十年后。"至孙罢郡，卒置三场。近岁连、海间，刑狱盗贼差徭比旧浸繁，多缘三盐场所置积盐如山，运卖不行，亏失欠负，动辄破人产业，民始患之。朝廷调发军器，有弩桩箭干之类，海州素无此物，民甚苦之，请以鳔胶充折。孙谓之曰：……其远虑多类此。②

---

① 《梦溪笔谈》(第二卷)，第213页。
② 《梦溪笔谈》(第五卷)，第523—524页。

从以上两条信息可知宋时海州产盐以及盐场设置情况，当时海州官员对盐场设置是有争议的，争议的焦点是赋役。

四是在"卷二十二谬误'谲诈附'"中有两条写谪官、贪官在海州的情况，原文写道：

> 尝有人自负才名，后为进士状首，歔历贵近。曾谪官知海州，有笔工善画水，召使画便厅掩障，自为之记，自书于壁间。

> 李溥为江、淮发运使，每岁奏计，则以大船载东南美货，结纳当途，莫知纪极。章献太后垂帘时，溥因奏事，盛称浙茶之美，……溥晚年以贿败，窜谪海州。然自此遂为发运司岁例，每发运使入奏，舳舻蔽川，自泗州七日至京。予出使淮南时，见有重载入汴者，求得其籍，言两浙笺纸三暖船，他物称是。①

（五）

《梦溪笔谈》里关于海州"地理"的记录有两条。

一是"卷四辩证二"记载：

> 海州东海县西北有二古墓，《图志》谓之黄儿墓。有一石碑，已漫灭不可读，莫知黄儿者何人。石延年通判海州，因行县见之，曰："汉二疏，东海人，此必其墓也。"遂谓之"二疏墓"，刻碑于其傍。后人又收入《图经》。

---

① 《梦溪笔谈》（第四卷），第382，385—386页。

予按，疏广，东海兰陵人，兰陵今属沂州承县。今东海县乃汉之赣榆，自属琅琊郡，非古之东海也。今承县东四十里自有疏广墓，其东又二里有疏受墓。延年不讲地志，但见今谓之东海县，遂以二疏名之，极为乖误。大凡地名如此者至多，无足纪者。此乃余初仕为沭阳主簿日，始见《图经》中增经事，后世不知其因，往往以为实录。谩志于此，以见天下地书皆不可坚信。其北又有孝女冢，庙貌甚盛，著在祀典。孝女亦东海人。赣榆既非东海故境，则孝女冢庙亦后人附会县名为之耳。①

这里沈括以科学的态度，对东海与赣榆的关系做了考证，为后世了解连云港属地关系提供了宝贵线索。

二是"卷二十四 杂志一"记载：

予奉使河北，遵太行而北。山崖之间，往往衔螺蚌壳及石子如鸟卵者，横亘石壁如带。此乃昔之海滨，今东距海已近千里。所谓大陆者，皆浊泥所湮耳。尧殛鲧于羽山，旧说在东海中，今乃在平陆。凡大河、漳水、滹沱、涿水、桑干之类，悉是浊流。今关、陕以西，水行地中，不减百余尺，其泥岁东流，皆为大陆之土，此理必然。②

这条记录，让我们了解了沧海桑田变化中的古海州地貌，也准确记载了羽山的地理位置。

---

① 《梦溪笔谈》(第一卷)，60—61页。
② 《梦溪笔谈》(第四卷)，407—408页。

第五章　魏源《筹鹾篇》与海州板浦

纵观人类世界发展的历史，尽管不时会有雾霾遮日，奸雄乱世，但时代发展的车轮总是滚滚向前的。

一个时代的发展，推动力是人民群众，然必须有思想家和时代巨人在前面"振臂呼号"。

距今二百多年前的清王朝中期，是一个由封建社会向近代社会急剧变化的时代，这是一个需要巨人、也产生了巨人的时代。

生活在这个时代的人们，热切期盼着时代巨变。

有一个承前启后、继往开来、创榛辟莽、前驱先路的思想启蒙先驱，和杰出的爱国主义思想家、影响深远的文化巨人恰好生活在这个时代，他就是顺应时代前进的潮流，成为近代中国"睁眼看世界"的代表之一的魏源。

魏源九岁参加童子试时，以两个麦饼充饥的他却能说出"腹内孕乾坤"这样的话，与县令应答时，他说："天地叫乾坤，我吃了这麦饼，就是考虑天下大事。"县令连声称赞魏源"幼有大志"。

魏源成年后，曾作为幕宾协助贺长龄、陶澍、裕谦等推行漕运、盐运、河工等经济改革，并因此成为名噪一时的社会实政改革专家。

魏源在第一次鸦片战争结束之后，亲身到曾经的战场上走访考察，思考并提出了正确的抗英策略。他总结战争的经验教训，从御外侮、雪国耻的爱国思想出发，废寝忘食地写出了他的经国要作——《海国图志》。

魏源，提出了"师夷长技以制夷"的口号，不仅开启了中国"西学东渐"的历史进程，也让自己成为鸦片战争后的重要启蒙思想家。

在社会急剧变化、官场"血雨腥风"中，魏源的变革之心毫不动摇，他积极参与两淮盐政改革，作出了盐政改革檄文《筹鹾篇》。他，代辑经世典籍，倡导务实新风；他，协助筹划漕粮海运与盐法改革，成为经世致用、开一代新风的杰出代表。然而，贤臣难酬报国志，一代淮扬名宦却晚年坎坷。但是，魏源终于"赢得生前身后名"，他的思想对后世中国发展产生了巨大的影响。

作为一个对历史进程具有重要影响的杰出思想家，魏源引起了近代以来中外学者的浓厚兴趣和热切关注。

回视魏源，回顾他的生平业绩，回述他的改革思想，不仅仅是为了缅怀和纪念已逝去的先贤，更重要的是，我们要从他的思想中，吸收与借鉴科学合理的成分，使之得以与时俱进，不断推进我们的改革开放事业，最终实现中华民族的伟大复兴。

第一节　睁眼看世界的魏源

（一）

魏源，又名远达，字默深，号良图。清乾隆五十九年三月二十四日（1794 年 4 月 23 日），魏源生于湖南邵阳县金潭（今邵阳市隆回县司门前镇）。魏源的先祖本是一家富有财产而没有官势的"素封"地主，到他祖父时因赋税过重而败落。父亲魏邦鲁曾任江苏巡检、宝山主簿等地方佐杂官，为官清廉，深得民心。

魏源自幼沉默寡言，经常独坐深思。他从七岁开始求学，跟从塾师刘之纲、魏辅邦读经学史。据说他从小对待学习就十分勤奋刻苦，每天都学习到半夜。因家庭生活并不富足，他经常向乡里族人借书。

嘉庆十二年（1807 年），十四岁的魏源在邵阳参加县学考试，获得了第三名的好成绩，与何上咸、石昌化一起，被人们誉为"三神童"。嘉庆十五年（1810 年），三年县学毕业以后，为了解决生计问题，魏源回到故乡，开馆授徒。因为课教得好，魏源"名闻益广"，慕名前来求学者甚多。魏源一面教书，一面温习功课准备参加科举考试。

据陈显泗主编的《中华百杰图传·理财巨匠》中的《图强先驱·魏源》卷[1]介绍，魏源幼年和少年时代，白莲教、天理教农民起义此起彼伏，嘉庆十八年（1813 年）天理教起义农民一度攻入紫禁城，使清政府受到极大震动。这一年，魏源举为拔贡，并随父亲来到北京。在北京，他住在侍郎李宗瀚家里，结识了京师当时各种学术流派的名士，先跟随胡承珙学习汉学，后又师从姚学塽研究宋学，同时还经常向在湖南时选拔他为贡生的老师汤金钊请教王阳明心学。

社会接触面的扩大，使魏源更多地了解了社会现实，感受到时

---

[1] 张洪强编文，王又文等绘画，《中华百杰图传·理财巨匠图强先驱·魏源》，海南国际新闻出版中心 1996 年版。下文关于魏源生平经历时间节点均参照此书，不另标注。

代的游荡，与当时的一些学者名流交往，又使他有机会更加充实自己的知识和见闻。到北京后不久，魏源开始向著名今文经学家刘逢禄学习《公羊春秋》，并且同龚自珍相交好，共同研究学问，互相砥砺。这些都奠定了他此后以今文经学议论时政的基础。

后来，魏源走上了仕途的道路，成为清朝时候非常有名的启蒙思想家、政治家和文学家，中国近代风流人物中真正睁眼看世界的第一人。

（二）

嘉庆二十四年（1819年），魏源考中顺天乡试副贡生。道光元年（1821年），他再次参加顺天乡试，仍中副贡生。这次乡试，考官张铁桥看到一份考卷，十分赞赏，后因用典涉嫌，没有将该考生录取为举人。当他得知此卷出自魏源之手时，感到很惋惜。道光二年（1822年），魏源以第二名的成绩考中顺天乡试举人，取得了会试的资格。这年冬天，他受直隶提督杨芳的邀请赴古北口，住在杨芳家里，教授杨芳的儿子杨承注学问，并准备来年的会试。第二年（1823年）会试没有考中，他继续回到杨芳家当"家教"。这年冬天，杨芳调任湖南提督，一家人即将赴驻地常德，魏源因父亲魏邦鲁在江苏做小官，遂回江苏探亲。过完春节（1824年），魏源带着弟弟魏洪从江苏来到常德，继续在杨芳家当教师，同时辅导弟弟读书。

魏源的官宦生涯是从"幕府"开始的。大概得益于杨芳抑或其父的推荐，魏源自道光五年（1825年）来到南京乌龙潭湖干草堂（今南京龙蟠路），进入江苏布政使贺长龄幕府，其间代为编辑《皇朝经世文编》。恰好这一年五月，陶澍调任江苏巡抚，大约因有老乡关系，同在南京的魏源经常出入陶澍家中，协助陶澍筹议漕粮海运事宜。这一年，他撰写了《筹漕篇》《复魏制府询海运书》，对试行海运做了理论上的准备工作。道光六年（1826年），江苏省招募商船试办海运获得成功，这时，魏源撰写了《道光丙戌海运记》《海运全案序》《海运全案跋》等文，对海运的经过和成功经验做了全面的总结。

道光六年（1826年）冬天，魏源经过近两年的艰苦努力，终于完成了《皇朝经世文编》的编辑工作，此书的刊行标志着魏源经世思想的成熟，开创了清代经世致用的学术新风。道光七年（1827年），贺长龄调任山东布政使，魏源没有随往，而是就近转入江苏巡抚陶澍幕府。在这里，他的行动更加自由，游历、著书、应考皆不误，并且还兼做票盐生意。

文人总是要通过科考实现自己价值的，因而魏源做幕府并不影响参加考试，幕主贺长龄、陶澍都是支持他的，然而大约是运气不佳，其间魏源又参加了三次会试，均不得中。道光六年，魏源第二次参加会试，虽然有刘逢禄分阅试卷，他对魏源的才学非常赏识，极力推荐，但未被采纳。这一年，同样落第的还有魏源的好友龚自珍。道光九年（1829年）、道光十二年（1832年）、道光十五年（1836年），魏源第三次、第四次、第五次参加会试，却屡屡不中。直至道光二十四年（1844年），五十一岁的魏源才得以中三甲第九十三名进士。

道光八年（1828年），魏源以举人身份捐资为内阁中书舍人，在广泛阅读内阁史馆的各种典籍档案的过程中，他积累了大量有关典章制度方面的资料，为后来著书理政奠定了基础。

道光十年（1830年），喀什噶尔、叶尔羌等城发生了分裂叛乱，杨芳奉命出关讨剿，魏源想借此机会考察天山，加入了杨芳幕府。走到甘肃酒泉嘉峪关，他听说叛乱已被平息，只好就此返回。

从1825年到1839年，魏源先后在贺长龄、陶澍以及杨芳手下度过了十四年的幕府生涯。还有资料记载，道光二十一年（1841年），魏源入两江总督裕谦幕府，直接参与抗英战争，并在前线亲自审讯俘虏。后见清政府和战不定，投降派昏庸误国，魏源愤而辞归，立志著述。

（三）

魏源是一个进步的思想家、史学家和革新图强的爱国学者。他积极要求清政府进行改革，强调："天下无数百年不弊之法，无穷极不变之法，无不除弊而能兴利之法，无不易简而能变通之法。"[①] 他着重于经济领域的改革，在鸦片战争前后提出了一些改革水利、漕运、盐政的方案和措施，要求革除弊端以有利于国计民生，认为"变古愈尽，便民愈甚"[②]。这些主张不仅在当时具有进步意义，对于后来的资产阶级变法维新运动也起了积极的推动作用。

魏源坚决反对西方资本主义国家的侵华活动，提出了反侵略的一系列主张与办法。他对人民群众的力量有一定的认识，因而提出了同林则徐"民心可用"的观点相一致的"义民可用"的主张。魏源同林则徐一样，是鸦片战争时期"睁眼看世界"的人物。他既坚决反抗侵略，又重视了解和学习西方的科学技术，将其作为对付侵略的重要方法。魏源不仅主张学习西方的先进生产技术，而且也很推崇和歆慕资本主义国家的社会制度。

魏源创作的《海国图志》内容丰富，记述了世界各国的地理、历史、经济、政治、军事和科学技术，乃至宗教、历法、文化、物产等情况，并附有世界地图、各大洲地图和分国地图等。对强国

① ［清］魏源：《筹鹾篇》，《魏源全集》（第十二册），岳麓书社2004年版，第408页。以下引用魏源著述均来自此套文献，只注篇名、卷目、页码。
② 《默觚下·治篇五》，《魏源全集》（第十二册），第48页。

御侮、匡正时弊，振兴国脉之路做了探索。书中提出了"以夷攻夷""以夷款夷"和"师夷长技以制夷"的正确口号，认为"善师四夷者，能制四夷；不善师外夷者，外夷制之"①，把学习西方的"长技"提高到关系国家民族安危的高度来认识。这些主张在当时社会上发生了振聋发聩的重大影响。

在赋税问题上，魏源主张培植和保护税源，指出"善赋民者，譬植柳乎，薪其枝而培其本根"②。他指责苛重税敛"不善赋民"，主张国家利用赋税手段保护工商业的发展。在盐税改革中，他认为淮盐成本之高，是由于细商所支付的浮费和勒索太多。如果废除细商专卖制度，允许散商凭票运销，即可大大降低成本从而降低食盐价格，这样既可促进食盐销售，抵制走私，又可增加国家的盐税收入。魏源的这一观点在中国19世纪以前的经济思想中是极为罕见的。

魏源一生著述宏富，除《海国图志》外，还有《书古微》《诗古微》《圣武记》《元史新编》《净土四经》等四十种之多。在这些著作中，除失传著作外，留传下来的约一千多万字。魏源一生的足迹遍及祖国的大江南北，今天，人们为纪念这位伟大的思想家，在许多有过魏源足迹的地方都建立有各种纪念设施和场所。

第二节　盐政改革的檄文《筹鹾篇》

有清一代，盐政、河工、漕运被视为关乎国计民生的"三大政"。魏源经世致用，以真知灼见撰写了《筹漕篇》《筹鹾篇》《筹河篇》等三篇针对时政急务、补偏救弊的策文，对应"三大政"提

---

① 《海国图志》，《魏源全集》（第六册），第1078页。
② 《默觚下·治篇十四》，《魏源全集》（第十二册），第72页。

出了自己的改革建议。

道光十一年（1831年），魏源作为两江总督、兼署理两淮盐政事务的陶澍的幕僚，受陶澍委派，为视察两淮盐业生产和运销情况而来到淮北盐都板浦。板浦作为淮盐重镇，站在盐业改革的前沿，魏源在板浦深入大小盐场调查走访，写成了《筹鹾篇》，对两淮纲盐的种种陋习和弊端进行了精辟的剖析，深得陶澍的赞许。奏疏经道光皇帝批准后，陶澍即于道光十二年（1832年）夏到板浦，魏源又拟定了盐政改革十五条章程。陶澍决定，以板浦场作为票盐制取代纲盐制的改革试点，并委任魏源具体负责实施。魏源在板浦写成的《筹鹾篇》，如同盐政改革的檄文，具有重要的历史意义和文化意义。

（一）

《筹鹾篇》曾出版过单行本，作为盐政改革的重要方案，一时堪称比任何名著都引人注目之作。

《筹鹾篇》开篇就说："利出三孔者民贫，利出二孔者国贫。曷以便国而便民，作《筹鹾篇》。"[①]一句话便点出了这篇文章的撰写出发点。

推行任何一项新政，尤其是原有政策已经被垄断固化，弊病积重难返的情况下，必须找准视角。魏源《筹鹾篇》即是从有利于生产的发展、有利于增加国家的赋税收入的角度，力主推行票盐法改革的。

在推行票盐法的实践中，魏源深切地认识到，欲使票盐法顺利健康地推行，必须加大改革力度，兴利除弊，消除不利于票盐法的

---

① 《筹鹾篇》，《魏源全集》（第十二册），第408页。

各项盐务政策。这本不是什么大问题，然而难就难在"人"，在所有政策制定过程中，吏治是关键，只有从加强吏治入手、整治盐务方能奏效，否则一切都是空谈。

> 自昔管山海之利以归国家者，必出其阳而闭其阴。有阴阳即有官私，故醛政之要，不出化私为官，而缉私不与焉。自古有缉场私之法，无缉邻私之法。邻私唯有减价敌之而已，减价之要，先减轻其商本而已。

> 议者动曰：减之又减，安能敌无课之私？此混邻私于场私。场私无课，而邻私有课。

> 曰：非减价易以敌私？非轻本曷以减价？非裁费曷以轻本？非变法曷以裁费？夫推其本以齐其末，君子穷原之学也。宜民者无迂途，实效者无虚议，大人裁通变之事也。欲出一孔，无外四端……①

为此，魏源针对四个弊端，相应地提出了减轻额课、平抑场价、裁减坝工捆工和削减浮费四条解决措施。魏源在板浦完成的《筹醛篇》所分析的四个弊端和解决的四条措施，每端每条都涉及吏治。

（二）

魏源针对四个弊端所提出的改革方案究竟是什么？在《筹醛篇》有着明白清晰的说明。②

一是"额课减而不减"。魏源指出："淮南盐课正杂钱粮，旧不过三百数十万两，以额引百四十万计，引止二两数钱。"在分析

---

① 《筹醛篇》，《魏源全集》（第十二册），第408，409页。
② 如无单独注释，本节所有引文均摘自《筹醛篇》第409—411页，各段不再一一标注。

了淮南盐业情况后，他又述及淮北："除淮北代纳协贴七十余万外，每纲计三百九十余万两。额行百四十万引，计每引征银二两九钱，应请作为定额。每年一纲以外，无论提行溢销若干，摊课而不增课。假如溢销至四分之一，即每引钱粮可摊减至二两有奇。"对"若谓邻省川、粤、浙、潞课额悬殊，恐减价仍难敌销"，魏源也做出了预案，并以淮北推行票盐的实践做出明证："又若淮北试行票盐之初，亦惟恐不逮额，乃每年皆行两纲之盐，收再倍之课，岁贴淮南七十余万，是名为每引征课二两，实已每引摊足三四两之额。此又有减课之名而有溢课之实者二，故曰额课减而不减。"

二是"场价平而不平"。魏源首先列举了这样的现实："淮南各场，有商亭、灶亭、半商、半灶之别，又有盐色售价高下之差。商亭产皆商置，丁皆商招。其所煎之盐，照镦计火归垣，每桶二百斤，两桶成引，每桶给价钱百文至八百文止，盐价例无长落。"文中还提到道光十三年（1833年）至十六年（1836年），南盐场价大涨，上等盐、中等盐、下等盐价格均有较大涨幅，"较之目前平市每引相去二三两"。为此，魏源提出反诘："淮北先定场价，始能改票，南盐何独不同？如欲变法轻本，应就目前平市，定为永制，再裁规费，平草价，以轻场商之成本。或仿淮北官局派买，或兼许各食岸融运北盐，则南场自不居奇。且畅销提行场盐，尽煎尽售，有溢无壅，则商灶亦将倍利。故曰场价平而不平。"

三是"坝工、捆工裁而不裁"。针对盐斤运输中"中隔一坝，般剥偷撒，其弊其大"的现象，魏源分析了运盐成本提高的原因："近年运商愿仿通属之例，津贴场商银两，改出孔家涵口，直达运河，终为各坝工役所格。其累运本者一"；"若谓岸销小包始便，何以邻私皆百斤大包畅行无阻，而官盐反为壅滞？可见子包改捆，并无益于岸销，只足为官役把持偷耗之地。其累运本者二。"魏源为此提出借鉴大伊山、西坝的做法："仿淮北大伊山抽验之法，仪行监掣同知，仿淮北西坝过载查验之法，仍令总掣全纲，但无改捆偷漏，何患稽察之不周？"

四是"各岸浮费不裁而裁"。魏源毫不留情地指出："盐为利薮，官为盐蠹，而其蠹之尤甚者，为江西、湖广。"他分析盐弊在于："有窝单、有请单、有照票、有引目、有护照、有桅封、有水程、有院司监掣批验子盐五次公文，委曲烦重，徒稽守候，而滋规费，大弊一；及商盐到岸也，有各衙投文之费，有委员盘包较砠之费，有查河烙印编号之费……屡奏裁汰，有名无实，大弊二。"魏源提出的方案是："至地方吏既无行销之责，又无私枭之虞，考成轻，案牍省阴受化私为官之益，如淮北、皖、豫行票各州县之成效，小损而大益，何顾口岸之阻挠？"

以上就是《筹鹾篇》对盐政改革的全部方案。这一方案，倾注了魏源的心血，也只有睁眼看世界第一人的魏源，才能写出这样的改革檄文。

（三）

这里有必要回溯一下陶澍、魏源实施"票盐"改革的背景和具体内容。

陶澍署理两淮盐政时候，淮盐实施的是"纲盐"制度。明神宗万历四十五年（1617年），皇帝从盐法道袁世振所奏，行纲盐法，该制度自此开始成为明清食盐运销之制。具体来说，它是将各商所领盐引编成纲册，分为十纲，每年以一纲行积引，九纲行现引，每年照册上额数派行新引，凡纲册有名者，据为窝本，纲上无名，不得从事盐业行销。这一制度具有两个显著特点：第一，盐商经营权利的世业化，这是纲盐制度的核心内容；第二，王朝政府对盐商具体经营活动的行政干预。到陶澍时期，盐业行销已经形成阶层"垄断"，因大盐商垄断盐业，产生了许多弊端，特别是"私盐"泛滥，朝廷缉私反而越缉越乱。

当陶澍面对盐业垄断几乎束手无策的时候，魏源主张改变清朝政府垄断盐务的纲盐制度，以一般商人自由运销的"票盐"制度取而代之。道光十二年，陶澍接受魏源的建议，在淮北实施了票盐制度。

魏源设计的票盐制度的基本原则是：官府在盐场设局收税，只要照章纳税，任何人都可以凭票采盐贩卖，场价、盐税在采时一次缴清，无票经营者以偷税漏税的私盐论罪。"化私为官"是盐务改革的有效办法，使人民得到了更多的实惠。为了降低官盐的成本，魏源提出要抓好三个重要环节，第一，定好场价，因为场价是食盐售价的基本成分；第二，简化销盐手续，取消一切不必要的中间环节，以杜绝有人中饱私囊；第三，打破僵死的销区限制，避免不必要的远程运费。

这一改革给僵死的淮盐运行机制带来了活力，盐课得到大幅提升，老百姓也得到了实惠。票盐改革也反映出魏源一贯坚持"以实事程实功，以实功程实事"的原则。在板浦，魏源除了尽心尽力辅佐陶澍，尽职尽责搞好盐政改革，还裁减浮费、删减繁文、抚恤壮丁、严究淹滞、疏浚河道、添置岸店、丞散轮规、整饬纪纲，办了不少实事。

然而，时运不佳，没有了陶澍的支持，再好的改革方案也没人理会。《筹鹾篇》作于陶澍去世之时，在文本最末署有自注："此道光中陶云汀官保弃世时所草也，呈之后任李公星沅，未行。至陆公当汉岸火灾之后，始力主行之。甫奏新猷，即遭上游粤贼之难，楚、豫漕鹾皆不可复问。盖运数所乘，非尽关人事也。咸丰二年记于兴化西寺。"①

这段自注说明一个事实，魏源在板浦任上呕心沥血的《筹鹾篇》完成后，未及送呈，陶澍就已病逝于南京，接任的两江总督李星沅搁置了他的《筹鹾篇》。魏源所有的希望都落空了！于是，淮北板浦场推行的"票盐法"改革遂逐渐衰落了下去。

第三节 魏源的海州板浦情结

（一）

魏源在板浦期间，与很多海州板浦学者结为文友，经常一起游览云台山名胜，吟诗谈经。魏源留下了好多写盐场、写板浦、写海州云台山的诗歌，他的《古微堂诗集》中就有一篇《海州云台山老松歌》：

> 龙王出海苍鬣须，怪怪奇奇天下无。得无盘古以前之草书，横斜乱劈苍崖枯。
> 近压百岛蛟鼍气，远吸扶桑万重翠，自成海外一天地。松飔琅琅，松涛汤汤，松盖战云云茫茫。
> 大哉百谷王中有此百树王，回我浩气挖穹苍。夜深霆震百灵死，四山怒裂龙孙子。②

魏源曾代陶澍写了《海曙楼铭》和《云台山神庙碑铭》；为海州分司运判童濂作《淮北票盐志略序》，后又写了《淮北票盐志》。他深察下情，潜心研究海州水利、国防、社会经济等情况，议论多

---

① 《筹鹾篇》，《魏源全集》（第十二册），第413页。
② 《海州云台山老松歌》，《魏源全集》（第十二册），第629页。

为真知灼见，诗文风格遒劲，时人称"排比经纬，驰骋往复"，"比年富述作，时流多惊疑"。海属文人学者无不叹服，就连大才子许乔林也很钦佩地说："魏源真是字如其人——'默深'也！"海州诗人封人祝则道："魏公真神人也！"

道光二十五年（1845年）秋，魏源就已离开板浦，奉旨任东台知县。赴任不到一年，因母亲去世，不得不离开东台，回家为母丁忧。道光二十七年（1847年）清代著名思想家吴振勃去世，其长子吴世裕专门写信恳请远在湖南老家的魏源为其父撰写墓志铭。其时海州板浦文名很高的文豪、口碑很好的官吏有很多，吴世裕唯独请早就离开板浦，且远在湖南的魏源为吴振勃写墓志铭，足见魏源在板浦期间，与板浦文人、板浦人民结下了深厚的友谊。

吴振勃后人根据道光戊申春挹韵轩藏板刊印的《筠斋诗录》卷首镌刻有魏源的《皇清海州岁贡生吴君墓志铭》，全文如下：

　　海州之板浦场，多徽歙醝贾。道光十二载，淮北奏改票盐，销鬯倍。一时远近云集，士之不遇者，亦俯趋焉，身其地，目其事，漠然始终无预者，许石华大令、吴筠斋岁贡二人而已，许君与其亡仲月南，凤以经学文章开于世，吴君名亚于二许，予初未识也。一日，晤其子世裕于许君所，异其鬓静，询知君之子，因是得交于君。继又介世裕读书海州分司童君濂署中，时有醝贾某欲以女妻世裕，介童君执柯于君，君再三固却之，予益以是重君。道光二十七载，予去海州已十岁，而世裕以君之讣至，且寄其遗诗二巨束来求铭，曰："君遗命也。"君讳振勃，字兴孟，筠斋其号。卒年七十又八，妻夏、黄、陶，子四：世裕其长也，次世广、世祺、世龄。所著书有《经学考源》

《音学考源》《先正言行录》，皆自抒所见，决择精审，为实事求是之学。铭曰：海上吟诗到白头，吴东淘外君其俦，魂魄千秋来郁洲。邵阳魏源撰。

道光二十九年（1849年）夏，丁忧期满的魏源奉檄权扬州府兴化知县。咸丰元年（1851年），魏源因在淮北政绩显著，被调任高邮知州。因对海州怀有感情，他还继续兼任这个麻烦事多，且官阶低于知州的两淮运盐使司海州分司运判。

（二）

在板浦东北方约七华里处是著名的中正场，属板浦治下。当时的中正场号称"东连沧海，西接朐山，南襟莞水，北枕云台"，早在宋、元年代，就有"盐池星罗密布，沟河遍是"的美誉，加之中正街中心有棵古槐，名气很大，在当时被誉为人杰地灵的风水宝地。这里出过"中正二乔"乔绍侨、乔绍傅弟兄俩，当时"淮海间无不知有二乔者"；中正还出了四位举人，近二十位贡生、廪生、秀才。

魏源在任海州分司盐运通判，办理淮北盐务期间，经常往来于板浦和中正场之间。当年，这里只有一条上游洪水漫溢流向大海低洼处的天然形成的河流，后经人工改造、整治，被开挖成船运驳盐的通道，当地人称为驳盐河。善于体察民情的魏源，满怀对盐民的深情厚谊，他发现板浦至中正场道路泥泞，交通不便，于是便动议在板浦东北与中正西街之间建了一条挡水的堤坝，东侧取泥成河，以利盐运，大堤两边间植桃柳。魏源的动议被后来中正场一位与魏源同姓的大使所采纳，此坝沿河堤西岸高堆修建中正场通向板浦约四公里长的坦途大道，此道虽然不是魏源亲修，但依然称"魏公堤"。作为中正场到板浦间唯一的陆路通道，"魏公堤"的修建使得两地有陆路直接相通。由于有一条驳盐河道横穿中间，盐司衙门和盐商建桥一座，称为"半路桥"，并在半路桥北侧建有砖瓦结构"大厦"三间作为茶亭，称"半路亭"，供行人避雨、纳凉歇脚。据说魏公堤上这个半路亭，还是当时板浦、中正场、东辛等地的文人墨客举行文艺沙龙和郊游的一大去处，他们在这里搞过不少文艺活动，一些文化名人还留下过关于魏公堤、半路亭的"赞美诗"。

按理说，筑桥修路是州府行政官员的事，轮不到专司盐务的上级派驻机构官员魏源做这事，然而，板浦作为盐业重镇，时有淮北盐都美名，中正又是盐场属地，无论从方便盐民还是方便盐斤外运的角度看，筑桥修路都应该是盐署衙门的事，当然就是魏源该考虑的事了。后来的事实也证明，这就是盐官的事。由于年久失修，后来魏公堤道路破坏不堪，在光绪八年和民国八年分别进行了重修，都是盐官主导的。即便是到了民国二十三年（1934年），中正场场长剑公还专门拨出盐区筑路费修整魏公堤路面。根据连云港市文保所石刻中心永久保管的一块碑刻显示，当时地方商民感念中正场场长剑公的恩德，在半路茶亭北立纪念碑一方，镌刻"安乐坦涂"四个大字，此碑刻由板浦镇中正社区市民石兆才向连云港市文保所捐赠，今考证是民国时期所镌刻的"安乐坦涂"石质纪念碑，碑文由隶书字体撰写："安乐坦涂。剑公邵场长纪念，民国廿三年五月谷旦，中正场盐业民众全体公颂。"

随着盐坨东迁，继则战争侵扰，路面逐渐荒芜。新中国成立后，当地人扩大水稻种植规模，桥、亭均被拆毁，改旧堤为良田。到了20世纪60年代，魏公堤茶亭被拆除，碑刻与石质构件被村部分配给村民。一条历史古道就此湮没无存，但是，"半路桥"这一地名直到20世纪八九十年代依然使用着，魏公堤、半路亭今天还不曾被人忘记。

（三）

史料载，魏源治理淮北盐场，使得淮北盐场面貌焕然一新，出现了"四方豪商大贾，鳞集麇至"的兴盛局面，给商贾灶民带来了经济上的富足。甚至有一年遭受大的天灾，广大民众、盐业灶户皆能实现温饱无愁。这也使得盐场生意兴隆，空前繁荣，盐河里运盐船帆杆如林，络绎不绝，往来穿梭。以中正场而言，本来是闭塞之地，自魏公堤修缮之后，交通大为改善，方便了商贾灶民，也让中正与板浦几乎融为一体。魏源两次在板浦任职，仅仅七年，时间虽不长，却做了许多好事、实事，留下了许多为人称道的感人故事。

魏源履任时间短暂，却把满满的"当官为民"的情怀留给了中正民众。"攀辕卧辙"的典故来源于《后汉书·侯霸传》，讲的是东汉侯霸为淮阳太守，后被皇帝调走，百姓哭喊着拦住使者的车，甚至有人躺在路上，乞求再留侯霸一年。后常用"攀辕卧辙"指为

挽留去职官吏的最高礼遇。

魏源受其家庭影响，走到哪里都留下了好的官声民声。魏源有诗句"梦中疏草苍生泪，诗里莺花稗史情"，真实地表达了一名小官吏梦中都关注民生，在奏章中抒发民众的疾苦，这也是魏源自己心情的剖白。从中正场魏公去思碑的碑文中，我们也能感受到，魏源履职期间工作成效显著，因而在中正场灶民中口碑甚佳，从仅仅可见的文字，就真实地记录了那段历史和灶民心目中的良吏。

第六章　李汝珍《李氏音鉴》与海州音韵

一代文豪李汝珍，还是一个懵懂青年的时候就随兄来到海州板浦"就食"，之后在板浦生活成长、拜师求学、娶妻成家、著书立说。他为海州留下了古典名著《镜花缘》、音韵学大著《李氏音鉴》和一部博弈史料《受子谱》。

一个人，能在某个领域穷尽毕生精力留下一部代表那个时代和他本人水平的成果已属不易，然李汝珍却能在中国文学、语言音韵、围棋博弈三个领域留下代表三个领域最高水平的三部名著，这着实让世人感到惊艳。

这也就难怪为什么昔有钱玄同、胡适、鲁迅等名家大咖为之赞誉；今有杨亦鸣、李时人、徐永斌等诸多教授为之倾注心血研究了。

在今所目见李汝珍留下的三部著作中，《镜花缘》作为一部文学名著因传播面广而影响较大，为世人所熟知。但是，就学求价值而言，《李氏音鉴》却是分量最重的一部著作。

《李氏音鉴》是李汝珍"穷神索隐，心领神悟"，得乾嘉学派考据学真谛而写成的；《李氏音鉴》也是海州沃壤孕育，集海州学人智慧而写成的；《李氏音鉴》还是记录汇集海州板浦音韵学及其发展变化规律，具有很高地方文献价值的巨著。

《李氏音鉴》不仅是李汝珍音韵学研究的一项重要成果，更是中国语言学史料库中的一朵"奇葩"。业界甚至将《李氏音鉴》与《诗经》《切韵》《中原音韵》等经典名著相并列。

是海州特别青睐李汝珍，还是李汝珍对海州有着独特情感？考察那个时代的海州，考察那个书生李汝珍，可以发现，两者兼而有之。

李汝珍以推广和普及音韵学为己任，著"兼列南北方音"的《李氏音鉴》，使得18世纪末的"北京音系"有了一个相对完整的记录，同时也让"海州语音"（属江淮官话）的特点得以在学界有所展示。

李汝珍在《李氏音鉴》卷四里说道："……天下方音之不同者众矣。珍北人也，于北音宜无不喻矣；所切之音似宜质于北矣。而犹口木可，况质十大下乎？"①

这表明，李汝珍对于音韵学上地理的重要性是何等明了！只此一点，已经足以称得上前无古人了。

然而，这部兼包南北五方之音的《李氏音鉴》，却属于"小众"的学术著作，加之其音系芜杂，对于一般人来说难以理清头绪，因而长期以来得不到应有的重视。

汉语语言音韵学界深知，近代汉语语音的研究因其与普通话语音发展历史的研究密切相关，需要学术界的重视。而《李氏音鉴》早已经将"南音"（海州音）和"北音"（北京音系）厘清。因而今

---

① ［清］李汝珍：《李氏音鑑》（卷四），清嘉庆十五年善保堂刻本，第289页。以下只注书名、卷目、页码。

天继续研究《李氏音鉴》，对于探讨音韵学中悬而未决的问题，促进音韵学发展，都是有重要意义的。

第一节　李汝珍的海州情缘

李汝珍是清代乾嘉时期一位颇有才艺的音韵学家、作家。乾隆四十七年（1782年）秋，李汝珍"随兄佛云宦游朐阳"寓居海州板浦，以后除短期去过河南、淮南（草堰场、扬州）、江南（苏州）等地方外，基本上一直居住在板浦。

李汝珍在板浦这个小镇上，写出了文学名著《镜花缘》，写出了音韵学大著《李氏音鉴》，写出了围棋著作《受子谱》。一个人能在多个领域取得如此成就，显然不是个人的"天赋"或者"刻苦"所能解释得了的，也不可能仅仅因为这里的"文化沃壤"使然，里面肯定有一种深层次的东西需要挖掘。我们通过研究板浦、研究李汝珍发现，李汝珍长期"寓居板浦"，与这片土地结成了生命的联系，凝结成了深厚的"海州情缘"，这才使得他的才华得以展示。

（一）

李汝珍的"海州情结"源于对故乡的"伤感"，而对海州板浦充满渴望。

李汝珍生于北京大兴，因青年丧妻（抑或未婚妻），出生地大兴成了他的伤心之地，恰好此时其兄李汝璜通过表亲徐氏谋得一个到海州板浦当"盐差"的机会，李氏兄弟得以离开故乡大兴。对于李汝珍来说，他是离开了他的伤心地去往海州板浦的，所以在来到这里甚至说确定要来时，板浦就已经成了李汝珍心底里的渴望之地，从李汝璜带着妻儿和两个弟弟一起来板浦，足以说明这次旅途是全家"谋划"的结果，也就是说李氏一家都是对板浦充满"渴望"的。

离开故乡来到另一个陌生的地方，对有些人来说，可能是因为工作、生意或者因为爱情等，来一个陌生地方只是把这里当作一个"人生驿站"；对有些人来说，可能是误打误撞，如匆匆来去的游徒、访客，只是过客，来了不为了什么，来了只是为了再走开。而对于懵懂，还带着某种伤感的青年李汝珍来说，自己的心早已告诉他，海州板浦将是他人生重新开始的地方，或许从那时起，他已经立志要在板浦成就他崭新的人生，所以说从离开故乡大兴开始，李汝珍心里就种下了很深的海州板浦情结，也就是说还在来板浦的途中，他就喜欢上了板浦，渴望早点到达板浦。渴望之路总是特别漫长，充满了太多的想象。李汝珍一路上对于"板浦"也一定会充满各种想象，由于支配他的是"渴望"，他的想象一定是美好的。作为一个知书识礼的青年，李汝珍一定会想到，喜欢一个地方，不在于这个地方有着些什么，而在于它为历史沉淀了什么，自己到板浦又将能为它沉淀些什么。

上述这些，从李汝珍到达板浦之后的"表现"可以得到证实。

当操着一口京腔、翩翩风姿的青年李汝珍来到千年古镇板浦之后，我们无法猜想他此时的感受，但有一点是肯定的，他是真心喜欢这个古镇的，因为他所"莅临"的古镇板浦，是个钟灵毓秀、地灵人杰之所。比起他那名义上在北京实际上远离京城数十里的故乡大兴，板浦这个南方古镇，不仅筑有高大的城墙，东南西北各有城门，而且城内官署、民宅、商户、庙宇鳞次栉比。更讨李汝珍喜爱的是具有南方特色的"水"，城镇中一条小河纵贯南北，将古镇分为东西两半，河上有数座造型别致的石桥和木桥，蟒蝀伏波，沟通往来。初来乍到的李汝珍就在板浦四处游弋，这绝不是出于好奇，而是为了融入板浦很美，迅速适应环境，他眼中的板浦，绿水萦绕，玉带中漂，庭院幽深、小巷屈曲。这里没有让他失望，而是加固了他一路上对板浦的美好想象。

建在镇中心河东孙家桥北的板浦场盐课司署，成了李汝珍的家，李汝珍在这里规划着他重新开始的人生。

（二）

拜凌廷堪为师，融入海州文化圈，使得李汝珍的"海州情结"得以释放和深耕，也让他的"海州情结"升华为"海州情缘"。

在当时海州文化圈里，凌廷堪最为著名，作为乾嘉学派大咖、内阁大学士翁方纲的弟子，他当时在板浦才华最为出众且文名最高，海州诸多商贾富家皆想让子弟拜上这个"文化山头"，而年纪轻轻的"外来户"李汝珍居然蒙凌廷堪不弃，被他收为弟子。乾隆四十七年秋天，李汝璜率子弟到达海州板浦，为了快速融入板浦，他们需要从认识、感受板浦文化开始，于是李汝璜聘请凌廷堪"课其子弟"，李汝珍也得以"受业于凌廷堪"。在其兄帮助下，李汝珍正式成为凌廷堪的"受业弟子"，凌廷堪精通经学和音韵学，著述颇丰，文脉甚广，对李汝珍的影响极深。能作为"凌廷堪弟子"，李汝珍已经算是一只脚迈进了板浦文化圈。

除凌廷堪外，板浦的"才子二许"："江淮学者，争出其门"的文化大腕许乔林、算学（乾嘉学派代表性研究领域之一）经师许桂林兄弟，海州鸿儒、"板浦名士二吴"吴振勃、吴振勷兄弟，博学多才的"中正才子二乔"乔绍侨、乔绍傅兄弟，诗、书、画三绝兼长的"东辛学者二程"程立达、程立中兄弟……这些赫赫有名的板浦文化人，都成了李汝珍的文朋师友，李汝珍与这些文化人在一起相互切磋、精研经史，或在闲暇之余出海登山、观光游览，或聚集一起唱和、博弈。这些丰富的阅历与良好的学习氛围，使李汝珍才艺广进，在交往交流中，他对板浦的历史文化也进行了深入的学习和研究，很快李汝珍就融入了板浦、融入了板浦文化圈。李汝珍通过师承并学习板浦文化，到自觉自主地适应板浦文化，再到发自内心地认同板浦文化，直至自身也参与创造板浦文化，与在板浦结交这些文化名流有极大关系。

李氏汝璜、汝珍、汝琮三兄弟本身都是有着深厚家学渊源的文人，融入板浦文化圈后，李汝珍家中常常"谈笑有鸿儒"，板浦的学者名士济济一堂，研讨学术，切磋技艺，集一时之盛。最为著名的当数在李汝珍居住的"盐署"——"清琅玕轩"举行的"朐阳公弈"（围棋比赛），不仅为后人所津津乐道，也为李汝珍留下了一部《受子谱》。

（三）

李汝珍的"海州情缘"不仅让他融入了板浦文化，也使他成了板浦一员。

真正让李汝珍得以长期寓居板浦的，是他联姻许氏、结亲板浦。把自己定义成为一个虽未入籍却也地道的板浦人，得益于他的个人婚姻。在其兄嫂帮助下，李汝珍娶了"板浦二许"的堂姐许氏为妻，许家是板浦望族、经济富庶、书香满门，实属板浦大户人家。后来，许乔林、许桂林对李汝珍关注颇多，不仅为其著作写序、校改文稿，甚至在他的《镜花缘》《李氏音鉴》等著作中，有相当部分的观点和内容直接源自许桂林兄弟的启发和指点。

许家长辈也对李汝珍关爱有加。有这么一件事，李汝珍在海州有一定文名之后，难免世俗，一直对没有功名耿耿于怀，后来靠"捐纳"和"保举"当了一名"县丞"。这当中就有许家的功劳。《大清缙绅全书》（嘉庆六年辛酉本）第三册载有"分发河工试人员名单",其中就有李汝珍的名字——"河南县丞:李汝珍,字聘斋,顺天大兴人,保举。"保举是清代捐纳授官途径之一。据考,保举李汝珍通过"捐纳授官"途径得到"县丞"这一虚衔的,并非他那"八品"盐使兄长,而是他的叔岳父许介亭("二许"的父亲)。许介亭著有《河防秘要》,做过运河通判(通判大约是从五品和正六品至少七品官),是一位在治水领域颇有领导经验也有人脉的"专家型领导",尽管李汝珍去河南上任时,许介亭刚刚去世,但其人脉影响,对李汝珍能捐任"县丞"至关重要。由此可见,许家对李汝珍真正成为海州人关系极大。

正是这种"海州情缘",让李汝珍将自己人生中最美好的大部分时光留在了板浦,而板浦也用她的丰厚底蕴滋养了这位"咄咄北平子"。李汝珍也十分对得起板浦对他的"收留"和"滋养",让板浦这片文化沃壤上又长出了有着"万宝全书"之称的古典白话小说《镜花缘》、研究"北京音系"和"海州音系"集大成的成果《李氏音鉴》和一部《受子谱》。李汝珍实现了他来时的梦,即从大兴来板浦时的梦想——喜欢一个地方,就要为她沉淀些什么。

第二节　南北方音兼列的《李氏音鉴》

(一)

《李氏音鉴》是一部十分著名的代表时音的通俗韵书,是李汝珍经过多年的音韵学研究,比照南北语音异同之后,"穷神索隐,心领神悟"的心血结晶。《李氏音鉴》本是为童蒙学习而作,却成为今天研究"北京音系"和"海州音系"最难得的重要文献,中国音韵学语料库的一朵奇葩,中国语言音韵学的一部经典之作。

关于《李氏音鉴》初稿写成时间，胡适在《〈镜花缘〉的引论》中说："1805 年，《音鉴》成书。"[①] 学界大多认为是嘉庆九年（1804年）。然据李明友《李汝珍师友年谱》考证："是年（1803 年），《音学臆说》（刊刻时改为《李氏音鉴》）成书。李汝珍携书去淮南看望兄长，恰逢李汝璜去四川。"[②] 有北京大学图书馆藏《音学臆说》手抄本证实，李汝璜于嘉庆九年（1804 年）孟春作《音学臆说序》："去年于役西川，得李太初（元）先生《音切谱》最为赅备，执简竟月，茫如也。归来仲弟以所撰《音学臆说》进，浏览浃日，洞见元本拈字得切，如响赴节，为之狂喜。昔沈存中云：梵学入中国，其术渐密。余以为梵学入中国，其术渐奥可矣。以云乎密，仲弟所撰其庶几与！夫以余谫固犹得速瘝，矧世之英隽者也。今付剞劂，将以就正海内士，余乐观厥成焉。时嘉庆九年岁在甲子孟春月，大兴李汝璜佛云识。"[③] 孟春即是春季的首月（一月），即李汝璜回来后立即写了《音学臆说序》，因而《李氏音鉴》成稿应为嘉庆八年（1803 年）。《李氏音鉴》1810 年正式刊行，此书先后有嘉庆庚午宝善堂刊本、同治戊辰木樨山房重刊本、光绪戊子刊本行世。

胡适先生知道李汝珍著有《李氏音鉴》一书，还源于钱玄同，他在《〈镜花缘〉的引论》中直言不讳地说："前几年，钱玄同先生告诉我李松石是一个音韵学家，名叫李汝珍，是京兆大兴县（今大兴区）人，著有一部《李氏音鉴》。后来我依他的指示，寻得了《李氏音鉴》，在那部书的本文和序里，钩出了一些事迹。"[④]

《李氏音鉴》内容丰富，形式独特，具有很高的文献价值，在

---

① 胡适：《〈镜花缘〉的引论》，《胡适全集》（第二卷），安徽教育出版社 2003 年版，第701 页。

② 李明友：《李汝珍师友年谱》凤凰出版社 2011 年版，第 247 页。括号内为引者注。

③ 转引自李明友：《李汝珍师友年谱》，第 248 页。

④ 《〈镜花缘〉的引论》第 699 页。括号内为引者注。

汉语语音史上也有重要的地位。20 世纪初期以来，除钱玄同、胡适外，还有白涤洲、赵荫棠、王力、陆志韦、俞敏、史存直、杨亦鸣等众多学者致力于《李氏音鉴》研究，并获得了不少重要的研究成果。其中，杨亦鸣先生还有《李氏音鉴音系研究》[①] 等《李氏音鉴》研究专著出版。

（二）

《李氏音鉴》全书共六卷，书前有余集、石文煊、李汝璜三人所作序文，序文后是"《李氏音鉴》卷首"，卷首为参著、校者、参订者作了署名。与《镜花缘》等古代小说大多不署作者名相反，作为学术著作，《李氏音鉴》不仅署名而且非常详细，卷首署名情况为：大兴李汝珍松石撰，弟汝琮宗玉参著；侄时翱书圃、时翔安圃校；山阴刘俊发开之音义；许乔林石华、徐铨耦船、海州吴振勃容如、顺天陈云远雯、许桂林月南、徐鉴香坨同参订。接下来是李汝珍自己撰写的凡例、目录、正文，正文后是吴锡麒、许桂林、吴振勤的"后序"。

《李氏音鉴》，正文六卷可分两大部分。

第一部分为一至五卷，评述了音韵学的基本理论和方法，这部分的论述采用了问答形式，共三十三问（实际上相当于三十三章），每一问相当于一个小标题，集中论述一个问题。首卷释字声、音声、五声、五音之类，主要介绍有关声、调、韵以及古今语音变化的基本知识；二卷释字母、反切、阴阳、粗细之类，主要介绍韵书、反切的产生、发展及流变，字母韵母的归并分合，粗细、阴阳等概念；三卷释初学入门，主要强调初学音韵入门之途径；四卷释南北方音，

---

① 陕西人民教育出版社 1992 年版。

主要论古今、南北方音之不同；五卷释空谷传声，主要介绍韵学游戏，如空谷传声、射字打码等。全书一至五卷中，"惟初学入门一卷，最为切要。故于篇中不惮反复辩论"①。

第二部分为第六卷《字母五声图》，这是全书的核心所在，也是全书内容之精华。《字母五声图》中包括了一个由三十三个字母和二十二个韵部相配合生出的单字而组成的音节表，每个字母列一个图表，三十三个字母共列三十三张图，每个图之内横列二十二个韵字，纵分阴平、阳平、上声、去声、入声五种声调，入声与阳声韵相配，这样每张图可得到一百一十个音节，三十三张图共得到三千六百三十个音节。每个单字都注明反切和暗码，根据这个音节表可以看到该书所反映的书面音系，前一至五卷的论述其实都是为解释《字母五声图》而打基础的。

为便于反切，并能"兼列南北方音"，李汝珍很在意洪音和细音的区别，同一个声母如果既可以拼洪音也可以拼细音，就分拆成两个声母，如"满"和"眠"，称为粗音和细音。作者又在"南北方音论"中说："北音不分香厢、姜将、羌枪六母。"② 即当时北京话中尖团音已经合流。据此可以简化为二十二个声母，跟今天的普通话完全一样。关于韵母，李汝珍将其分为粗音和细音两类。粗音圆唇，细音展唇。声、韵母的粗细与四呼有关：粗音声母配细音韵母，即开口呼；细音声母配细音韵母，即齐齿呼；粗音声母配粗音韵母，即合口呼；细音声母配粗音韵母，即撮口呼。经过归纳，《音鉴》中的韵母与普通话韵母基本一致，只多出了 [iai]/[iai] 和 [yɔ]/[üo] 两个韵母，少了一个 [yɛ]/[üe]。就音调而言，作者已在"北音入声

---

① 《李氏音鉴》（卷首），第17页。
② 《李氏音鉴》（卷首），第18页。

论"中证明，北京话中已经没有了入声，而是归入阴、阳、上、去四声，与普通话声调一致。

（三）

在《〈镜花缘〉的引论》中，胡适以不小的篇幅介绍了《李氏音鉴》："关于李汝珍的《音鉴》，我们不能详细讨论，只能提出一些和《镜花缘》有关系的事实。《镜花缘》第三十一回，唐敖等在歧舌国，费了多少工夫，才得着一纸字母，共三十三行，每行二十二字，只有第一个字是有字的，或用反切代字；其余只有二十一个白圈。只有'张'字一行之下是有字的。每行的第一个字代表声类（Consonants），每行直下的二十二音代表韵部（Vowels）。这三十三个声母，二十二个韵母，是李汝珍的《音鉴》的要点。"①

《李氏音鉴》里把三十三声母做成一首《行香子》词，如下：

> 春满尧天，溪水清涟，嫩红飘，粉蝶惊眠。松峦空翠，
> 鸥鸟盘翻。对酒陶然，便博个醉中仙。②

这就是《镜花缘》里的"昌，茫，秧，'梯秧'，羌，商，枪，良，囊，杭，'批秧'，方，'低秧'，姜，'妙秧'，桑，郎，康，仓，昂，娘，滂，香，当，将，汤，瓢，'兵秧'，帮，冈，臧，张，厢"。③

将《李氏音鉴》里的三十三个声母字与《镜花缘》里的"昌……厢"三十三个声母字相对照，两处次序一一相同。

---

① 《〈镜花缘〉的引论》，第 704 页。
② 《李氏音鉴》（卷五），第 299 页。
③ ［清］李汝珍著，张友鹤校注，《镜花缘》，人民文学出版社 1955 年版，第 218—220 页。

胡适还将《镜花缘》中的二十二个韵母与《李氏音鉴》的二十二个韵母，以及钱玄同的注音一一进行了对比。足见胡适对《李氏音鉴》的关注度之高，对《李氏音鉴》之推崇。

余集在《李氏音鉴序》开篇说："音与韵同出而异名，韵判古今，音分南北，韵统以四声二百六部千古守之……"[1] 李汝珍自己在《李氏音鉴·凡例》中说："此编悉以南北方音兼列，唯素喻南北方音者观之，始能了然。"[2]

根据学者的研究，《李氏音鉴》前五卷的叙述中，列举了较多的方言分歧现象，增加了方言的地域覆盖面；而《字母五声图》中则保留了基本完整的北京话音系，再兼列了小部分海州语音（属江淮官话）的特点。结合《字母五声图》和《音鉴》中的"北音入声论"等论述内容，就可以获得18世纪末北京音系的一个完整记录。

第三节 《李氏音鉴》与海州

（一）

李汝珍的《李氏音鉴》与许桂林的《许氏说音》记载了海州板浦音系，是海州地区音韵学最为可靠的成果，对于海州文化的传承具有重要意义，更是今天人们研究海州音韵不可多得的珍贵史料。上海师范大学李时人教授在《李汝珍及其〈镜花缘〉》中认为："有的语言学家将《音鉴》语言系统与《诗经》《切韵》《中原音韵》等并列，列为从甲骨文语音系统以降的，代表汉语不同历史时期的十个语音系统之一，因此，《音鉴》可以说是汉语语音史上不可忽

---

① ［清］余集：《李氏音鉴序》，《李氏音鉴》，第1页。
② 《李氏音鉴》（卷首），第18页。

视的重要文献。"①

在《李氏音鉴》中，李汝珍匠心独运地设计了一个音系框架，而容纳了基本上是两个彼此有区别的音系，即所谓南北音兼列，一个是"北音"，即李汝珍"童而习之"并一直保持着的故乡大兴话音系；一个是"南音"，即李汝珍所熟会的海州板浦话音系。

《李氏音鉴》所列"南音"的声母与韵母系统特点与现代"板浦音"完全符合，而且与《李氏音鉴》写作时间大致相同的板浦人许桂林所著的《许氏说音》也证明了这一点。《许氏说音》记载的当然是当时的海州话。用《许氏说音》和现在的海州板浦话相对比，几乎完全一致，唯一的不同点是，当时的海州话尖、团音尚未合流。这也说明至迟在19世纪上半叶，江淮官话中的尖团合流尚未发生，这在李汝珍的《李氏音鉴》中也得到证实。这就可以看出《李氏音鉴》反映出来的这个音系是18世纪末的北京音系的基础，兼列当时海州音中与北京音相异的部分，即在叙述处于北京官话地域内的北京音的同时，兼采处于下江官话地域的海州音，这也是杨一鸣先生认为的《李氏音鉴》音系的性质。

为什么《李氏音鉴》音系中的"南音"是以"海州板浦音"为特质？这与李汝珍生活经历、交游所限有关，李汝珍虽然生于北京大兴，成年后却长期在海州板浦居住。除了有史料说他因去苏州刊刻《镜花缘》到过长江以南，再没有他曾去过南方地区的记载，这限制了他对南音的了解，尤其是对长江以南的各个方言区的音系特点缺乏系统的了解。在《李氏音鉴》中，也可以看出李汝珍根本没有清浊的观念，声调亦无阴阳对立，对吴语的语音特征也知之甚少，更不必说粤语和闽语了，李汝珍只接触了海州板浦

---

① 李时人：《李汝珍及其〈镜花缘〉》春风文艺出版社1999年版，第33页。

一带（曾属于江南省，康熙六年（1667年）江南省改为江苏省）属于下江官话的海州音，相对于北方大兴来说，板浦那时是绝对的南方，这也成为他心目中的南音标准，而北音自然是指他从小习得的北京大兴语音。《李氏音鉴》中归纳出的18世纪末北京话音系，和今天的普通话音系大同小异。

（二）

自20世纪初以来，音韵学界诸多专家学者研究认为，《李氏音鉴》是研究"北京音系"和"海州音系"集大成的成果。

虽然业界有许多人对《李氏音鉴》做过研究，但对其音系的性质一直没有统一的看法。我国神经语言学研究的主要开拓者、江苏师范大学语言科学学院院长、博士生导师杨亦鸣教授，在《李氏音鉴音系研究》中别出机杼，根据对李汝珍生平与写作背景的考证，并证之以方言资料，提出《李氏音鉴》虽自云"兼列南北"，但其音系并非南北杂糅。杨亦鸣教授论证说《李氏音鉴》语音系统中的"北音"是指当时的北京语音，这是《李氏音鉴》音系的语音基础，兼采的"南音"则指的是以当时海州板浦音为代表的下江官话，两个音系一主一辅，共存于一个框架之中，故前人忽焉不察，多为所惑。

杨亦鸣教授的这个研究发现，排除了其他学者的一些论定，非常值得重视。他主要是从三个方面加以论述的，一是李汝珍写作《李氏音鉴》的目的决定了其音系不可能是南北杂糅的，它的语音基础是北京音；二是生活空间限制了李汝珍对南音的了解；三是现代的、历史的方言材料可以证明，《李氏音鉴》音系兼列之南音确为海州板浦音。这三点理由是有事实根据的，具有较强的说服力。[①]

---

① 徐复：《〈李氏音鉴音系研究〉述评》，《徐州师范学院学报》1995年第1期。

为了进一步弄清《李氏音鉴》一书的声韵调系统，杨亦鸣教授在《李氏音鉴音系研究》中对《李氏音鉴》的粗细理论和反切特点，做了深入的研究和明晰的阐述。杨亦鸣指出"切异粗细"即反切上字决定介音，并为一般的规则给出了两个简明的公式，对例外现象也给出了圆满的解释。杨亦鸣的这个研究成果对业界启示很大，为正确构拟《李氏音鉴》音系的音值扫清了障碍。在具体拟音时，《李氏音鉴音系研究》则别开生面，巧妙地利用《李氏音鉴》卷六《字母五声图》，参照历史与现代方言材料，并依据其对《李氏音鉴》音系性质的分析，给《李氏音鉴》语音系统拟出了两套拟音即"南北兼列"北音的拟音，反映的是当时的北京音是《李氏音鉴》音系的主流，南音的拟音反映的主要是当时的海州板浦音。

（三）

李汝珍是北京大兴人，居南方海州板浦，他知道各地方音之不同，所以知道实用的音韵学是一件极其困难的事。著述《李氏音鉴》得益于当时海州文坛学界师友的支持，李汝珍自己在《音鉴》卷四里曾论他的《著述本意》："苟方音之不侔，彼持彼音而以吾音为不侔，则不唾之者几希矣。岂直覆瓿而已哉？珍之所以著为此篇者，盖抒管见所及，浅显易晓，俾吾乡初学有志于斯者，借为入门之阶，故不避谫陋之诮。……至于韵学精微，前人成书具在，则非珍之所及失矣。"[1]

李汝珍著述《李氏音鉴》期间，经常与板浦文人一起切磋，书中一些音韵的获得就来源于板浦文化人的指点帮助。乾隆五十九年（1794年），李汝珍开始构思和写作《音学臆说》（刊刻时改为《李

---

[1] 《李氏音鉴》（卷四），第282页。

氏音鉴》)时，就得到了时居住板浦的乾嘉学派大咖凌廷堪的具体指导和帮助。嘉庆七年（1802 年），李汝珍与许乔林、许桂林、徐鉴、徐铨、吴振勃、洪棣元等往来切磋，集众家智慧为《音鉴》新添了十一个韵母。李汝珍在《李氏音鉴》卷五《第三十三问》中说道："夫子（指凌廷堪）以癸丑筮任宣州，路隔南北，近年得相切磋者：许氏石华、许氏月南、徐氏藕船、徐氏香垞、吴氏容如、洪氏静节，是皆精通韵学者也。月南为珍内弟，撰《说音》一编，珍于南音之辨，得月南之益多矣。至'同'母十一韵，香垞、月南各增二，藕船一，余五韵则珍所补耳。"①许桂林在《李氏音鉴·后序》卷尾说明："松石姊夫，博学多能，方在胸时，与余契好尤笃，尝纵谈音理、上下其说，座客目瞪舌桥，而两人相视而笑，莫逆于心。今所著《音鉴》，将出问世，远以见寄，属之参定。余读其书，精而能详。弟恐世以为疑者有三焉……此三说者，即余向与松石上下其说而足为推波助澜者也。谨次为后序，以质海内之深于音者。"②这一段记述的正是在 1806 年冬，李汝珍对《音学臆说》进行了大幅修改，定名为《李氏音鉴》，并将书稿寄给在海州的许桂林参定。

《音学臆说》卷六下释例末附吴振勃《识语》，记载了嘉庆十年（1805 年）二月，受李汝珍之托，吴振勃将《音学臆说》（即《李氏音鉴》)誊录一过，并作"识语"："松石世伯著《音鉴》成，将付剞劂氏，属勃握管。勃粗知弄笔，有乖入木之术，固辞，不获命，遂写成稿本。……《音鉴》破诸门户，谨遵国书合声法，妙析豪芒，理致精确。如泰西谈天，倒杖论地，真足为启秘钥、导真源者矣。昔宁人先生《音学五书》，张力臣定校录焉。《音鉴》

---

① 《李氏音鉴》（卷五），第 325 页。

② ［清］许桂林：《音鉴后序》，《李氏音鉴》，第 462—469 页。

之作无愧《五书》，而勱之谫陋何敢与力臣同功。惟缀名简末，是所荣幸耳。并赋青玉案字母词一阕奉赠，以志钦佩云。词曰：风流频对，书各卷，笑雌霓何人辨。携酒颇听奇论，展斯文功业。百城南面，莫可争坛坫。"①

诸多海州文人的帮助，是《李氏音鉴》得以成书的关键，海州文化人的集体智慧也使得《李氏音鉴》更具地方性、严谨性和科学性。

---

① ［清］吴振勱：《李氏音鉴后序》，《李氏音鉴》，第 468—469 页。

卷二

文学名著写海州

第一章　牛肃《纪闻》与海州诬案

　　出生官宦世家的牛肃，虽是一个小官吏，但给他带来声誉并传之后世的，却是他作为小说家的身份，以及他留下的一部小说——《纪闻》。

　　《纪闻》内容非常广泛，既有情节曲折的人间奇事，也有五光十色的异域珍宝、飞禽走兽、神仙鬼怪等故事，一千多年来吸引了不少读者和研究者，更是因被称为"由志怪向现实生活过渡代表之作"而蜚声文坛。

　　牛肃与海州本无关联，然而，一篇小说使得他与海州很不友好地联系了起来。作为一个家教优越、文采飞扬、成就可赞的作家，牛肃却在影响很大的小说集《纪闻》里捏造了一篇诬陷之作《李邕》，叙述了一个"海州刺史李邕谋财杀害五百日本遣唐使"的惊天大案。

　　因这篇诬陷故事的主人公是"海州刺史"李邕，事件发生在李邕执政海州时期，地点发生在海州这个唐代"对外开放"口岸，因而对唐代海州的负面影响也是不可忽视的。无论是古代海州人还是当代海州人，对于《纪闻》里的这一诬陷之作都是"是可忍孰不可忍"的。

虽说小说是虚构制作，姑妄言之、姑妄听之，但由于《纪闻》一直以来被业界认为是纪实类的"小说"，且包括不少学者在内的很多人认为，《纪闻》记下了唐时代的很多史料，甚至有人用这些故事来"印证"史料，大有把"海州刺史李邕谋财杀害遣唐使"案作为真实事件存在来叙事的趋向，误导读者对李邕的认识，误导业界对于海州的评价，误导历史研究。

所以，分析、解剖、揭露《纪闻》之《李邕》这篇小说的"虚假性"，驳斥小说所写事件的虚假、故事情节的胡编滥造、行文叙述的不合逻辑，是十分必要的。

通过纷繁复杂的史料耙梳，从时间上看《纪闻》之《李邕》所写的"李邕劫财谋杀遣唐使"是不成立的。不仅仅时间上与李邕任职海州刺史不符，所写"李邕劫财杀遣唐使"的内容也是站不住脚的，除《纪闻》外，其他史料均无记载。

笔者认为，让读者清楚正确地了解这一诬陷的始末，有助于擦亮海州作为对外交往重要"开放"口岸、海上丝绸之路重要节点的历史文化品牌。

第一节 《纪闻》作者牛肃家世及其著作

（一）

牛肃，新、旧《唐书》均无传，其他史料亦罕见其记载。现在可知的提及牛肃生平的资料主要来自林宝撰、岑仲勉校记的《元和姓纂》和牛肃撰《纪闻》的部分篇目。

牛肃，约唐德宗贞元末（约804年前后）在世，世居泾阳（今陕西泾阳），曾祖元亮徙居怀州河内（今河南沁阳），约生于武周圣历前后，生活于玄宗、肃宗年间，曾官岳州刺史，约卒于代宗时。

《元和姓纂》提供了关于牛肃家世、官职的情况。《元和姓纂》卷五《牛·泾阳》条云："状云牛邯之后。裔孙兴，西魏太常丞，始居泾阳。曾孙遵，唐原州长史，生元亮、元璋。元亮，郎中，生容。容生上士。上士生肃、耸。肃，岳州刺史。耸，太常博士。元璋，兴州刺史。"[1]其中称牛肃是"牛邯之后"，又卷五《牛·陇西》条云："汉牛邯为护羌校尉，居陇西。"[2]

从这条可以看出：牛邯本是陇西人，那么牛肃的祖籍则应该定为陇西；牛邯"为护羌校尉"，可以得知牛肃之祖牛邯是一名武将。而据《牛·泾阳》条的记载，牛氏一族，从牛兴作太常丞起，至牛肃之弟牛耸作太常博士，可见这个家族已经转变为一个文官世家。另外，《太平广记》卷四〇〇中《牛氏僮》一节写道："牛肃曾祖大父。皆葬河内。出家童二户守之。"[3]在唐代，民间的守礼之家都躬守安葬乡里的习俗，重视归葬桑梓之地。因此，可以推断，牛家至少从牛元亮这一代，就已经从泾阳迁至怀州河内。结合《元和姓纂》《太平广记》的这两条资料，关于牛肃的籍贯可以得到如下结论：牛肃，祖籍陇西，后辗转迁至泾阳，自祖父一辈起，又迁至怀州河内。同时，在《元和姓纂》这条材料里，也提供了关于牛肃家世、官职的情况，可以得知的是：牛肃官至岳州刺史，父名上士，弟名耸，官至太常博士，牛肃之母姓张。《太平广记》卷一二九《晋阳

---

[1] ［唐］林宝撰，岑仲勉校记，《元和姓纂（附四校记）》，中华书局1994年版，第961页。以下只注书名、页码。

[2] 《元和姓纂》，第960页。

[3] ［北宋］李昉等编：《太平广记》（第8册），中华书局1961年版，第3217页。以下只注书名、页码。

人妾》称："唐牛肃舅之尉晋阳也"①。卷四六三《张氏》提道："濮州刺史李全璋妻张，牛肃之姨也，开元二十五年，卒于伊阙庄。"②

由上述的记载可知，牛肃之舅曾为晋阳尉，牛肃之姨为濮州刺史李全璋之妻。

（二）

牛肃的子女，据可见文献推断，起码有两女，其中对长女牛应贞（嫁弘农杨唐源）的记录最为详尽，《纪闻》之《牛应贞》篇云：

（牛应贞）少而聪颖，经耳必诵。年十三，凡诵佛经二百余卷，儒书子史又数百余卷，曾在梦中诵《左传》，一字不漏。……后遂学穷三教，博涉多能，每夜中眠熟，与文人谈论，数夜不停。文人皆古之知名者，往来答难，或称王弼、郑元、王衍、陆机、辩论锋起，或论文章，谈名理往往数夜不已，年二十四而卒。③牛应贞的事迹出于宋若昭的《牛应贞传》，其实宋若昭《牛应贞传》也是出自牛肃的《纪闻》。

《全唐文》卷九百四十五收有牛应贞所作《魍魉问影赋》，序云："庚辰岁，予婴沈痛之疾，不起者十旬。毁顿精神，赢悴形体。药物救疗，有加无瘳。"④可见，牛应贞是受过良好的家庭教育的。这也可以从另一个侧面证明其家为世宦之家，因为当时一般家庭的妇女是没有条件受到这样的教育的。

在《太平广记》中还有一条关于牛肃家世的记载：唐玄宗开元二十九年（741年），牛肃之弟成，因往孝义，晨至西原。有人说牛

---

① 《太平广记》（第3册），第918页。
② 《太平广记》（第十册），第3811页。
③ ［唐］牛肃撰，李剑国辑校：《纪闻辑校》，中华书局2018年版，第101页。以下只注书名、页码。
④ 转引自《纪闻辑校》，第101—102页。

肃还有一个弟弟叫牛成，不过这个"牛成"与"牛耸"是不是一个人不可考。因为《元和姓纂》中关于牛肃的生平介绍都没有与牛成相关的记载。

关于牛肃家世还有一点需要说明。牛肃在《纪闻》中有六十三篇宣扬道家思想的作品，将占《纪闻》一百二十六篇作品的一半。这与其家庭影响有关，牛肃之父名为牛上士，"上士"是道家气息很浓的一个名词。老子《道德经》云："上士闻道，勤而行之；中士闻道，若存若亡；下士闻道，大笑之。"① 葛洪《抱朴子》云："上士得道，升为天官；中士得道，栖息昆仑；下士得道，长生世间。"② 牛上士作品《狮子赋（并序）》《古骏赋》中也流露出非常浓郁的道家气息。

由此，可以得出这样的结论，牛肃生活在一个崇道的家庭，受其家庭影响，他对于道教有着浓厚的兴趣，并对其家人（如其女牛应贞）产生了深刻的影响。

囡《纪闻》多载开元、天宝中事，前文提到的"庚辰岁"应指开元二十八年（740年）。故牛应贞应卒于开元二十八年或二十九年。据《牛肃女》，可知牛应贞为其长女，则按牛肃应长于其女二十年计，牛肃大抵生于武周圣历（698年）前后。王日杰、张杰所著《〈纪闻〉作者牛肃再考》认为，"牛肃的出生大约是在唐高宗乾封三年（667年）或者其前"③，并不被业界认可。

（三）

牛肃的作品主要汇集于《纪闻》之中，《纪闻》的成书年代，

---

① 陈鼓应：《老子注译及评价》，中华书局 2009 年版，第 221 页。
② ［东晋］葛洪：《抱朴子内外篇》，中华书局 1985 年版，第 64 页。
③ 王日杰，张杰：《〈纪闻〉作者牛肃再考》，《现代语文》文学研究版 2007 年第 7 期。

大约应在肃宗、代宗年间。

关于《纪闻》成书年代的推断主要依据有这样两个方面：

一是从《纪闻》的内容上分析。《纪闻》一书，多记载开元、天宝年事。其中，《张去逸》中载肃宗乾元元年册立张皇后事，是《纪闻》全部作品中纪年最晚的一篇。因此可确定《纪闻》记事的下限在肃宗乾元元年（758年），可见至此时牛肃仍然在世，六十余岁，故其卒年约在代宗朝。

二是从为牛肃《纪闻》作注的崔造的生平来推断。崔造，两唐书均有传。据《旧唐书》卷一三〇、《新唐书》卷一五〇崔造本传记载，崔造卒于贞元三年（787年）。

综合上述二条线索，《纪闻》书中记事下限是肃宗乾元元年，而此时牛肃有六十余岁，再结合为《纪闻》作注的崔造卒于德宗贞元初。那么将《纪闻》的成书年代认定在肃宗、代宗年间应该是没有什么问题的。

就《纪闻》的成就及其在小说史上的地位而言，牛肃无疑是传奇小说创作的先驱人物。从小说角度来看，将《纪闻》称为"唐代第一部小说集"虽有些夸大其词，但从它所体现的将志怪和传奇汇于一体的"过渡性"特点看，它确实属于一部由志怪向现实生活过渡的代表之作。

曾庆丽在《牛肃〈纪闻〉研究》[①]中评价《纪闻》在小说史的地位时，认为《纪闻》一书很好地体现了志怪到传奇的过渡期的特点，因其中的志怪和传奇文都出自同一作者同一小说集中，也有利于比较和分析。在这个时期，唐代小说有两个特点：一方面表现出志怪与传奇的杂糅；另一方面传奇小说亦步亦趋，不断从志怪小说

---

① 西南大学硕士学位论文，2009年。

中汲取养料，同时也培养着创作者小说意识的发展。双管齐下之后，迎来的就是唐代传奇最辉煌的时代。

<h2 align="center">（四）</h2>

中华书局编辑部在《〈古体小说丛刊〉出版说明》中指出："古人所谓的小说家言，如《四库全书》所列小说家杂事之属的作品，今人多视为偏重史料性的笔记。"① 虽然《纪闻》属于小说，小说家言，街谈巷议，姑妄言之姑妄听之，图个热闹、消磨时间而已。但是，这部作品一直以来被业界认为是纪实类的"小说"，就连史学研究者，也曾借助《纪闻》中《李邕》这样的完全不合事实的"诬陷小说"，"煞有介事"地研究过唐代日使入唐、海上交流的时间节点。正因为关注度之大，加之小说集的"纪实性"，使得海州刺史李邕杀害五百位日本使者、掠夺使者财物的事件影响愈盛。这不仅对李邕是一个极大的诬陷，对唐代海州带来的负面评价也不可小觑。

经笔者研究认为，《纪闻》中《李邕》这篇所谓"纪实小说"，根本不是"纪实"，因为从事实来说，它根本就无"实"可记，是一篇诽谤诬陷李邕和海州的作品。

<h2 align="center">第二节　小说《纪闻》及其对海州的诬陷</h2>

<h3 align="center">（一）</h3>

《纪闻》，唐代志怪、传奇小说集，作者牛肃。原书十卷，且有崔造为其作注，现已亡佚。汪辟疆《唐人小说》叙录中称《丁氏善

---

① 中华书局编辑部：《〈古体小说丛刊〉出版说明》，《纪闻辑校》，第1页。

本丛书》藏有旧抄本十卷，亦是从《广记》中辑出，并非原书。《新唐书·艺文志》载《纪闻》传于唐代。《太平广记》采录《纪闻》一百零一条，又有《纪闻》二十条，合之则得一百二十一条。南京图书馆藏钞本《牛肃纪闻》十卷，即从《太平广记》辑出。是通行于当下的版本，中华书局出版的《古体小说丛刊》之《纪闻辑校》，署"[唐]牛肃撰，李剑国辑校"，2018年7月出版。

《纪闻》卷一载有邢和璞、郗鉴、王贾、紫云观女道士、王旻、周贤者六篇；卷二载有李淳风、杜生、稠禅师、徐敬业、明达师、俄光禅师、法将、洪昉禅师八篇；卷三载有僧伽大师、和和、长乐村圣僧、屈突仲任、菩提寺猪、李思元、僧齐之、张无是、黄山瑞像、马子云、李虚十一篇；卷四载有牛腾、襄阳老姥、普贤社、李之、杨慎矜、午桥民、晋阳人妾、当涂民、相王、王儦、宗子、裴仙先十二篇；卷五载有张去逸、吴保安、苏无名、兰亭会序、马待封、隋史、张长史、张守信、李昢九篇；卷六载有张藏用、李邕、牛应贞、北山道者、圣姑、食羊人、韩光祚、宣州司户、明崇俨、巴峡人、相州刺史、僧韬光、僧仪光、尼员智、洛阳鬼兵十六篇；卷七载有道德里书生、杨溥、薛直、刘洪、萧正人、韦镒、赵夏日、茹子颜、刘子贡、季攸、武德县田叟、刁缅、王无有、王升十四篇；卷八载有陈希烈、范季辅、裴休贞、牛成、张翰、南郑县尉、李泮、郑使君子、韦虚心、裴镜微友、李虞、武德县妇人、怀州民、武德县民、张司马、胡琐、窦不疑、李强名妻、荆州女子、赵冬曦、裴谈二十一篇；卷九载有牛氏僮、宇文进、玉猪子、水珠、卢翰、龟齿虎、田父牛、淮南猎者、张寓言、沈东美、叶法善、郑宏之、田氏子、靳守贞、袁嘉祚十五篇；卷十载有宣州江、杜昕、元庭坚、罗州、张氏、王旻之、长人国、海中长人、许诚言、杜丰、修武县民、李元晶、汀州、三都、杂罗山神十五篇；

附录一卷，载有涪水材、资州龙、杨生、王轩、孝女李娥五篇。

<h1 style="text-align:center">（二）</h1>

在唐代小说发展史上，牛肃的《纪闻》是一部具有承前启后意义的小说集。因而学界关于《纪闻》的研究层出不穷，还有很多研究生将其作为学位论文选题。如西南大学曾庆丽的《牛肃〈纪闻〉研究》（2009年）在原有研究成果的基础上做了进一步的全面研究，从《纪闻》的题材分类入手，探讨它的思想倾向和小说史地位。曾庆丽对《纪闻》的佚文情况、版本的流传及研究现状进行了综述；根据已有资料对牛肃的生平及《纪闻》的成书年代分析判断；对每一类的代表性故事简要地介绍分析、讨论；还对《纪闻》的小说史地位提出了自己的见解。

从现存一百二十余条佚文看，《纪闻》的内容非常广泛，题材主要有佛、道教故事，鬼魂精怪故事，人世生活故事三类，既有情节曲折的人间奇事，也有五光十色的异域珍宝、飞禽走兽、神仙鬼怪等。从思想上来看，其中宣扬灵鬼报应的迷信思想，占了较大的篇幅。

不可否认，《纪闻》包含了以下三种思想倾向：一是对现实政治的批判；二是汇通儒佛道三教的倾向，三是从正面歌颂一些正义和美好的东西。武则天时期，由于奖赏告密，人与人之间的信任和友谊关系遭到破坏。《纪闻》中《吴保安》等篇章，正是为了改变人们那种相与为敌的不正常关系，实现友谊和信任的复归。这对于提高人们的道德情操、促进社会的进步有一定作用。作者牛肃有憎恶和消灭丑恶事物的愿望，这是《纪闻》值得称道之处。但是，如其中《午桥民》这样的篇章，也有失当之处。小说记唐代卫州司马杜某为洛阳尉时，有人家失火，七人被烧死。一天门人突然扭送一人上堂，云此人刚才大怖而闯入县门几次，故执之。杜问其人，其人承认自己就是杀七人之贼。按作品的逻辑，似乎坏人无须勘查，就会自动送上门来，这与一些公案作品中需仔细勘问才可破案的故事，形成了鲜明的对比。

作者还鞭挞和揭露了一些生活中丑恶的东西，其中主要是以调侃的笔调来讽刺挖苦一些封建官员的昏庸。在小说的写作手法上，《纪闻》有些新的探索，这在小说史上也是值得称道的。

《纪闻》虽号称所记皆他本人所闻，所记载之事几乎都是和牛肃同时代的，发生在现实生活中的，可这本所谓"纪实"之作，实际上就是传奇小说。从小说角度看，书中大部分作品情节比较丰富曲折，故事性强，语言也比较生动，有的人物形象也较完整。书中大部分作品情节比较生动、曲折，这表现了小说至唐代所取得的成就，也显示了作者牛肃善于谋篇布局，是一个编排故事的小说家天才。作品的语言比较生动，表达比较准确。但是总的来看，《纪闻》还算不上传奇中一流作品。无论行文，还是结构，均稍显草率，就小说文体而言，《纪闻》大都为志怪体，也有十余条杂事体，大多是短文，有的文章竟然只有三十五字，长达一两千字的只有二十余篇。尽管内容比较丰富，甚至是牛肃亲人和身边之事，像是如实记录，似乎是直接反映现实生活的故事，实际上也有不少歪曲现实的内容，更何况内容和思想仍以神怪异闻及宣扬佛法因果报应为主，所以只能说，《纪闻》是一部由志怪小说向写实小说过渡的代表之作。

（三）

《纪闻》卷六中的《李邕》，原文写道：

　　唐江夏李邕之为海州也，日本国使至海州，凡五百人，载国信（明抄本作"使"）。有十船，珍货直数百万。邕见之，舍于馆。厚给所须，禁其出入。夜中，尽取所载而沉其船。既明，讽所馆人白云："昨夜海潮大至，日本国船尽漂失，不知所在。"于是以其事奏之。敕下邕，令造船十艘，善水者五百人，送日本使至其国。邕既具舟具及水工。使者未发，水工辞邕。邕曰："日本路遥，海中风浪，安能却返？前路任汝便宜从事。"送人喜。行数日，知其无备，夜尽杀之，遂归。邕又好客，养亡命数百人，所在攻劫，事露则杀之。后竟不得死，且坐酷滥也。①

这篇所谓"纪实小说"，就是编了这么一个故事：

李邕在海州做官时，有日本国五百人的使团到达海州。这些使者带着国书，乘坐的十艘船，载有数百万珍贵货物。李邕会见他们后，把他们安顿在旅舍里，给予丰盛、周到的招待，但是禁止他们走出旅舍。夜里，李邕安排人手把使团船上的珍贵货物悉数拿走，然后让船沉入海底。第二天，李邕让旅舍中人传话，说昨夜有大潮水，日本国的船只全部被海浪冲走，不知道漂到哪里去了，接着，把这事上奏朝廷。朝廷命令李邕造十艘船，选拔了五百个善游水的船工，把日本使者送回国。李邕造好了船，安排妥了船工。日本使者即将出发，船工们向李邕告别时，李邕对他们说："日本国路途遥远，海中风高浪急，你们怎么安全返回呢？路上你们看着办吧。"船工们听后，心中窃喜。船行数日，船工们知道日本使者没有防备，夜里把他们全部杀害了，然后驾船回国。就是说，李邕侵吞了日本

① 《纪闻辑校》，第100页。括号内为引者注。

国整整十艘船的数百万珍贵货物，并且授意五百船工，把五百名日本国使者全部杀掉。

这么一个惊天大案在当时却能"轻描淡写"地平息了，岂不怪哉？这么一个瞎编的"故事"，由于《纪闻》号称"纪实"面目行世，对海州影响可谓大焉！

第三节　重新认识诬案，还海州清白

（一）

《纪闻》之《李邕》故事纯属胡编乱造，没有任何事实基础，哪怕是可以伪托的基础都不存在。

从时间上看，《李邕》所写的"李邕劫财杀遣唐使"是不成立的。

从日本遣唐使来华的时间看，虚构的诬陷事件与李邕无关。李邕在海州任职的时间大约在唐玄宗开元十一年（723年）前后，与这个时间最接近的遣唐使船，是在开元五年（717年），这可以证明李邕"不在场"（不在海州）。日本方面记载这次派遣遣唐使的时间是717年3月，由从四位下的多治比真人县守为押使，从五位上的阿倍朝臣安麻吕为大使，正六位下的藤原朝臣马养为副使，以及上一次已经来过的伊吉古麻吕为翻译，一行共五百五十七人，坐了四艘船。

中国《册府元龟》记载当年"十月丁卯，日本国遣使朝贡。戊辰敕：'日本国远在海外遣使来朝，既涉沧波兼献邦物，其使真人莫问等宜，以今月十六日于中书宴集。乙酉鸿胪寺奏日本国使请谒孔子庙堂礼拜寺观，从之，仍令州县金吾相知，检较搦提示之以整，应须作市买非违禁入蕃者，亦容之。"① 日本的遣唐使研究学者上田雄等人找到的记录也表明，718 年 11 月 20 日，多治比真人县守到达日本九州太宰府，同年 12 月 13 日回到平城京。

另外，2004 年西安发现的井真成墓志铭说：开元二十二年（734 年）正月，井真成"乃终于官第，春秋卅六。皇上哀伤，追崇有典；诏赠尚衣奉御"②。死于官第（即官邸），说明他已在中国为官，那就不可能是开元二十一年（733 年）八月那次才来的遣唐使了。因为本来就是官，皇帝才可能赠"尚衣奉御"的近臣官号以示恩宠，这也表明他也是开元五年来的，再之前就太年轻了。

香港《文汇报》2016 年 7 月 2 日刊发《李邕劫杀遣唐使之谜》一文，认为这件事在时间上是可能的。作者的依据是："唐玄宗初即位，李邕被召为户部郎中。张廷珪、姜皎等人想推荐他当御史中丞，但遇到了姚崇这样的对头，于是被赶到地方上去当了括州司马，结果为陈州刺史，至开元五年当上海州刺史，所以时间上是可能的。"笔者认为，这一说法有误，刘建华的《李邕年表》亦有详细的载述：

> 开元四年（716 年）四十二岁盘户部郎中任上，姜皎、张庭珪共相援引，谋为宪官（委驻各行省官员）事泄，中书令姚崇嫉其躁，因而构成其罪，冬季出贬松阳令。
>
> 开元五年（717 年）四十三岁三月赴任途中，道出兖州金乡，撰书《叶有道碑》。又撰《赠歙州刺史叶慧明碑》，国子监太学生韩择木隶书，七月立在金乡。未至任改栝州司马。

① ［北宋］王钦若等编：《册府元龟》（第十二卷），中华书局 1960 年版，总第 11445 页。
② 转引自贾麦明，葛继勇：《井真成墓志铭释读再探》，《西北大学学报》（哲学社会科学版）2005 年第二期。

从年表可知，李邕在717年根本没到海州。他于开元五年三月赴任途中撰书《叶有道碑》《叶慧明碑》，《叶有道碑》末撰有署名："括州刺史文并书，开元五年（717年）岁在丁巳三月七日"[①]。《叶慧明碑》末亦写有时间："太岁丁巳，鹑尾七月夷则七日甲辰建"[②]。

因此可以说，《纪闻》之《李邕》故事，纯属诬陷李邕的胡编之作。

（二）

不仅时间上与李邕任职海州刺史不符，牛肃所写"李邕劫财杀遣唐使"的内容也是站不住脚的，况且除了《纪闻》外，其他史料均无记载。

据史料记载，遣唐使来华没有过"十艘船"的记载，最多的也就是"四艘船"。小说将船数夸大到十艘，也可以理解为作家构思中需要配备一对一的杀手。井真成、朝衡可以不知情，或者正因为知情而不能回去？

按说出现这么天大的事件，中国史书，或者日本史书上应有记载，但日本史料中也没有记载过五百使者海难不归的事情，《续日本纪》中只有"上次未回"的遣唐大使坂合大分，和早在653年就到中国的留学僧道慈法师同船回国的消息。令人费解的是，多治比真人县守、坂合大分、道慈法师居然回到了日本，难道因为失职而故意隐瞒，不愿再提起？因此笔者认为，根本就没有发生过"李邕劫财杀遣唐使"这件事，抑或有些打劫遣唐使的"小动作"被牛肃所夸大，但那绝不会是李邕的事，也不是李邕那个时期发生的事情。

---

① ［唐］李邕书：《叶有道碑》，中国书店出版社1986年版，第48页。
② 吴志华，吴志标编著；《处州金石》（上），浙江古籍出版社2014年版，第59页。

这里就要说到关于"小说"的定义，小说是文学创作中的虚构文本，即便是所谓的"纪实"小说，也不能等同于史料，小说本身就是"杂取种种人，合成一个"的。牛肃的《纪闻》虽有些篇章是他熟悉的人和事，但这些实际的人和事到了写小说的时候，都只是"素材"而已。

《纪闻》之《李邕》写的："敕下邕，令造船十艘，善水者五百人，送日本使至其国"，更是荒唐透顶、不合逻辑。

不合逻辑之一：日本派出五百人的遣唐使队伍入唐，无论对于日本还是中国，都肯定是"国家大事"。李邕报告了五百人的遣唐使已经到海州登陆，皇帝应对这样的"国际交往"大使团，必定要安排遣唐使"入京"完成交往活动，岂可给李邕下令送他们"返回"？作为大唐皇上，这样不讲"国际规则"，也不讲起码"礼数"的事能做得出来？

不合逻辑之二："令造船十艘，善水者五百人"，令造十艘船的根据是遣唐使沉掉的十艘船，有补偿之意，但派出五百水手送五百遣唐使，根本不合逻辑。十条船每船只需几名水手即可，根本不需要"一人送一人"；更何况五百遣唐使（其中或许本身就含有水手），再另外加五百水手，船载翻了一倍，不合理。

因此说，《纪闻》之《李邕》故事，纯属诬陷李邕杀人劫财而构思的不合逻辑的虚构之作。

（三）

关于李邕的为人，笔者在本书卷三中有专文介绍，不在此赘述。然李邕何以受到同样做过官员同时又是小说家的《纪闻》作者牛肃的诬陷？

可以看看杜甫在《八哀诗·赠秘书监江夏李公邕》[1] 中对李邕的评价:"风流散金石,追琢山岳锐。情穷造化理,学贯天人际",这是赞美他的碑铭文才;"干谒走其门,碑版照四裔。各满深望还,森然起凡例",这是说他家门庭若市,他也有求必应;"独步四十年,风听九皋唳",这是说他名望之高;"丕臧太常议,面折二张势。衰俗凛生风,排荡秋旻霁",这是说他的为官政绩。可见他是一个名声很大,名望很高,还是崔颢、李白、杜甫等人所仰望的人物。

丁启阵在《唐代文豪李邕为何遭人诬陷?》[2] 一文中说起另一件事,很能说明李邕其人的声望魅力不同凡响。李邕被人告发犯下贪赃枉法之罪。当时执掌朝政的张说趁机报复(李邕一向瞧不起张说),将他打入监狱,论罪判处死刑。这时,有个跟李邕素昧平生、名叫孔璋的许昌(《旧唐书》称许州)人挺身而出,上书皇帝,列举李邕"折二张之角""挫韦氏之锋"的往事,认为他"有功于国",称赞李邕"拯孤恤穷,救乏惠,家无私聚"……总之他为李邕求情,表示自己情愿替李邕去死。《旧唐书》说是"疏奏,邕已会减死",就是说孔璋的上书让朝廷决定了免李邕一死。

新、旧《唐书》都对李邕有较高的评价。《新唐书·文艺中》记载:"始,邕蚤(早)有名,重义爱士,久斥外,不与士大夫接。既入朝,人间传其眉目瑰异,至阡陌聚观,后生望风内谒,门巷填隘。"[3]《旧唐书》则称他:"人间素有声称,后进不识,京、洛阡陌

---

① [唐]杜甫:《八哀诗·赠秘书监江夏李公邕》,《全唐诗》(第七册),中华书局1960年版,总第2352页。

② 载《北京观察》2017年10期。

③ [北宋]欧阳修、宋祁撰:《新唐书》卷二二〇《列传第一百二十七·文艺中》,中华书局1975年版,总第5757页。以下只注书名、篇名、页码。

聚观，以为古人。或将眉目有异，衣冠望风，寻访门巷。"①

丁启阵在《唐代文豪李邕为何遭人诬陷？》一文中也说了这个故事，应该是仇家为了诬陷李邕、败坏李邕名声杜撰出来的。

俗话说，性格决定命运。关于李邕的性格，本书卷三多有介绍。两唐书均使用了"险躁"一词。唐人卢藏用说："邕如干将、莫邪，难与争锋，但虞伤缺耳。"② 李邕的性格是柄双刃剑，友人受其礼遇恩惠，仇人遭其锋芒威胁。姚崇、张说等执政者惧怕其锋芒于己不利；杜甫等人感动于他的疾恶如仇，慷慨仗义。有关在陈州任上李邕入狱一事，也就是孔璋上书表示愿意替他受死那一回，《旧唐书》的措辞是"赃污事发"，疑罪从有；《新唐书》则是"仇人告邕赃贷枉法"，倾向于李邕是被冤枉的。

李邕之所以被冤枉，既跟他的为人"性豪侈，不拘细行，所在纵求财货，驰猎自恣"③ 得罪了一些关键人物有一定关系；也跟当时朝廷官员嫉贤妒能、嫉妒李邕有关。李邕的高才、多金、慷慨，会让有些人发自内心地嫉妒，有些人会认为是对自己权位的威胁。当然，这也与朝廷腐朽昏聩有关。

一千三百多年过去了，为李邕翻案似乎已经没有必要，但是，重新审视、认识这一小说带来的诬案，还海州以清白，对于擦亮海州作为对外交往重要开放口岸、海上丝绸之路重要节点的历史文化品牌还是很有意义的。

---

① ［后晋］刘昫等撰：《旧唐书》卷一九〇《李邕传》，中华书局1975年版，总第5043页。
② 《新唐书》卷二二〇《列传第一百二十七·文艺中》，总第5757页。
③ 《旧唐书》卷一九〇《李邕传》，总第5043页。

第二章 洪迈《夷坚志》与海州传说

　　南宋的洪迈曾任知州、中书舍人兼侍读、直学士院、端明殿学士等官职，都是些平凡之官。但其"官员"身份在历史上多有爱民、惠民的善举。最能为洪迈赢得官声的，是和他父亲洪皓一样出使金国时以国家利益至上、不为高官厚禄诱惑出卖朝廷的为人气节。作为出生于书香世家的文人士子，洪迈一生著作等身，留下了诸多很有影响的文史著述。

　　作为一个官员，洪迈如同一粒沙子，早已淹没在历史长河中；作为一介文人，洪迈却因《夷坚志》《容斋随笔》等一批作品而为今人所熟记。

　　洪迈的诸多作品中尤以《夷坚志》这部志怪小说影响最大。《京本通俗小说》《古今小说》《警世通言》以及《情史》等一大批通俗文学作品，都曾直接或间接从《夷坚志》中取材，或对其进行过改编。明代著名的文言小说《剪灯新语》，也是在《夷坚志》的影响下产生的。写出"两拍"的凌濛初，其"二拍"，正话、入话中约有三十余篇出于《夷坚志》。至于清代被视作文言小说发展的两座里程碑——《聊斋志异》和《阅微草堂笔记》，与《夷坚志》同样有一种斩不断、理还乱的联系。写聊斋的那个蒲松龄，居然模仿改编了《夷坚志》这部书中的几十个篇章，足见《夷坚志》对后来文学创作影响之大。

《夷坚志》是洪迈倾晚年全部心血所著，所以《夷坚志》一问世，马上引起了人们极大的关注，当时南方印刷业比较发达的地区已在争相刻印，陆游等一些学者名流对这本书也是赞誉有加。沈杞源就突出赞扬了《夷坚志》自身的文史价值，认为它远超一般的稗官野史。

各代学者名流对《夷坚志》的赞誉绝不是空穴来风，书里面涉及的话题，可谓上天入地、九幽八荒无所不至。书中既有对传统礼教的背弃，对人性的弘扬；又有对黑暗社会现状的无情揭露，对风俗人情、异域风光的极致表现；而贯穿其中的因果报应思想，则显示了作者独特的人生思考。

《夷坚志》对于"海州""东海""大伊山""涟水"等海州地区的记载的体量也是超过了中国古代任何一部志怪小说。据不完全统计，《夷坚志》中涉及海州地区流传的奇闻异事、志怪传说、人物风情多达数十篇，直接点出海州某人、海州某地、海州某事的就有十几篇之多。这些以海州为背景、题材的故事所记录的海州人和事的相关传说，对于丰富海州"野史"、了解海州奇闻异事是十分可贵的资料。

读《夷坚志》，我们能获得视野上的开拓和情操上的陶冶，不同文化层次的人们也都能从《夷坚志》的阅读中得到审美享受。

第一节　学识渊博著书等身的洪迈

（一）

洪迈（1123—1202年），南宋饶州鄱阳（今江西鄱阳）人，字景庐，号容斋，又号野处。洪迈出生于一个士大夫家庭。他的父亲洪皓，哥哥洪适、洪遵都是著名的学者、官员。洪迈的大哥洪适官至宰相，二哥洪遵官至宰执（副相）赠右丞相。他自己也官至翰林院学士、资政大夫、端明殿学士，宰执、封魏郡开国公、光禄大夫。

洪迈的父亲洪皓（1088—1155年），字光弼，南宋饶州乐平人。宋徽宗政和五年（1115年）进士。曾任台州宁海主簿、秀州录事参军。宋高宗建炎三年（1129年）五月，皇帝准备将都城由杭州迁往建康（今江苏南京），以避金兵锋芒。洪皓不顾职位卑微，上书谏阻。他的意见虽未被采纳，却因此为高宗所赏识。高宗特意召见他，擢升其为徽猷阁待制，假礼部尚书，出使金国议和，但金国没有议和之意，所以当时的使节非常危险。据《金史·王伦传》："凡宋使者如（王）伦及宇文虚中、魏行可、顾纵、张邵等，皆留之不遣。"[①]果然，洪皓行至太原，就被金人扣留近一年，第二年转至云中（今山西大同），见到金国权臣完颜宗翰。完颜宗翰逼迫他到金廷操纵的伪齐刘豫政权去当官，被洪皓严词拒绝，完颜宗翰大怒，要将洪皓斩首，金国的一位贵族深为洪皓忠于宋廷的精神而感动，赞洪皓是真忠臣，并亲自跪下请求完颜宗翰免除洪皓一死。虽然洪皓被免于一死，但他还是被流放到遥远的冷山（今黑龙江五常境内的大青

---

① ［元］脱脱等著，《金史》卷七九《王伦传》，中华书局1975年版，总第1793页。括号内为引者注。

顶子山）前后十五年。在燕京，洪皓见到了昔日好友宇文虚中，他被金人扣留后当了金朝大官。见到洪皓以后，宇文虚中劝他留在金国当官，并积极向金熙宗推荐。金熙宗表示可以任洪皓为翰林直学士，但他坚辞不就。金人不甘心，换官时仍让洪皓就职。在金期间，洪皓威武不屈，时人称之为"宋之苏武"。

洪迈是洪皓的三儿子，父亲被金国扣留流放时，洪迈才七岁。《宋史·洪皓传》称洪迈"幼读书日数千言，一过目辄不忘，博极载籍，虽稗官虞初，释老傍行，靡不涉猎"[1]，说的是洪迈小时候每天读书数千言，看一遍就不会忘记，博览群书，小说野史，没有不涉猎的。应该说，洪迈整个青少年时代没有得到父爱，父亲被金扣留后，洪迈就跟着两个哥哥洪适、洪遵学习、读书，十岁时，为了避战乱，洪迈随大哥洪适常常往返于秀（今浙江嘉兴）、饶二州之间。有两个哥哥照应，洪迈的少年和青年时期还是得到了良好的学习教育，成长进步很快。

（二）

宋高宗绍兴十五年（1145 年），洪迈的人生迎来了转机。这一年，对于洪迈来说算是喜忧参半，总体上喜大于忧。这一年，二十三岁的洪迈中了进士；这一年，被金国扣留十五年的父亲返回了，并且还出任饶州知州，能回到家乡任知州，大概是皇帝对洪皓十五年没能回家的一种赏赐吧。这一年，中了进士的洪迈本来被授予两浙转运司干办公事官职，入朝任敕令所删定官。但因得罪了秦桧，被安置在闲散的职位上。秦桧对他怨恨不已，御史汪勃判定洪迈知道他父亲不安分的阴谋，于是洪迈就被贬到了福州。最终，洪

---

[1] ［元］脱脱等著，《宋史》卷三七十三《洪皓传》，中华书局 1977 年版，总第 11570 页。以下只注篇名、页码。

迈不赴福州任而至饶州侍奉父母，至绍兴十九年（1149年）才赴任。

绍兴二十八年（1158年）洪迈的父亲洪皓去世，洪迈归葬父亲后，被召为起居舍人、秘书省校书郎，兼国史馆编修官、吏部员外郎。三十一年（1161年），授枢密院检详诸房文字。

历史往往有惊人的巧合，或许说是子承父业，也或许是冥冥之中的命数，为国家、为社稷，洪迈也像父亲当年那样，受朝廷指派，沿着父亲当年北上的路，准备出使金国。洪迈的父亲刚过四十岁的时候，作为年富力强的朝廷命官出使金国，这一次，洪迈也是在将四十岁的时候出使金国。

绍兴三十二年（1163年）春，金世宗完颜雍遣使议和，洪迈为接伴使，力主"土疆实利不可与"①。朝廷欲遣使赴金报聘，洪迈慨然前行。于是以翰林学士名义充贺金国主登位使节。至金国燕京，金人傲慢地令洪迈改称"陪臣"，洪迈坚持不从，因此被拘于使馆，金人锁住使馆，从早到晚，不给饮食，一连三日才给饭吃。金大都督怀中提议将洪迈长久扣留，因左丞相张浩认为不可，方得以遣还。父子二人在国家利益上表现出惊人的一致性，说明洪迈家的这个"家风"也是过硬的。然而，洪迈回朝后，居然遭到弹劾，有个叫张震的殿中御史弹劾洪迈"使金辱命"，"论罢之"。

宋孝宗乾道二年（1166年），洪迈知吉州（今江西吉安），后乾道六年（1170年），改授赣州（今江西赣州）知州。洪迈到任后，重视教育，兴建学宫，建造浮桥，便利人民，士人百姓安居乐业。《宋史·洪皓传》记载，赣州郡兵素来骄横，稍不如意就蛮横强暴。郡里每年派上千人戍守九江，某年，有人害怕去后会被留在那里而不能回来，众人于是反戈。人们以谣言相警，百姓非常害怕。洪迈

---

① 《宋史·洪皓传》，总第11571页。

不为所动，只派遣一名校官好言劝说，使他们回到营中，众人都听从了劝说。洪迈挂着空箭袋进入，慢慢审问出两个造谣惑众的人，并当即将其拿下，带上刑具押送浔阳，在市上斩首。不久，洪迈任建宁府知府。有个因小事杀人而持刀越狱的富人，长时间拒捕，洪迈治了他的罪，施黥刑后流放岭外。

宋孝宗淳熙十一年（1184年）洪迈任婺州（今浙江金华）知州。在婺州期间，洪迈大兴水利，共修公私塘堰及湖泊八百三十七所。后孝宗召对，洪迈建议于淮东抗金边备要地修城池，严屯兵，立游桩，益戍卒，并应补充水军，加强守备。此举得到孝宗嘉许，洪迈被提举佑神观兼侍讲，同修国史。洪迈入史馆后预修《四朝帝纪》，又进敷文阁直学士，直学士院，深得孝宗信任。淳熙十三年（1186年），洪迈官拜翰林学士。宋光宗绍熙元年（1190年），又任焕章阁学士，任绍兴知府。

宋宁宗嘉泰二年（1202年），年届八十的洪迈逝世，死后赠光禄大大，谥"文敏"。洪迈的原配兵部侍郎张渊道女儿张氏、继配陈氏，均封和国夫人。

（三）

洪迈一家均为朝廷栋梁，其父其兄四人都是朝廷大员，而且这一家不仅做官做得好，做文化也是响当当的，整个宋朝，大约也就是"三苏"能与之媲美。

洪迈父亲洪皓知识渊博，不但精通经学、史学，也精通诗文辞赋，被扣留在金国期间还写下了上千首诗词，金人"争抄诵求锓校梓"①，后来大部分散佚。今《鄱阳集》所存数十首，皆清新朴实，

---

① 《宋史·洪迈传》，总第11562页。

含义深远。洪皓又曾同张邵、朱弁写诗唱和，集成《轩唱和集》三卷（今已不存）。洪皓通过教授金人读书和其他接触方式，与许多女真人结下了深厚的友情。女真人把洪皓视为知心朋友，热情地邀请他参加婚礼、礼佛、生产等活动。

洪皓留金时，对金国的自然地理、历史沿革、经济社会、风土人情、礼仪制度、政治制度以及物产等都进行了较为全面的考察，积累了大量的历史资料。所记金国杂事汇集成《松漠纪闻》，可惜洪皓南下时，惧为金人搜获，悉付诸火。回宋后乃复追述一二，名曰《松漠纪闻》。洪迈大哥洪适于乾道初知绍兴府、浙东安抚使时，厘为正、续二卷。之后，二哥洪遵根据洪皓生前谈及的往事，整理为十一条，称《松漠纪闻补遗》。这就是今天所见的《松漠纪闻》。

作为一个学识渊博、勤奋博学、著书极多的士大夫，洪迈一生涉猎了大量的书籍，并养成了做笔记的习惯。读书之际，每有心得，便随手记下来，形成了《容斋随笔》（《五笔》），七十四卷，一千二百二十则。其中，《随笔》十六卷，三百二十九则；《续笔》十六卷，二百四十九则；《三笔》十六卷，二百四十八则；《四笔》十六卷，二百五十九则；《五笔》十卷，一百三十五则。《随笔》先后用了十八年的精力，《续笔》用了十三年，《三笔》五年，《四笔》不到一年时间，洪迈没有说《五笔》写了多少年，因为还没有按原计划写完十六卷，只写到十卷便去世了。他为《四笔》写序时，是宋宁宗庆元三年（1197 年）九月，那么，自此以后至其嘉泰二年（1202 年）去世的五年左右时间，应当就是他写作《五笔》的时间。

据洪迈自述，《容斋随笔》的写作时间逾四十年。积四十多年的时间写出一部巨著，应该说是不多见的。之所以历时长久，主要是由其笔记体这一性质所决定的。显然，必须费时读千百部书，才能集腋成裘。这是洪迈多年博览群书、经世致用的智慧和汗水的结晶。

　　除《容斋随笔》外，洪迈还有文集《野处类稿》，志怪笔记小说《夷坚志》，以及编纂的《万首唐人绝句》等作品。

第二节　宋代最有影响的志怪小说集《夷坚志》

（一）

　　《夷坚志》为南宋洪迈所著的文言志怪小说集，书名"夷坚"一词取自《列子·汤问》，说有大鱼名鲲，有大鸟名鹏，"大禹行而见之，伯益知而名之，夷坚闻而志之"[1]的语意，从这里看，"夷坚"应该是一位在上古与伯益并称的博学多闻者。从书的命名看来，体现了作者"鸠异崇怪"的创作初衷。作者洪迈前文已介绍。洪迈博闻强记，知识渊博。他爱好广泛，耽奇成性，如同《夷坚乙志序》言所说："人以了好奇尚异也，每得一说，或千里寄声，于是五年间又得卷帙多寡与前编等，乃以乙志名之。"[2]正是这种性格特点，才使洪迈从二十一岁到八十岁，用六十年的时间编成这部"宋代最大的志怪小说集"。

　　《夷坚志》一书据说原有四百二十卷，作者生前已经按完成时间先后编订，有多种刻本、抄本行于世。全书原分初志、支志、三志、四志，每志按甲、乙、丙、丁顺序编次。著成甲至癸二百卷；支甲至支癸、三甲至三癸各一百卷；四甲、四乙各十卷。书前有《夷坚志序》，抄本各"志"均有"序"一篇。洪迈自己在《乙志

---

① 杨伯峻：《列子集释》，中华书局 1979 年版，第 157 页。
② ［南宋］洪迈著，何卓点校：《夷坚志》（第一册），中华书局 1981 年版，总第 185 页。以下只注书名、页码。

序》中说："《夷坚初志》成，士大夫或传之，今镂板于闽、于蜀、于婺、于临安，盖家有其书。"①

由于卷帙甚繁，《夷坚志》散失不少。今所见《夷坚志》（全译本）收录情况如下：《夷坚甲志》二十卷；《夷坚乙志》二十卷；《夷坚丙志》二十卷；《夷坚丁志》二十卷；《夷坚支志甲》十卷；《夷坚支志乙》十卷；《夷坚支志景》十卷；《夷坚支志丁》十卷；《夷坚支志戊》十卷；《夷坚支志庚》十卷；《夷坚支志癸》十卷；《夷坚三志已》十卷；《夷坚三志辛》十卷；《夷坚三志壬》十卷；《夷坚志补》二十五卷；《夷坚志再补》一卷；《夷坚志三补》一卷。

《夷坚志》自元朝就已经散佚，现在通行较为完备的版本是1927年商务印书馆出版的涵芬楼编印的《新校辑补夷坚志》。后来，中华书局以涵芬楼《新校辑补夷坚志》为底本，组织重行点校，于1981年出版了何卓点校本《夷坚志》，此书在涵芬楼本二百零六卷的基础上，又从《永乐大典》中辑出佚文则，作为三补，共二百零七卷。此外，《夷坚志（全译本）》为北京燕山出版社1997年李宏主编本，全六册。

（二）

《夷坚志》是洪迈所经历的宋代社会生活、宗教文化、伦理道德、民情风俗的一面镜子，为后世提供了宋代社会丰富的历史资料。从文学发展史上看，《夷坚志》又是宋代志怪小说发展到顶峰的产物，是自《搜神记》以来中国小说发展史上的又一座高峰，对后世产生了极大的影响。宋末元初文人罗烨的《醉翁谈录》载：当时的

---

① 《夷坚志》（第一册），总第185页。

"说话"艺人中，"《夷坚志》无有不览"①。明清拟宋市人小说，有不少取材于其中，仅凌濛初的"二拍"正话、入话出于《夷坚志》的，就有三十余篇；《聊斋志异》也有数十篇或取材于《夷坚志》，或照搬（更改时间地点），或拓展，或改编，下文专门介绍。

南宋陆游在《题夷坚志后》诗中推重此书："笔近反离骚，书非支诺皋。岂惟堪补史，端足擅文豪。驰骋空凡马，从容立断鳌。陋儒那得议，汝辈亦徒劳。"②

《夷坚志》内容驳杂，取材十分广泛，仙鬼神怪、医卜妖巫、冤对报应、忠臣孝子、贪谋诈骗、释道淫祀、风土民情、遗文轶事、官场争斗，甚至梦幻杂艺、异闻杂录、诗词杂著，风俗习尚等，无不收录。其材料来源包括了本人亲身见闻、他人转述、抄录他书，多为时人所见所闻，因此是了解宋代尤其是南宋社会极有价值的资料，在古小说、宋代民间宗教、信仰方面研究价值更高。

由于书中所写的"大多神奇诡异，虚诞荒幻"，所以宋末元初周密在《癸辛杂识序》中就曾批评此书"贪多务得，不免妄诞"③。但是，其中有很多轶闻、掌故、民俗、医药题材的故事，不仅反映了当时的现实生活，也提供了不少可资考证的材料。如《夷坚丙志》卷十六有一篇《余杭三夜叉》，故事记录了三个妇女生的青面毛身的孩子，可见在宋时曾有这种怪胎出现过。《夷坚丁志》卷十一的《王从事妻》，记王从事妻子在临安被人拐去，五年后王为衢州教授时，意外地在西安宰府中与妻相遇，才知其妻被人以三十万钱买作

① ［南宋］罗烨：《醉翁谈录》甲集卷二，《续修四库全书》一二六六子部小说家类，上海古籍出版社 2002 年版，总第 409 页。
② ［南宋］陆游著，钱仲联校注：《剑南诗稿校注》卷三七，上海古籍出版社，1985 年版，总第 2371 页。
③ 周密：《癸辛杂识序》，本社编：《宋元笔记小说大观（六）》，上海古籍出版社 2001年版，总第 5698 页。

侧室，说明绍兴初年南宋临安有拐卖妇女的情况，官府也都有参与，可见那时的社会情况。《夷坚丙志》卷十三《蓝姐》，记绍兴十二年京东人王知军的婢女蓝姐有胆有识，当群盗入家抢劫时，她持烛引盗自取各物，暗中却从背后将烛油点污群盗穿的白布袍。后报官按迹搜捕，竟无一人漏网。书中还记载了不少药方，如《夷坚乙志》卷十九《疗蛇毒药》，《夷坚丙志》卷十六《异人痈疽方》等。这些记述似都照实笔录，为后人研究宋代社会生活保存了不少可贵的资料。

（三）

洪迈的《夷坚志》作为宋代志怪小说的代表作，作为一部最为庞杂、体量宏大（仅次于《太平广记》）的志怪小说，对于宋元话本、明代拟话本、元明清戏曲及文言志怪小说都产生了巨大的影响，清代蒲松龄的《聊斋志异》也明显地受到《夷坚志》的影响①。在承继前代志怪小说传统的问题上，蒲松龄和洪迈的立意与思路完全一样，洪迈自谓"颛在鸠异崇怪"，"但谈鬼神之事足矣"，② 蒲松龄也专在"异"字上用力，其小说观念与洪迈大体相同，均为谈鬼与谈狐的内容。

清人论及《聊斋志异》，也总是把它和《夷坚志》加以比较，孔继涵在《聊斋志异序》里也指出，蒲松龄的《聊斋志异》所记内容既续《夷坚志》之异，又同《夷坚志》一样具有寓言的性质。比较《聊斋志异》和《夷坚志》，可以发现《聊斋志异》中有十几篇故事直接来源于《夷坚志》。

---

① 王永宽：《〈聊斋志异〉对〈夷坚志〉的模仿与变异》，《河南教育学院学报（哲学社会科学版）》2010 年第 5 期。
② 《夷坚丙志序》，《夷坚志》（第一册），总第 363 页。

近年来,《夷坚志》研究颇有成果,听说台湾学者也有《夷坚志》研究专著问世。总体上《夷坚志》研究成果多为发表于报纸杂志的单篇论文,一些硕士、博士也关注以《夷坚志》为题进行学位论文研究,比如关冰的《夷坚志神鬼精怪世界的文化解读》①、朱广文的《夷坚志报应故事所见南宋民众观念与基层社会》②,等等。

此外,美国韩森的《变迁之神》、贾二强的《唐宋民间信仰》、刘道超的《中国善恶报应习俗》等专著也较多地用到了《夷坚志》中的材料,但限于条件未能见到。

第三节　《夷坚志》中与海州相关的故事

(一)

在《夷坚志》中,关于"海州"的官员百姓的奇人异事多达数十篇。有的是指名道姓说明此事发生在海州某某官员、某某百姓或者其家人身上,比如描写海州太守张叔夜家妻子事的《张夫人婢》、海州钜平人睢佑卿妻子事情的《睢佑卿妻》、淮阳朐山人何蓑衣先生《蓑衣先生》等。有的则是指出海州、东海某地发生了某个灵异事件、民间传说,比如宋徽宗宣和年间,海州东海县境内发生的《东海紫金竹》的故事。《刘师道医》和《支友璋鬼狂》两个故事,写的都是时属海州的涟水的民间传说,这类故事还有《大伊山神》《海州虎豕》等。有的虽不指明故事发生在海州,然确实属于"海州故事",比如《无颏鬼》写了海州的传说故事,但书中并没有指明"海州"。有的故事在书中点出了其他地方,但这些故事在海州

---

① 宁夏大学硕士学位论文,2004 年。

② 陕西师范大学硕士学位论文,2006 年。

也广为流布，比如有一则《鬼吹灯》故事，虽然文章指名"唐州方城县"，其实故事确实在海州广为流传。

这些以海州、云台山、大伊山、东海（今连云港市海州区南城镇）、涟水为背景，所记录的海州人和事的相关传说，对于丰富海州"野史"、了解海州奇闻异事是十分可贵的资料。清代大学士、《畴人传》编撰者阮元逗留海州大伊山好友杨钝家，聊起《夷坚志》，两人评价此书时说："书中神怪荒诞之谈，居其大半，然而遗文轶事，可资考镜者，亦往往杂出其间。"① 《连云港文化史丛书·名闻港城》记载："此书（指的是《夷坚志》)完稿时，洪迈尚客居大伊山神仙洞三清观。"② 笔者没有找到洪迈来到或者来过海州的任何史乘记载，所以借用"此说"，但不知侍先生引用史料出自何处，当然即便是出于想象，先生也是善意的。

因为《夷坚志》确属一部难得的奇闻异事大荟萃，大凡好书都有人模仿、借鉴，好书总会有人为之写续书、补书，今人甚至还会来一些"大话""解构"之类，比如中国古典文学名著都有续补书籍存在，甚至续补类书籍也成了"名著"，如董说的《西游补》、丁耀亢的《续金瓶梅》，等等。《夷坚志》刊行后，当朝就有人作"续书"，此人还是堪称宋金时代"文史第一人"的元好问。元好问所撰《续夷坚志》共有四部：《续夷坚志一》《续夷坚志二》《续夷坚志三》《续夷坚志四》，如今这套《续夷坚志》在网上价格已经炒到三十八万元人民币。《续夷坚志》中华书局有整理本，上海古籍出版社也在 1996 年出版过精装本。

---

① ［清］阮元著：《揅经室外集（卷三）》，上海师范大学古籍整理研究所编：《全宋笔记》（第九编七），大象出版社 2018 年版，第 368 页。
② 侍述明、朱炳旭等编：《连云港文化史丛书·名闻港城》中国文史出版社 2005 年版，括号内为引者注。

（二）

关于张叔夜，相信读书人都不陌生，这是个真实的历史人物，他做过海州太守，还曾剿灭《水浒传》里的宋江集团，至今海州白虎山上还有"张叔夜登高碑"，海州还有埋葬宋江集团的"好汉茔"。在《夷坚乙志·卷三》中，记载了一件发生在张叔夜家的奇异事件。《张夫人婢》这个故事说：枢密使张叔夜的夫人，是宗室赵克敌的女儿。她身边有个小婢女侍候她，每次出门都让小婢女跟着。在海州（江苏连云港一带）时，有天晚上小婢女陪夫人上厕所，准备回来时，夫人叫婢女，没听见她回答，叫了多次依旧如此。张叔夜的小妾听到后就去查看，和她们一起回来。因小婢女的失职，夫人便要责打她，但那天小婢女因病卧床不起，根本就没出去。这时她们才知道，刚才提灯的不是小婢女，而是鬼。之后不过十天，张叔夜的夫人也得了病，过了一个月就死了。

这个事要是发生在普通百姓身上，肯定不会如此流传，甚至没人相信。

另一则故事记录了发生在海州百姓身上的奇怪事，是海州钜平人睢佑卿和他老婆的事，《夷坚三志己·卷第三》有一篇《睢佑卿妻》：

睢佑卿的祖上直至他父亲这一代一直以农桑为业。到佑卿这一代时，独独他喜爱学习，作文赋诗，被乡里称道。二十岁时，他娶了同乡房秀才的女儿，房女长得很美并且人很贤惠，可她在宋孝宗绍兴辛未年（1151 年），染上时疫死了，葬在郁州东山的拐弯处。睢佑卿向来很怜爱房氏，所以心中很是悲痛，朝花夕月，未尝不产生思念之情。这一年冬天，睢佑卿和一位仆人到苍山去省亲。临近天黑了，二人感到很疲劳、困倦，于是来到路旁的庄人家，仆人去借宿，他也解下马鞍进去了。这户人家的门半掩着，里面很寂静，没有一点声响。进到中堂屋，也闻不到烟火味，唯有个小童在井里汲水。两人坐了很久，感觉更加疲惫了，无法弄到食物，就向那位小童求一点吃的。小童进去报告，过了一会儿，美酒佳肴齐备了，一个年轻女子穿戴华美，走上前来拜见睢佑卿，和他相对入席。睢佑卿仔细一看，大吃一惊，原来那女子是他死去的妻子……此时他忘记了妻子已经死去，就和她像生前一样嬉戏起来。接着，妇人忽然表情凄楚地对睢佑卿说："我已另嫁他人了，君不适宜在这里久住。"睢佑卿这才恍然大悟，可他还是迷迷糊糊地与这妇人共被熟睡。醒后，他才发觉，自己和仆人都是睡在山岩之中，槲栎树之下。睢佑卿惋惜不已，回到家中替房氏做了一场水陆道场，以便她在冥府有个好的生活和出路，而他本人从此也忧郁成病，最后竟因闷闷不乐而死。

《夷坚志补·卷第十二》中，有个《蓑衣先生》的故事，写的是发生在朐山人何蓑衣先生家的事情，这也是整个《夷坚志》中特别长的故事之一。

（三）

《夷坚志》中描写海州地方事，或以海州山水、风物、传说为背景的故事多达数十篇。

《夷坚三志己·卷八》中，有个《东海紫金竹》的故事，说是宣和（1119—1125 年）年间，海州东海（今连云港市海州区南城镇）县境内一片竹林里生出了一些笋，有一条紫金色的蛇蜷伏在一根笋上，一动也不动，光彩照人。有人想把笋壳剥下来，那蛇却突然不见了。那竹笋长大后，上面像有百多行紫金色线条，十分可爱。县官刘逢作诗贴出来，其一联是："已疑引凤来何晚，却恐为龙去莫寻。"后来竹林中再没有出现过这类竹子。

《夷坚三志己·卷第三》有一篇《海州虎豕》，说的是绍兴十年（1141年）春天，有头野猪进入海州城内，居民一起把野猪杀死了。此时州城被金虏占领着，这年夏天，镇江军帅魏胜攻占了海州城。第二年，南北议和，海州被划给金虏，当地居民全部被南迁渡江。绍兴三十年（1161年），一只大老虎白天闯入城中，埋伏在西市纪三家后稻垛的旁边。纪的妻子见状，对她的女儿说："哪户人家的黄牛在这里？赶紧用棒子把它打走。"女儿说："恐怕是替知州拖车的吧，不能打。"于是就未去赶它。一会儿，听到有过路人大喊道："你家来了老虎！"纪妻急忙带着女儿逃出家门。郡守王添章骠骑带兵来围捕，虎跑向闹市区，登上一户人家的房屋，众人将它射死。本来王添章是要与他的僚属到城郊去打猎，僚属中有个叫捺合的主簿，是个女真人，他在打猎的前一天晚上梦见被一只白兔咬了脚，吓了一大跳，就怀疑有什么不祥的事，所以推托有别的事没有去。可太阳快落山的时候，有人说在师姑寺前有老虎。捺合素来胆大有勇，顿时就忘记了先天晚上做的梦，于是急忙骑马跑了过去，放了一箭，射中老虎的额头，虎被激怒了，跳起来去抓他的鞍，攀上了他的左脚，结果整个左脚被抓得骨肉粉碎。第二年，魏胜带领整个州城归国，竟然也像从前一样大规模迁徙居民。于是后人流传，野兽一进外城，往往不是什么吉利事。

《夷坚三志己·卷第三》中有一篇《大伊山神》，讲的是绍兴三十一年（1161）年，外患未清，葛万发动同乡子弟，建立忠义军，自称统领。当时魏胜占据海州，楚州太守派葛万去游说魏胜，二人言语不合，于是魏胜对葛万产生了怨恨，想置他于死地。葛万陷于困境，向南逃跑，一个人来到一处荒野山岭，遇到一位大人骑着马过来。那人身穿黑靴青袍，随从有近十个。葛万求助于这位青袍大人，他告诉葛万说："我是大伊山神，你三年之后，当为国家建功立业了。"说完，他叫葛万闭上眼睛不要睁开。葛万按照他的教导闭上眼睛，就觉得有人扶着他登上了一只船，耳际只听到阵阵风声、水声。过了一个时辰，他的双脚踏地了，才敢睁开眼睛，此时他发现，自己早已到达淮水北岸了。葛万然后又回到南方，又过了三年，因为捕获了反将萧荣，补阁门祇族，随即任沿淮都巡检，死在任上。

《夷坚乙志·卷八》中，有个《长人国》的故事，写的是海上行船，忽然碰见迷雾，并且刮起了大风引发的奇怪故事。书中写的是"明州"（今浙江宁波），其实就是海州的故事。

《夷坚乙志·卷八》有一篇《无颏鬼》，写了海州白石村有个人在十里外给人织纱，夜晚回家，一路上"与鬼同行"的故事。

第三章　吴承恩《西游记》背景地海州

"在海州的外海，有一座风光秀丽的连云岛，这就是《西游记》中花果山水帘洞的原型。这座岛现在依然耸立，但可惜由于清代的地震，这当年的海岛已经与陆地相连，成为海边的一座山。"[①]这是当今《西游记》研究名家、淮阴师范学院教授蔡铁鹰先生在他的《淮安有部西游记》一书中对花果山水帘洞在海州的肯定性说明。先生说，明代淮安府的管辖范围内，有一个相当于县级市的海州，在《西游记》里，它是唐僧的出生地。如今，这里依旧流传着"三元大帝"与唐僧是异母兄弟的传说。"三官"指天官、地官、水官，其中的地官就是《西游记》中有一棵人参果树的五庄观观主镇元大仙，他不敬三清，不敬玉帝，自称与唐僧前世有一杯茶的故人之交，所以用人参果来招待唐僧。在海州民间传说里，他就是唐僧的异母兄弟。

《西游记》之于海州，既是文化的总汇，也是历史的传承。它不是史料胜过史料，书中的西游故事让古海州的民俗风情、民间传

[①] 蔡铁鹰：《淮安有部西游记》，江苏人民出版社 2012 年版。

说、历史人文得以存留和再现，让后人可以通过读《西游记》找到随着时间推移而逝去的海州记忆。

海州对于《西游记》，既是成书的土壤，也是其文化背景。海州为《西游记》提供了丰富的文化资源，让作者积累了不少人生经验，触发了他的创作灵感。更重要的是，它也给《西游记》带来了不少鲜活而有趣的故事。

吴承恩，一个明代大儒，淮海浪士，沐浴着淮风海韵，从淮上山阳一路坎坷走到东海海州，驻足于花果山上。

《西游记》，一部奇葩大书，古典名著，浸润着淮河文明，以神奇浪漫演绎云台山的人文传奇，落笔于古城海州。

是吴承恩独独青睐人杰地灵的海州，还是海州钟情于唐僧师徒？

难道仅仅是花果山的海古神幽，古海州的悠久历史吗？

这里肯定有让吴承恩驻足的理由，也一定有《西游记》诞生的因素。透过《西游记》文本的字里行间，可以发现——那就是辉煌乡里、泽被后世的海州文化！

第一节　吴承恩的海州祖籍

（一）

关于《西游记》作者吴承恩的研究，业界已有众多的成果。苏兴、蔡铁鹰等专家教授出版了《吴承恩传》《吴承恩年谱》等大量研究成果，刘怀玉先生出版了《吴承恩与〈西游记〉》，等等。但是，关于吴承恩的祖籍研究，业界无一例外地将吴承恩指认为"淮安人"，现有的资料都是这么记述的。无论是鲁迅的《中国小说的历史的变迁》、胡适的《中国章回小说考证》，还是刘修业辑校的

《吴承恩诗文集》、苏兴的《吴承恩小传》，一概指述吴承恩是淮安人。只不过，他们的说法略有异同——鲁迅说吴承恩是"江苏山阳人"，苏兴在《吴承恩小传》里说他是"淮安山阳人"，不少当代学者则"简洁明快"地称其为"淮安人"。不知是业界对于吴承恩祖籍地不够敏感，还是出于别的什么原因，"淮安说"甚至几乎不存在异议。

最先提出吴承恩的祖籍并不属于淮安而是属于海州的，是《西游记》研究专家、连云港市知名学者李洪甫先生。

围绕吴承恩的祖籍地和花果山原型地考证，李洪甫多年来发表了大量的研究成果，分别就"明刊本中有无唐僧家世的确认和判定"，"明清刊本唐僧家世部分的优劣比较"，"流行本附录开头和第九回开头的低级重复"，"飘江和托孤"，"关于海州内容的删除和淡化"等《西游记》学术史上的重要节点，较为详尽地陈述了他承担的国家社科规划课题"《西游记》校勘整理"的研究成果，就《西游记》成书四百多年的历史悬案提出了最新考论和裁断，并且已经得到了业界许多专家的重视和认可。

李洪甫考证的依据主要有二：一是吴承恩《射阳先生存稿》中的《先府宾墓志铭》；二是灌南县新安镇出土的明代墓碑——吴承恩撰《刘居士夫妇合葬墓志铭》。他在研究中注意到，吴承恩在所有陈述自己籍贯的文字里，从来就没有说过自己是淮安人。嘉靖十一年（1532年）三月，吴承恩在为他的父亲撰写的《先府宾墓志铭》中斩钉截铁地说道："先世涟水人，然不知何时徙山阳。"[1]除吴承恩的遗著《射阳先生存稿》外，1972年在淮安吴氏墓地出土了"吴

---

[1] ［明］吴承恩：《先府君墓志铭》，《射阳先生存稿》卷四，民国十九年北平故宫博物院图书馆排印本，第149页。

菊翁之墓"（吴承恩父亲吴锐墓），其中发现了由吴承恩撰写的《先府宾墓志铭》墓碑，墓碑与存文一致。由于此外几乎没有更多的实证，这使得研究者们众口一词：吴承恩是"淮安涟水人"。可是，吴承恩的原话是"先世涟水人"，并不是"淮安涟水人"。

《淮海吴氏族谱》中写道："迁东海始祖少微，盖自新安来。"这位最早迁来云台山的吴氏先祖吴少微，《嘉庆海州直隶州志》立有他的传记："吴少微，东海人，少负文华，与富嘉谟友善。进士及第，累授晋阳太原尉，拜左台监察御史。"[①]云台山吴氏的族谱今天依然存在，族谱的世系表上，十分明白地列出"金""承""凤"这三个班辈。吴承恩的那个少年夭折的独生子，名字就叫吴凤毛。这足以说明，吴承恩这一支与今见的云台山吴氏族谱同出一脉，祖籍显然是东海（海州）。

（二）

1974年春，灌南县（时为淮安市属县）新安镇刘园村的农民，于村北五十米处发现一座明代墓葬，其中发现了"吴承恩撰"的《刘居士夫妇合葬墓志铭》（1990年，刘氏墓志收入灌南文化局，1996年灌南县划归连云港市后，该碑刻曾移存于花果山下的连云港博物馆，最终正式收藏于灌南县）。《刘居士夫妇合葬墓志铭》的铭文说，刘居士的儿子找吴承恩为父亲写墓志铭，吴承恩素来敬重刘居士这位"乡里之贤"，欣然命笔。一般说来，为墓主作铭，最要紧的是阐扬逝者的贤能和功绩，然吴承恩撰铭文却开篇就说刘家是"淮郡安东人"，紧接着又强调："安东在淮郡。"看起来，后一句是重复了前一句，在"惜墨如金"的铭文中，是不该出现的。殊

---

① 《中国地方志集成·江苏府县志辑64》，江苏古籍出版社1991年版，第423页。

不知吴承恩正是要说明：吴、刘两家虽然是乡里，但不是一个郡的人；刘家地属淮安安东，而吴家的居址不属于淮安。因为，刘家在安（东）海（州）分界之南，吴家在安海分界之北。明代淮安的安东，就是今天的涟水；安东的南侧属于淮安，北侧就是属于海州，这在《明海州全图》上白纸黑字标写得清清楚楚。吴承恩在为"乡里之贤"写的墓志铭中不厌其烦地说了"废话"——"安东在淮郡"，其言下之意也是刻意地告诉人们自家的籍贯（不在淮郡），这一点是不能等闲视之的。

1990 年 4 月，李洪甫先生的《江苏灌南刘氏墓志铭与吴承恩祖居地》一文刊发于国家文物局主办的刊物《文物》上。这篇文章与二百七十年前淮安知府卫哲治等人纂修的《清乾隆淮安府志》都提到一个问题：吴承恩为他的父亲写墓志铭，提到他的祖父吴铭做过"余姚训导"，曾祖父吴贞是"仁和教谕"，可是，这两位老先生的名字皆"不见"于淮安府举荐贤才的"岁荐"名录。《清乾隆淮安府志》的现代出版者在书中埋下悬疑：难道吴家"不系淮籍耶"？出于正史的记录披露了重要的史实，可以认为，吴承恩的祖父、曾祖也不自认淮安人！否则"余姚训导""仁和教谕"不会不在淮安的府志上。遗憾的是，这些与吴承恩家世紧密相关的资料，却被当代学者忽视了。

乾隆丁十二（1747 年），吴进在云台山他的朋友金玉书家找到了吴承恩的遗著《射阳先生集》。这本遗稿并没有在吴承恩出生和长期居住的淮安被发现，而在海州得以保存，足以发人深思。"见案上残本，借录数篇，略存吾淮文献。"[①] 海州沭阳的吴万山因为是

---

① ［清］吴进辑，冒广生刻：《楚州丛书·射阳先生文存》，如皋昌氏暨淮阳志局，民国十年（1921），第 170 页。

吴承恩的本家，又同为淮安名士，被并称作"二吴高士"。吴氏沭阳分支的子弟吴国荣，也曾为其先辈吴承恩校刻《射阳先生存稿》，并作跋。

以上这些资料、族谱、碑刻，足以反映出吴承恩为海州籍。其实，吴承恩在《西游记》里对海州如数家珍，用了那么多原汁原味的海州元素，其家乡情结可见一斑！

（三）

不仅吴承恩的祖籍是海州，在《西游记》里，唐僧的"家"也被搬到了海州。

《西游记》"附录"写道："此榜行至海州地方，有一人姓陈，名萼，表字光蕊……"[①]陈光蕊遇害后其灵魂向龙王诉说也明确自认是"海州弘农县人"。这个"陈光蕊"，就是唐僧的父亲。在第十四回里，唐僧遇到陈姓华宗，向老者自我介绍说："我俗家也姓陈，乃是唐朝海州弘农郡聚贤庄人氏。我的法名叫陈玄奘，只因大唐太宗皇帝赐我做御弟三藏，指唐为姓，故名唐僧也。"[②]

史料介绍，玄奘的家本来在河南洛州缑氏镇（今洛阳偃师东南）一个叫陈谷堡（今陈河村）的地方。历史上，玄奘家族显赫，曾祖父陈钦在南北朝时期做过北魏的上党太守，祖父做过北齐的国学博士，父亲陈惠做过隋朝的江陵县令。他是陈惠的第四个儿子。吴承恩作为鸿儒，对于真实历史一定是知道的，但在《西游记》里写的唐僧取经一故事却不完全等同于事实。当然，如果按照事实叙述，那显然就不是小说了，只是个"非虚构文本"，肯定就不会有今天

[①] ［明］吴承恩著，黄肃秋注释：《西游记》，人民文学出版社1980年版，第94页。以下只注书名、页码。

[②] 《西游记》，第169页。

这样的经典名著诞生了。创作小说是可以合理想象的，也就是说可以将人物、故事进行"典型化"的再创造。大约因为玄奘到过吴承恩生活的楚州，或许吴承恩对高僧敬仰，于是在小说里将其创造成自己的老乡。因为吴承恩，海州多了一位引以为傲的得道高僧，这是淮海浪士在留下不朽名著《西游记》的同时送给海州的"大礼"。

其实，将唐僧的户籍从洛阳缑氏镇搬迁到海州，这事还不仅仅是吴承恩干的，早在元末明初，杨景贤的杂剧《西游记》里，就已经这样做了，书中称唐僧为"海州弘农人也"，住在"中国海州弘农县"。在那时，他就已经将唐僧父亲的名字改为"陈萼，字光蕊"，说他是个读书人，考中状元，娶了宰相殷开山的女儿殷温娇，后来官封江州知府，携妻上任途中被水贼所害，殷氏生了遗腹子，取名"江流儿"，满月后抛入江中，被金山寺僧人救起。老和尚丹霞禅师教他读书诵经，并取法名"玄奘"。从杂剧《西游记》开始，唐僧就再也没有叫过本名。

（四）

《西游记》第十一回"还受生唐王遵善果，度孤魂萧瑀正空门"中，唐太宗要选一名有大德行者作坛主，选出玄奘，赋词写道："投胎落地就逢凶，未出之前临恶党。父是海州陈状元，外公总管当朝长……年方十八认亲娘，特赴京都求外长。总管开山调大军，洪州剿寇诛凶党……"①

海州地方上一直有传说，传说在小村原来有个宰相府，是唐朝宰相殷开山的府第。唐僧之母殷温娇是该府的千金，唐僧之父陈光蕊就入赘于这个府第。

---

① 《西游记》，第139页。

历史上，殷开山确有其人，正史有传。他是李渊旧部，太原起兵时投奔李渊，参与进攻长安。进攻薛举时，殷开山在浅水原大败，与刘文静一同被追究责任，贬为庶民，后随李世民灭薛氏有功，被重新任用。他参加李世民历次战役，在进攻刘黑闼时得病身亡，是凌烟阁二十四位功臣中最先去世的一个。清代方志家还指出《唐书》的《宰相世系表》中并无殷开山的名字；地理学者考证殷开山是陕西户县人，不是海州人。但是，对于殷开山，"新旧唐书"、《通鉴》《通典》等皆有详略不同的记载。有的说殷开山的籍贯本不是陕西户县，而是"世居江苏道"，约为今天的华东地区。特别是在《新唐书·高祖记》里提到殷开山曾经当过"丞相府掾"。就此而言，清淮安知府姚陶在《登云台山记》中掇拾史乘旧典，指认海州云台山"小村是殷开山故里"似无大谬，它也被刻在了三元宫的碑记之中。

这一点被吴承恩抓住了，于是在《西游记》中，殷开山成了"当朝宰相"，于是就有了陈状元在丞相府门前跨马游街而被殷小姐的绣球打中。殷温娇后来生了个男孩，这个男孩就是后来的玄奘，是那位经过九九八十一难去西天取经的唐三藏！

《西游记》中唐僧家世及其外公殷开山的情节安排，为这部世界名著打上了鲜明的海州地方色彩的烙印。

第二节 《西游记》中地望和主要人物的海州元素

（一）

在《西游记》的开篇，作者便给我们介绍了一个神奇的世界："感盘古开辟，三皇治世，五帝定伦，世界之间，遂分为四大部洲：

曰东胜神洲，曰西牛贺洲，曰南赡部洲，曰北俱芦洲。"① 以四大部洲划分天下，这正是印度佛教中对于宇宙世界的一种想象，在《长阿含经》《楼炭经》《立世论》《俱舍论》《造天地经》等佛教典籍中均有记载。紧接着，文本中第一回两处写到"花果山"。

一处是交代背景地，书中写道："这部书单表东胜神洲。海外有一国土，名曰傲来国。国近大海，海中有一座名山，唤为花果山。此山乃十洲之祖脉，三岛之来龙，自开清浊而立，鸿蒙判后而成。真个好山！"② 另一处在第二段诗赋后面，描写孙悟空出世，这座山出现了"巨石迸裂"，"产一石卵"这样的怪异事，惊动了天庭，玉皇大帝命千里眼、顺风耳开南天门观看，二将出门观看后回禀道："臣奉旨观听金光之处，乃东胜神洲海东傲来小国之界，有一座花果山……"③

文本开篇的两处"花果山"的描写，直接点出了花果山的地望，让我们可以清晰地了解到花果山所在。

一是"单表东胜神洲"，说明花果山在东胜神洲。东土大唐为南赡部洲，东胜神洲在南赡部洲以东，北俱芦洲在西牛贺洲之北，西牛贺洲为"西天"之所在。小说第八回如来佛祖评价"四大部洲"之人时，说他自己所在地为西牛贺洲："我观四大部洲，众生善恶，各方不一：东胜神洲者……；北俱芦洲者，……我西牛贺洲者，不贪不杀，养气潜灵……但那南赡部洲者……我今有三藏真经，可以劝人为善。"④

二是"十洲之祖脉，三岛之来龙"表明花果山在"祖洲"。十

---

① 《西游记》，第2页。
② 《西游记》，第2页。
③ 《西游记》，第3页。
④ 《西游记》，第85页。

洲三岛，是古人常说的一个地名集合。汉东方朔撰志怪小说集《海内十洲记》写道：祖洲在东海，瀛洲在东海，炎洲在南海，玄洲在北海，长洲在南海，元洲在北海，流洲在西海，生洲在东海，凤麟洲在西海，聚窟洲在西海。①且明确指明："祖洲近在东海之中，地方五百里，去西岸七万里。上有不死之草，草形如菰，苗长三四尺，人已死三日者，以草覆之，皆当时活也。服之令人长生。"②说明此地在东海边。"鬼谷先生云：'此草是东海祖洲上有不死之草……'始皇于是慨然言曰：'可采得否？'乃使使者徐福，发童男童女五百人，率摄楼船等入海寻祖洲，遂不返。"③

三是"海外有一国土"，"傲来国，国近大海"，说明花果山在大海中，与大陆并不相连，是为海岛。

这些文字十分清晰地告诉我们：花果山在东胜神洲之东海外、海外国土的傲来国海岛上。研究《西游记》，离不开文本，而文本的这段花果山地望描写是研究《西游记》花果山背景地的重要证据之一。其他不符合这个地望的"附会"，尽管可能与《西游记》有关联，但并不是《西游记》中的花果山。

（二）

《西游记》中许多人物形象都能在淮海地区的民俗文化中找到影子，海州元素也在《西游记》中比比皆是。孙悟空、唐僧、猪八戒、沙和尚、白龙马、二郎神，等等，都是海州文化背景下的人物塑造。

《西游记》主角孙悟空，地道的花果山上的一只猴。故事里孙

---

① ［西汉］东方朔：《海内十洲记》，江畲经编辑：《历代笔记小说选（汉魏六朝唐）》上海书店 1983 年版。以下只注篇名、页码。
② 《海内十洲记》，第 11 页。
③ 《海内十洲记》，第 11 页。

悟空的原型就是淮海地区的巫支祁，作为淮河元素孕育的一个角色自不必说，按照《西游记》文本表述，孙悟空不仅出生在花果山，他的成长以及成为大王以后的活动场所都在花果山，花果山水帘洞是他的洞府。

关于唐僧，前文已经阐述过，他在《西游记》里就是海州老乡，所以在他的身上，海州味十足，满满的海州文化元素。除了他的"家"在《西游记》被搬到了海州，而且就连他的外祖父"殷开山"的家也被吴承恩确认为海州人，唐僧还成了海州"三元大帝"的兄弟。这些内容在吴承恩的创作中并非空穴来风，学界有人就曾直言，《西游记》中"除了妖魔是虚构的，其他都有原型"。

唐僧，前世金蝉子。只因他不听佛祖说法，轻慢佛法而转生东土。这金蝉子还是佛祖的一个很有个性的弟子，到了《西游记》完全没了个性。这一人物形象身上，还有一个十分明显的海州文化元素，那就是唐僧言语不多，但"一言九鼎"，平时看起来似乎没能力，却又很有控制力。有人说他是"庸才"，从《西游记》文本来看也是如此。作家写到唐僧，总是把他塑造成一个胆小、怕事、无能的形象，到了第九十八回中金顶大仙来接他们，唐僧还是个胆小的和尚。第九十九回，已经经历九九八十一难之后唐僧依然是个胆小怕事的主，原文写道："长老一身水衣，战兢兢地道：悟空，这是怎的起？……"[1]

然而，这样一个人物恰恰符合海州地区民间俗语常说的"能人不开口，便知天下事""梦沌驴吃茅草"。唐僧看似无"能力"但有"控制力"，再能抗争的孙悟空也解不脱他的紧箍咒。以"真人不露相"来展示核心人物的控制力，这是合乎淮海地区民俗的。

---

[1] 《西游记》，第1184页。

（三）

在《西游记》里，猪八戒给读者的印象是丑陋、懒散、贪吃、好色，海州地区有歇后语："猪八戒抱刀（叠）火纸——假装读书郎……"可见，即便猪八戒有时也会挺正经地办点事，却依然免不了被人们嘲讽。猪八戒让人轻鄙、耻笑、嫌弃，但也会给人以真实、勇敢的印象，给人们带来乐趣。

先看看《西游记》里是怎样说的。

《西游记》里猪八戒和唐僧第一次见面在第十八回，唐僧和孙悟空来到乌斯国边界的高老庄，高太公的家人高才告诉孙悟空："我那太公有个老女儿，年方二十，更不曾配人，三年前被一个妖精占了。……那妖精那里肯退，转把女儿关在他后宅，将有半年，再不放出与家内人相见……"[①]读到这里，读者的印象想必是，猪八戒是个妖精，欺男霸女，实在可恶！

在《西游记》第二十七回里，孙悟空被唐僧赌气赶走，唐僧很快被下界作妖的奎木狼提去。于是，猪八戒到花果山来请孙悟空前往搭救，看到孙悟空在花果山有这么大的家业，又有这多的小猴服侍，便说：若是老猪有这一座山场，也不做什么和尚了。看起来真是不求上进。《西游记》中，猪八戒不仅自私、贪婪、好色，还好吃懒做，遇上困难就嚷嚷散伙，让人讨厌。

孙悟空初见猪八戒，开口就骂他"夯货""呆子"，猪八戒除了骂孙悟空"弼马温"一句，便敛口许久，后来对孙悟空"哥啊，哥啊"叫得很亲。这里大约源于猪八戒与孙悟空在天庭时有过一面之交，孙悟空还在天庭当"弼马温"的时候遇见过天蓬元帅，他们也算是故交。

[①] 《西游记》，第218页。

猪八戒让人又爱又恨，但是他与海州也有着千丝万缕的联系。

猪八戒的原配夫人"卵二姐"，原型或是出生于海州茆家山的一位村姑。《西游记》第八回中，观音奉旨前往长安，路上在福陵山碰到了怪物猪八戒，猪八戒向菩萨说："'此山'叫作福陵山。山中有一洞，叫作云栈洞。洞里原有个卵二姐。他见我有些武艺，招我做了家长，又唤做'倒踏门'。不上一年，他死了，将一洞的家当，尽归我受用。"①

学者李洪甫在研究了诸多古刻印本之后认为，"卵二姐"的"卵"应为传抄讹误，原文是"卯"，卯即兔子，"卯二姐"或为兔妖。而这个兔妖的原型就是连云港市茆家山上的一个村姑。据李洪甫先生分析，天蓬元帅下凡，在连云港市的猪嘴山安居，邂逅了住在猪嘴山东北茆家山的"卯二姐"，当了茆家山的倒插门女婿。遗憾的是，新婚不久，卯二姐便撒手人寰。

猪八戒原配夫人是云台山人，那他也算是"海州女婿"了。

（四）

据云台山民间传说，花果山北坡的沙河口是沙和尚出家的地方，海州民间流传着这样一支歌谣："天上天河九道弯，地上沙河九里宽。九道湾里住神仙，九里沙河锁鱼官。天河沙河源相连，鱼官也能做神仙。"这大约就是吴承恩在《西游记》里演绎沙和尚这个人物的一个素材。

《西游记》第八回中观音收服沙和尚时写道："菩萨正然点看，只见那河中，泼剌一声响喨，水波里跳出一个妖魔来，十分丑恶。他生得：青不青，黑不黑，晦气脸色；长不长，短不短，赤脚筋躯。

---

① 《西游记》，第90页。括号内为引者注。

眼光闪烁，好似灶底双灯；口角丫叉，就如屠家火钵。獠牙撑剑刃，红发乱蓬松。一声叱咤如雷吼，两脚奔波似滚风。"①

据《西游记》中说，沙和尚是一个以吃人为业的妖魔。第八回中沙和尚自己都说："菩萨，我在此间吃人无数，向来有几次取经人来，都被我吃了。凡吃的人头，抛落流沙，竟沉水底。这个水，鹅毛也不能浮。惟有九个取经人的骷髅，浮在水面，再不能沉。我以为异物，将索儿串在一起，闲时拿来顽耍。"②

《西游记》第二十二回中，沙和尚用一段诗词介绍了他从卷帘大将沦落为食人妖魔的前世今生。他和八戒大战了两个时辰几个回合不分胜负，最后还是听到"取经人在此"，又"惧怕猴王"，且认识木吒，才归顺了。

当然，孙悟空还在天庭当弼马温的时候也遇见过卷帘大将，不过若是以沙和尚的身份见面的话，这就是第一次。

而在花果山北侧的沙僧石，倒是与读者赋予沙僧的形象比较一致。沙僧石位于沙河口西南侧的山坡上，与山体独立，周遭也没有其他怪石杂物相伴，形似和尚，惟妙惟肖。

第三节 《西游记》的海州故事

（一）

《西游记》中，"唐僧世家"的情节与海州地区流传的民间唱本《陈子春遇害游龙宫》的情节几近一致。先看看《西游记》中对此的描写。

---

① 《西游记》，第87页。
② 《西游记》，第88页。

　　说到《西游记》中的"唐僧身世"，业界研究者和广大读者几乎都把目光盯在了"附录"——"陈光蕊赴任逢灾 江流僧复仇报本"（有版本作第九回）。确实，这一回完整地交代了唐僧身世的来龙去脉，结构可以说比较完美，故事具有完整性、可读性，也具有很强的思想性。但是，这并不是吴承恩本《西游记》所原有的，是明末清初的汪象旭、黄太鸿在《西游证道书》里增插的。他们添加了所谓"陈光蕊——江流儿"故事，并宣称这一则唐僧出世故事出自一部叫大略堂《西游记》或《释厄传》的古本，并称不载这一故事的明刊《西游记》为"俗本"。当然，增补这种故事的功能首先在于结构上的合理化，它增加了全书情节的完整性和结构的严密性。

　　其实，即便不插入这个"陈光蕊——江流儿"故事，也丝毫不影响《西游记》的完整性。吴承恩已经写清楚了唐僧身世，他在百回本《西游记》的第十二回里写道：

> 灵通本讳号金蝉：只为无心听佛讲。
> 转托尘凡苦受磨，降生世俗遭罗网。
> 投胎落地就逢凶，未出之前临恶党。
> 父是海州陈状元，外公总管当朝长。
> 出身命犯落江星，顺水随波逐浪泱。
> 海岛金山有大缘，迁安和尚将他养。
> 年方十八认亲娘，特赴京都求外长。
> 总管开山调大军，洪州剿寇诛凶党。
> 状元光蕊脱天罗，子父相逢堪贺奖。
> 复谒当今受主恩，灵烟阁上贤名响。
> 恩官不受愿为僧，洪福沙门将道访。

小字江流古佛儿，法名唤做陈玄奘。①

这一百六十八个字完整地讲清了"唐僧身世"的来龙去脉。

由此可见，汪象旭、黄太鸿在《西游证道书》增插的"陈光蕊——江流儿"故事，只不过是将吴承恩的这一段书写具体化、完整化了而已，其原创权依然属于吴承恩。

《西游记》中"陈光蕊——江流儿"故事的核心有四：一是父赴任遇害，子报官复仇；二是唐僧的父亲是陈光蕊；三是唐僧被漂江，金山寺老和尚相救抚养成人；四是父落江被龙王所救。

海州民间唱本有《陈子春遇难游龙宫》（又名《团圆记》），其中有与上述文本同样的情节。剧中的陈状元子春，在《西游记》里成了"陈光蕊"，携妻殷氏赴任遇害。但唱本并没有在此结束，从标题中的"遇难游龙宫"可以看出，陈子春遇害后的神奇经历才是唱本讲述的重点。其中有几句唱词：

家住江南海州办，弘农镇上是家门。
再说龙王宫里请，子春招了三龙女，
一人一日宴新婚……三元救父大功成，
青峰顶上立庙宇，海州城内有家门。

陈子春遇害落水获救以后娶了龙王的三位龙女为妻，每个龙女为他生了一个儿子，这些儿子个个神通广大，法力无边，后来被上天封为三元大帝。

传说中，这掌管天、地、水"三元"的仙官，成了唐僧的同父

---

① 《西游记》，第139页。

异母兄弟。

这在明朝的《三角搜神大全》也有记载："东海人陈光蕊，是真仙转化为人，娶了龙王的三女儿……三元大帝。"

明神宗万历十五年（1587年），谢淳曾扩建云台山三元宫，在三元宫内供奉的神像除了三元大帝，陈光蕊及其四个妻子（殷氏小姐与三位龙女）之外，还有陈光蕊的另外一个儿子——取经的唐玄奘。

明张朝瑞的《东海云台山三元庙碑记》还把这个传说郑重地记在了碑记里："三元大帝，东海人，父尊，子光蕊，一字子春，唐贞观己巳及第，玄相殷开山妻以女，生三子，官天、地、水，因尊为三元三官三品。"

因此，海州传说"唐僧世家"被写进《西游记》中绝不是偶然的，这也是《西游记》成书于淮海地区的明证。

（二）

海州地区二郎神的传说为《西游记》提供了素材。二郎神，又称二郎显圣真君、灌口二郎、二郎真君、灌口神、赤城王、昭惠显圣仁佑王、清源妙道真君等，是民间信仰和道教的神祇。与其他角色相比，二郎神在《西游记》里是作者塑造的一个近乎完美的形象，不仅帅气威武、心性高傲，而且功夫了得，又是皇亲国戚（玉皇大帝的外甥）。在海州地区，民间流传着《二郎担山赶太阳》《杨二郎劈山救母》《二郎神斩蛟龙》等诸多二郎神传说，在这些传说中，二郎神都是满满的正能量。

我们来看看《西游记》里二郎神的出场。

《西游记》第六回中，王母娘娘开蟠桃会，悟空听闻后赴瑶池喝光了仙酒，又吃尽了太上老君的葫芦内的金丹，之后逃回了花果山。玉帝得知后，令托塔天王率天兵去捉拿孙悟空。悟空打退众天神，南海观音徒弟木吒助四大天王，也战败了。观音向玉帝推荐了二郎神，书中写道："陛下令甥显圣二郎真君，现居灌洲灌江口，享受下方香火。他昔日曾力诛六怪，又有梅山兄弟与帐前一千二百草头神，神通广大。奈他只是听调不听宣，陛下可降一道调兵旨意，着他助力，便可擒也。"①

二郎神虽未出场，从观音介绍中就可知道，此人真是了得。

二郎神听调前往花果山镇压妖猴，那真君的相貌果是清奇，打扮也很秀气。书中对二郎神出场的那段描写可谓形神兼备，让人感到气势不凡。果然，二郎神与悟空大战，用尽七十二般变化，一直僵持。太上老君在天上观战，丢下金刚套，击中悟空头顶。悟空昏厥，众神把它押回上界，玉帝传旨处死。

《西游记》中，吴承恩为二郎神所赋的诗里有"斧劈桃山曾救母"一句，这是引用了海州地区民间传说。流行于苏北大地广泛受到群众欢迎的淮海铜鼓戏《杨二郎担山救母》唱遍千家万户，深受群众喜爱，说的就是古城海州关于二郎神救母的神话传说。

民间关于二郎神的传说，自隋唐以来就有流传，北宋以来十分兴盛，形成了二郎神信仰和崇拜。二郎神的原型有很多，其中包括"赵二郎""李二郎""杨二郎"等多种版本。不过，《西游记》中的二郎神是哪一位？很明显是"杨二郎"。《西游记》第六回介绍："那真君抖擞神威，摇身一变，变得身高万丈，两只手，举着三尖两刃神锋，好便似华山顶上之峰，青脸獠牙，朱红头发，恶狠狠，望大圣着头就砍。"②同时还借孙悟空之口说："我记得当年玉帝妹

---

① 《西游记》，第64页。
② 《西游记》，第66—67页。

子思凡下界，配合杨君，生一男子，曾使斧劈桃山的，是你么？"①
这正如淮海铜鼓戏《杨二郎担山救母》词中所言："说的是海州城
里花灯放，七仙女心想观灯下天堂。看完灯六位仙姑回宫去，张三
姐看好文举读书郎。他二人海州城里成婚配，三仙姑生下儿子杨二
郎。"玉帝的妹子张三姐（传说玉皇大帝姓张）偷偷下凡看花灯，被
认为是坏了门风，玉帝下令将张三姐（二郎神的母亲）压在桃山之
下，这才有了二郎劈山救母的传说，二郎神是玉帝外甥的说法也源
于此。王母告诉二郎神救母："花果山搬来孙行者，去拿你那生身
娘。他将你母拿获住，将你母压在了桃花岗，要真有心救你母，老
君堂找去找开山斧了账。"

　　关于灌江口究竟在何处，历来也是众说纷纭，"四川都江堰"
说确实占有压倒性优势。但是，构筑都江堰的岷江是长江的一条支
流，发源于四川松潘县岷山南麓，并不入海，绝不可能是《西游记》
里的"灌口"地望。"灌口"可解释为灌江入海之口（类似于长江
口、黄河口），而吴承恩故里的灌河正位于苏北沿海中北段、海州
湾南缘，西到三岔河，东到灌云县燕尾港流入黄海，流经淮安、盐
城、连云港三市，与京杭大运河连接。

　　《西游记》的作者钟情二郎神，就把他安排在淮海地区的灌河
口，让孙悟空受制于二郎神，就是灌河战胜了淮河。这样的情节设
计，只能从他的乡土情结中得到合理的解释，是淮海地区广为流传
的"二郎神传说"给了吴承恩素材，为《西游记》成书提供了很好
的样本资料。

---

① 《西游记》，第 66 页。

（三）

在中国传统文化中，龙和马的形象有着不解之缘。然而《西游记》学术研究和文化传播中，作为取经团队的"五圣"之一白龙马，一直处于"养在深闺人未识"的境地。实际上，在取经团队中，白龙马是第二个来到唐僧身边的，也是走在西行路上时间最长的一个（孙悟空因误会被逐、斗妖搬救兵等原因离开过团队，随团时间没有白龙马长），也是取经事业最可靠、最忠实的行动者和见证人。因此有研究者认为，白龙马为"真正的幕后英雄"①，是"龙姿龙性的神骏"②。

纵观《西游记》，白龙马的一生历经了"神鱼化龙——神龙化马——神马化龙"的过程，终于帮助唐僧完成取经大业，得道成仙，成为"八部天龙马"。

《西游记》中白龙马形象的塑造，就源于云台山地区"神鱼化龙"的传说。

在《西游记》第一百回"径回东土，五圣成真"中，如来封赏白马时说："汝本是西洋大海广晋龙王之子，因汝违逆父命，犯了不孝之罪，幸得皈身皈法，皈我沙门，每日家亏你驮负圣僧来西，又亏你驮负圣经去东，亦有功者，加升汝职正果，为八部天龙马。"③封赏完毕后，"长老四众，俱各叩头谢恩。马亦谢恩讫，仍命揭谛引了马下灵山后崖化龙池边，将马推入池中。须臾间，那马打个展身，即退了毛皮，换了头角，浑身上长起金鳞，腮颔下生出银须，一身瑞气，四爪祥云，飞出化龙池，盘绕在山门里擎天华表柱

---

① 苗怀明：《梦断灵山：妙语说西游》，中州古籍出版社 2007 年版，第 24 页。
② 胡胜：《正说西游记：神与魔的世界》，团结出版社 2007 年版，第 102 页。
③ 《西游记》，第 1196 页。

上，诸佛赞扬如来的大法。"①

这一情节与云台山渔湾地区广为流传的"神鱼化龙"的传说完全吻合。略懂海州民间传说，或者到过渔湾旅游的人都会知道，《西游记》的这一段描写就是借用了海州"神鱼化龙"的故事。

《淮南子》中记载，有大鳖身负三座仙山，其中一座就是海州地区的云台山，古代人则认为，这座涉水而起的山脉是仙山"瀛洲"。《淮南子》中就有云台山地区"东海大鱼化为龙"的故事。相传古时候的渔湾瀑布奇大无比、极其险恶，但瀑布水能治百病，玉皇大帝便召集四海龙王为其取水。然四海龙王派出的四海之鱼来到巨瀑前，皆莫敢前往取水。于是玉皇大帝直接宣布，四海之鱼能至瀑布下者皆可以成龙。众鱼为了化身为龙纷涌而至，但是瀑布的底部到溪口处有千米的距离，瀑布有数百米的落差，最强壮的鱼也只能上行十几米，便败下阵来。东海一老鱼和它的三个儿子也去闯溪口，但老鱼的大儿子没有坚持住，老鱼和它的另外两个儿子坚持到底，终于游到了瀑布的下面，为了不让急流把它们冲走，他们各自挖了个深潭，又经过七七四十九天的痛苦煎熬，终于都化为了龙。从此，它们为周边的百姓祈福，使得渔湾周边风调雨顺，百姓过上了平安幸福的日子。后来，人们把这里的三个水潭分别叫作老龙潭、二龙潭、三龙潭。关于"神鱼化龙"旧时还有传说，在渔湾岩石中藏神鱼，一夕风雨交加，巨石自裂，神鱼化龙飞去。

吴承恩在《西游记》中多处借白龙马之口，直接说出了"神鱼化龙"这一故事，并且说明孙悟空、如来也都早就知道，白龙马乃是"神鱼"所化之"龙"。

---

① 《西游记》，第1196页。

第四章　李汝珍《镜花缘》的海州元素

中国文学从远古神话到诸子百家散文、楚辞汉赋、唐诗宋词元曲、明清小说一路走来，走到淮北盐都古板浦，留下镜花水月一奇书。

文学界有"俗话"说"明清小说看江苏"，说明大家公认江苏是明清小说的一座高原。在这座高原上有多座"高峰"，其中连云港（海州）便是其一。不仅仅《西游记》《三国演义》《水浒传》《红楼梦》四大中国古典文学名著与海州有关联，《镜花缘》《聊斋志异》《儒林外史》《续金瓶梅》《窦娥冤》等也是如此。它们或诞生于海州，或以海州为写作背景，或浸润着海州文化，这些经典都与海州有着割不断的关联。

古典才学小说名著《镜花缘》，就诞生于板浦。这不仅仅是因作者李汝珍独独青睐板浦，也是板浦的文化沃壤滋润使然。《镜花缘》中保存了中国古代的许多神话传说、文艺、科普、民俗等资料，在写实中满溢着理想、幻想，在展开故事的同时，也探讨了深奥的学术理论，闪烁着智慧的光芒。

正因如此,《镜花缘》的研究空间非常大,在明清小说研究领域,业界的学者们奉献出了一批又一批的研究成果。在《镜花缘》的诞生地——海州板浦,先有孙佳讯、吴鲁星等先生精心考释、突显真知、明示后学;后有彭云、李洪甫、张传藻、李明友、姚祥麟等老一辈先生们坚持不懈地耙梳史料,力求还原本真;再有当今新一代学者悉心研究、不断创新、成果迭出。

《镜花缘》的诞生走上了海属文化发展的高峰,为海州留下了宝贵的遗产。该书"诸子百家、人物花鸟、书画琴棋、医卜星相、音韵书法、无一不备",不仅体现了作者的横溢才学,而且充满了浓郁的海属乡土气息,堪称海州地区的社会风俗志和板浦人民的精神家园,具有很高的历史文化价值、思想认识价值和文学艺术价值。特别是书中倡导的以民为本、男女平等、清廉勤勉、俭约自守、义利并重、开放进取、崇尚文明等思想,至今充满活力、熠熠生辉。

第一节 文坛奇人:《镜花缘》作者李汝珍

(一)

李汝珍,大约出生于乾隆二十八年(1763年),卒于道光十年(1830年),字聘斋,号松石(也有"字松石,号松石道人"一说),直隶大兴人(今属北京市)李各庄人,所以人称"北平子"。李汝珍出生于一个不算大富大贵但也是小康有余的书香人家。根据道光乙未(1835年)科《会试同年齿录》中李维醇(李汝珍侄子)条下的记载,可考证出李汝珍的祖父名廷栋,监生;父亲名馥,监生、候选主簿。李汝珍的父亲李馥并不求仕进,但靠着几顷田地,家境还算殷实,有着监生的身份,家风还算纯正,要不然也不会培养出有文化、有出息的儿孙。

李汝珍有兄弟三人，兄李汝璜，字佛云，监生，乾隆四十七年（1782 年）到海州板浦，次年接任板浦盐课司大使一职（正八品），一干就是十六年，后转任草堰场盐课司大使。弟弟李汝琼，字宗玉。李汝珍的两个侄儿，李时翱（兆翱），字书圃，李汝璜之长子，嘉庆十八年（1813 年）顺天榜举人；李兆翔，字安圃，李汝璜之次子。李汝珍侄孙李维醇（李兆翔之子）道光十五年（1835 年）进士，历任刑部主事、山东沂州知府、湖南衡永郴桂道员。

有记载称，李汝珍年少时曾定了一门亲事，是门当户对的当地女子，至于李汝珍是否与该女子结婚，已不可考。到板浦后，能与海州望族板浦许氏结成姻亲，是李汝珍这样一个外乡人能在板浦"久作寓公"重要原因。

鲁迅先生在《中国小说史略》中说，李汝珍"少而颖异，不乐为时文"[①]。只可惜，大约在李汝珍十岁时父亲因病去世，紧接着李汝珍的妻子（抑或未婚妻）年轻殒命，对李汝珍的打击不小。恰好其兄李汝璜在福建兴化府任知府的远房表哥徐鉴（曾著有《李汝璜传》）托人帮忙，为他谋得一个盐差，于是，十九岁的李汝珍随兄李汝璜来到板浦。一同前来的还有李汝璜的妻子、两个儿子以及李汝璜的二弟李汝琼。浩浩荡荡一家队伍来到板浦之后就住在盐课司的院子里。虽然李汝珍一生绝大部分时间生活在板浦，他的重要成就也都是在板浦取得的，但是有资料说明，李汝珍最后并未在板浦入籍，也没有终老于板浦。

---

① 鲁迅：《中国小说史略》，《鲁迅全集》（九），人民文学出版社 2005 年版，第 257 页。以下只注篇名、书名、页码。

（二）

在板浦"漂流"了几十年，李汝珍虽然"混"得颇有"文名"，但是一直对自己没有"功名"而耿耿于怀。到了四十几奔五十的年龄，他还要去参加乡试，无奈就是不走运，依然没有考取"功名"。博学多才的一代文豪李汝珍只好和那些凡夫俗子一样，走了一条捐资买官的途径。为试官运过官瘾，李汝珍捐了一个治水吏。虽然号称"县丞"，但买的是虚名，而且靠捐资获吏职，根本没有什么出息可言。这一点作为文人的李汝珍当然心知肚明，但也让他的虚荣心得到了满足。文人未能免俗情有可原，也是很正常的。

嘉庆六年（1810 年）春天，李汝珍回顺天老家参加乡试，却没考中。在海州已经颇有"文名"的李汝珍名落孙山，何以回海州板浦向文友亲朋交代啊，那个郁闷是无法言说的。在这种情况下，捐官成了他的一个既是无可奈何又是百般期待的选择。恰好此时正巧黄河决口，急需治水人才，于是李汝珍走上了"捐治水县丞"这条路。后来，有人怀疑李汝珍是否到任，到底做的什么官也有争议。不过，《大清搢绅全书》嘉庆六年辛酉本第三册中的"分发河工试用人员名单"，上面明确载有李汝珍的名字："河南县丞：李汝珍，字聘斋，顺天大兴人，保举。"

李汝珍一生除了"博学多才""著书立说"外，不见其有什么养家糊口、立身的正行正业，也没见其有"卖文取利"的记载。从他随兄长来板浦"就食"，一直读书、写书、赶考、游玩，还花钱买官，应该说，他在很长一段时间里一直靠兄长李汝璜生活，当了一个"啃兄族"。一个成年人为兄所养之，似乎也不完全可能，但李汝璜离开板浦后，李汝珍还曾随兄生活于淮南草堰场，后随兄移居扬州，可以说一直在"啃兄"。凡夫俗子李汝珍"啃兄"也是情有可原的，其父已故，长兄如父，且自随兄来到板浦，他们一直没有分家。

《镜花缘》中李汝珍将唐敖这样一个读书的文人，塑造成为能置货出海去卖货经商的人，何尝不是他世俗生活中"想挣钱"改变自己"啃兄族"现状的一种追求，一种主观臆想呢。世俗心态在世俗世界无法得以表达，只能在小说中得以"发泄"。

（三）

李汝珍的博学多才，可以用三句话概括：文史博学满腹经纶，文理兼修无所不通，杂学诸多学问精深。在学术上，他涉猎的学问覆盖方方面面，经史文学、语言音韵、数理医弈、星象占卜、生物杂艺……无不有所研究，而且在这些领域，他都有自己独到的见解和独特的体悟。因此说，李汝珍学问精深、思想深邃、满腹经纶、博雅多能、才情四溢。那么李汝珍究竟博学到了何种程度，又有多大的学问呢?

李汝珍一生历经清乾隆、嘉庆、道光三朝，尽管仕途蹭蹬，但他满腹才学，博雅多能。古代文人士子从私塾开始就必修文史，且"经史子集"无所不修。所以在中国古代，有所谓"文史不分家"的说法。文人若想"学业有成"就必须学习"四书五经"，处于清中期的李汝珍尽管不喜作八股，但从小学习儒家经典那是必须的。李汝珍对文学史学经典也是十分重视的，他的文史知识突出地显现在他的小说《镜花缘》中。此外，李汝珍还在音韵、游艺的描写中融入儒学的思想。可见，李汝珍扎实博学，对儒家经典了然于胸，对章句之学很是精通。

李汝珍在数学方面也是个不折不扣的"大咖"，成就非常了得。李汝珍对数学的研究，在《镜花缘》中得到了诸多展示。李汝珍像当时的许多乾嘉学人一样注意到了数理之学，在《镜花缘》中，我们可归纳出李汝珍运用了盈朒算法、圆周算法、"铺地锦"算法、圆内容方算法、差分法、筹算、"鸡兔同笼"算法等多种算法。

占卜，在今天看来或许会被认为是"迷信"，其实在古代，星象占卜是被视为一门深奥的学问。从《镜花缘》中可以看出，李汝珍对占卜之学颇有研究，因此在书中他也不乏炫耀他的占卜学问。

李汝珍学问的精深还体现在诸多博物杂学方面。从《镜花缘》中可以看出，他在生物学、医学、水利学、占卜学等诸多方面皆有涉猎，并颇具心得。《镜花缘》所涉及的诸般学问中，占篇幅最大的是中医方药之学，书中穿插十余种医学常识，还能直接取出十几个医方。

（四）

作为一个学问博杂的"老学究"，乾嘉考据学派的再传弟子，写出过传世名著《镜花缘》的文豪，李汝珍学问广博，涉及领域很多、钻研有一定深度，可以说是一个集多种才艺于一身的"大家"。

李汝珍音乐功底深厚，对琴当然是感兴趣的，对琴艺必然是有研究的，所以他能将琴艺融入小说创作之中，并显得那么自然、流畅。比如，在《镜花缘》第七十三回中，他写到孟紫芝向田秀英请教琴艺，在这一故事情节中，谈及了古琴中的"泛音"练习之法。

李汝珍的书画造诣也是十分了得的。中国书画源远流长，素有"书画同源"之说。李汝珍"平生工篆隶，猎图史"[①]，其篆隶书法水平很高，挥毫作画也有相当造诣。李汝珍的书画作品未能见到，但笔者在与李汝珍交往密切的同时代板浦名流吴振勃的《筠斋诗录》

---

① ［清］石文煃：《李氏音鉴序》，［清］李汝珍：《李氏音鉴》，清嘉庆十五年善保堂刻本，第 8 页。

里看到两首诗，是他为李汝珍所画的《意钓图》"奉题"了七绝二章。从这里可以得知，李汝珍对绘画颇为擅长。其实据史料所载，李汝珍家有着书法绘画家学的传统，可以称得上是个书画世家。

从《镜花缘》还可以看出，李汝珍对剑道有所涉猎。在第九十五回"因旧恙筵上谈医 结新之庭中舞剑"中，他描写了尹玉向精通剑术的燕勇请教剑道的故事情节，燕勇在观看尹玉剑术演练后，为其指出了存在的问题和提高剑术的路子。

在《镜花缘》中，李汝珍通过描写一众才女的嬉戏娱乐来展示在那个时代流行的游戏项目。这些游戏有的在今天依然盛行，有的已经失传，但通过《镜花缘》，还是可以还原那些和谐游戏中的人文气息。

李汝珍还精于弈理。乾隆六十年（1795 年），李汝珍牵头在板浦举行的那场围棋公开赛尽管已经过去二百二十多年了，但通过搜罗查阅各种史料，还能还原出当时的博弈盛况。李汝珍还根据那场博弈编撰了一部围棋棋谱录——《受子谱》，共搜集二百多局。许乔林在序言中称赞该书"为奕家最善之本"。所以，在《镜花缘》这部小说中看到有很多关于棋局的描写，就不足为奇了。

由于《镜花缘》影响之大，直接淹没了李汝珍的其他著作的光彩，导致人们只知道李汝珍是一个文学大家。其实，李汝珍所存世的三部著作《镜花缘》《李氏音鉴》《受子谱》中，最高研究水准的《李氏音鉴》却为大多数人所忽视了。他真正的学问成就是在音韵学研究领域。作为音韵学大师的李汝珍著述的《李氏音鉴》不仅是李汝珍个人的研究成果，更是中国语言学史料库中的一朵奇葩。在前文有《李氏音鉴》与海州的专题阐述，此处不再赘述。

《李氏音鉴》让人们知道了他是一个音韵大师；《受子谱》让人们认识他是一位博弈高手；《镜花缘》虽然也能让人们了解他的许

多才艺，然这可能只是李汝珍才艺的一部分。其实，到底李汝珍的才艺造诣有多深，还有多少才艺内容没有在他的著作中得到民展示，恐怕我们很难对其作整体的把握和定位。

第二节 文学奇书："万宝全书"——《镜花缘》

嘉庆二十三年（1818）年，长期寓居海州板浦、"于学无所不窥"的文坛巨匠李汝珍，历经十数年层层心血，创作完成了百回本长篇小说《镜花缘》。但是，无论从内容上还是结构上看，《镜花缘》这部小说明显分为两个部分。前半部分描写了唐敖、多九公等人乘船在海外游历的故事，包括他们在女儿国、君子国、无肠国等国的见闻，应该属于游记小说；后半部写了武则天科举选才女，由百花仙子托生的唐小山及其他各位花仙子托生的一百位才女考中功名，并在朝中有所作为的故事，显然属于才学小说。《镜花缘》以其神幻诙谐的创作手法数经据典，奇妙地勾画出了一幅绚丽斑斓的天轮彩图。

（一）

《镜花缘》是中国小说史上第一部以妇女作为小说主角来加以正面展示和深刻刻画的优秀小说，是高扬女性解放思想的佳作。最为突出的，就是它所体现的女性解放、尊重女性价值等进步观念。在《镜花缘》中，女性不仅被赋予了独立的存在价值，还被赋予了能和男性一样主导社会、主导国家的地位，甚至还能"主宰男性"。

《镜花缘》中，李汝珍借助百花仙女下凡的故事，写出了一大批才女，且热情赞美其德、其才超群出众，在男子之上，写她们皆高中"女试"、名列黄榜。突出表现了作者的男女平等，甚至女胜于男的创作意旨。他还认为女子有参政议政的权利，勾画了女权社会的雏形，在一定程度上体现了女性的解放意识，使之成为中国小说中思想较为激进的作品。《镜花缘》通过创造许多鲜明的人物形象，演绎了一段段五光十色的神话典故，而且用愤世嫉俗的辛辣讽刺揭露了世事人情的人间百态，紧扣海内海外生意买卖的离奇体味，张扬了"中学为本，西学中用"的开放意识。

在《镜花缘》中，通过李汝珍对海外几十个国家见闻的叙述，以及他正面的议论和侧面的讽刺，可以清晰地看出他在作品中试图主张什么、反对什么，还有这位作家的思想高度。在《镜花缘》中，人们首先能看到李汝珍是主张男女平等的，要求女子也应自幼读书，和男子同样参加科举考试；反对男子对女子的压迫，尤其是对于缠足、穿耳这些摧残人类肢体的行为，他表示了愤怒的抗议。

李汝珍将《镜花缘》的时代背景安排在中国历史上唯一的女皇——武则天时代，让那些女才子、女豪杰、女大臣、女国王……大展风采，使男子汉们相形见绌。这样的安排凸显了小说中的男女平等、个性解放思想，也倡导了多才多艺的人才观和赞美、礼让、真诚的道德观，使《镜花缘》蕴含了一定的先进文化成分。因此说，《镜花缘》是一部褒扬女性的进步小说，是高扬女性解放思想的一部佳构。

（二）

《镜花缘》继承了《山海经》中的《海外西经》《大荒西经》的一些材料，经过作者的再创造，以及他丰富的想象、幽默的笔调、夸张、隐喻、反衬等手法，最终呈现为一部结构独特、思想新颖的长篇小说。《镜花缘》是关心社会问题的书写，借一些想象出来的"海外奇谈"来讥评不良的社会习惯。由此可以看出，李汝珍是一个留心社会问题的人。

《镜花缘》中，李汝珍在第十一回整回写了君子国的商业贸易伦理问题。第十二回，君子国宰相吴氏兄弟提出了十一个存在于天朝的社会问题，包括：风水选择的迷信问题，大摆庆贺筵席、铺张浪费、杀害生灵的问题，送子女入空门、舍身佛家的问题，滥相争讼、唆讼者骗人谋利问题，市井小人为了获得利益屠宰耕牛的问题，三姑六婆售奸庭帷、败坏门风的问题，继母百般荼毒前妻子女的问题，妇女缠足受到残害的问题，用算命为合婚的问题，嫁娶殡丧、饮食衣服、居家用度尚奢华而不知节俭的问题，等等。这些都反映了作者强烈的社会问题意识。

《镜花缘》对海外异国的人情物态的描写并非随心所欲的胡乱勾描，而是根据其所要表达的寓意，运用漫画的手法进行的细致勾勒。书中奇幻世界的描绘，带有很强烈的浪漫主义色彩。李汝珍在表现特定的讽刺内容时，也使用了夸张讽刺手法，将某种需要表现的性格或现象有意放大，让作品中喜剧人物主观上的假定逻辑与现实生活中的正常逻辑形成错位，从而产生与众不同的效果，深化他想要表达的讽刺性内容。

在《镜花缘》这部作品中，李汝珍通过运用对比手法对科举制度予以讽刺，通过不同人物的对比和同一人物的前后对比，揭露了封建科举制度对人们精神上的毒害，在对比中进一步讽刺那些装腔作势、胸无点墨的冒牌文人，暴露其丑陋的内心精神世界。

《镜花缘》是一部具有社会批判内容的游戏之作，李汝珍对现实的弊病具有高度的敏感度，并能把他的不满化为谐趣，同时在卖弄博学的智力游戏中求得心理平衡。《镜花缘》中的君子国是李汝珍追求、向往的理想社会，是他塑造出来的一个心目中的"乌托邦"。在这片和平安宁的乐土上，人心向善，好让不争，互敬互谅，讲信修礼。这里不仅有和谐的社会制度，良好的社会风气，而且有勤谨俭朴的官吏和开明礼贤的国君。

《镜花缘》文本的表层展示的是虚幻、浪漫、静谧的万般世相，而其深处却一度奔突、冲撞着由对生命的热爱、执着与对死亡的敬畏、疑惑的巨大张力支撑起的深沉悲痛的宇宙意识，这种对人类生存根本性问题的追问才是小说最具魅力的部分。

（三）

清代中期以来，随着考据学的兴盛，出现一些"炫耀学问""以才学见长"的小说，这些小说的创作意图主要在于炫耀学问。作为清代中期产生的一个比较特殊的小说流派，"才学小说"以《镜花缘》《野叟曝言》《蟫史》《燕山外史》这四部小说为代表（俗称"四大才学小说"）。才学小说有其自身的审美价值和认识价值，其审美价值主要通过人物塑造、讽刺技法、语言运用等方面体现出来。虽然有的才学小说"追奇猎异"，却能够反映和揭露一定的现实问题，并且作品以塑造典型人物为主，以揭露世态、炫耀学问为目的。《镜花缘》中的才学展示，完全体现了作者李汝珍是一个博学多才，以学为文，以学者之多识撰书的人。鲁迅在《中国小说史略》中论述才学小说时，认为《镜花缘》的艺术价值和思想价值最高。

《镜花缘》周游海外诸国的情节中，李汝珍设计了多九公这样一个年纪大、海外游历经验丰富、有一定文化基础的艄公同船出游，来介绍各国风土人情，穿插各种知识典故。在百名才女中举后两三天里的欢聚宴游场景中，他又设计了一个既伶俐又博学的紫芝，让她与人打赌，要数清园中众才女游玩的种类和人数，借此串起了作赋、咏诗、抚琴、画扇、弈棋、斗草、行酒令、打灯谜，甚至于辨古音、论韵谱、释典故等文化活动，并且叙述可谓极其详细。有人评论"这些知识并非虚拟，而是可以验证的"，足见作者才学。

《镜花缘》刻画了许多才女，集中写知识女性的才艺生活，有关这些才女的才艺描写都与人物的性格息息相关，因此作品对于经史子集、医卜星算、琴棋书画等古典才艺的描述，既秩序井然，又倏然变化。李汝珍借鉴《山海经》等经典，充分展开想象，设计出了君子国、大人国、小人国、无肠国、女儿国、两面国、穿胸国等众多国家，想象丰富，神奇离幻，堪与《西游记》《格列佛游记》相比。最难得的想象不是把故事设计为神仙鬼怪，而是设计为平常百姓的日常生活，因此《镜花缘》足以令人称奇。

在《镜花缘》第九十六回至第一百回，李汝珍设计了四个"战阵"，借攻打"酒""色""财""气"四关的经历，串起了中国的酒文化、钱文化、美女集会等文娱活动。四个战阵内所涉及的情节，蕴含了儒家、道家、酒、典故等传统文化。比如引用儒家经典语句，诠释战阵宗旨："天作孽犹可违，自作孽不可活"（《尚书·太甲》），"志忍私，然后能公；行忍情性，然后能修"（《荀子·儒效》），等等，充分体现了传统文化底蕴。在四个战阵中，他还通过"变化术""符术""道家药物""仙人参与"等道家的法术来推进情节。有趣的是，李汝珍因为姓李，他还以"老子"后裔自居。这实际上都是李汝珍在显示他的博学。

（四）

鲁迅先生在《中国小说史略》中评价《镜花缘》时说道："盖以为学术之汇流，文艺之列肆，然亦与《万宝全书》为邻比矣。"[①]

许多研究者认为，鲁迅先生把《镜花缘》比作《万宝全书》是

---

① 《中国小说史略》，《鲁迅全集》（九），第260页。

一种"贬斥"。从文字上看，似乎有"贬"的意味，其实不然。细细品味全文，可以读出鲁迅先生实际上对《镜花缘》是"赞赏有加"，在赞赏中有批评，必须为"与《万宝全书》为邻比"予以"正名"。

鲁迅评价《镜花缘》的用语有"作者匠心""剪裁运用""有绰约有风致者"，均为褒奖之语，他还引用《镜花缘》原文对他的"褒奖"予以说明，可见"与《万宝全书》为邻比"一语并不是表达贬义。特别是鲁迅肯定地引用小说原文"件件都可解得睡魔"，无异于是对其大加赞赏。从今天的眼光看，《镜花缘》是理想与现实结合，融知识性、奇幻性、趣味性于一体，不可多得的一部奇书，一部"万宝全书"，也是一部百科全书。

鲁迅说《镜花缘》如同一部《万宝全书》，是十分中肯的。《镜花缘》中涉及饮食品类、茶文化、酒文化、饮食习俗、饮食观念的内容很多，占了全书近三分之一的篇幅，表明《镜花缘》蕴含了较为丰富的饮食文化内容。叙写才女们作赋咏诗，抚琴画扇、弈棋斗草、行酒令、打灯谜，乃至辨古音、论韵谱、释典故的情节也不少，而且往往是辨章源流，陈述技法，展示才艺的同时也传播了各科知识，实在是如同一本知识普及的百科全书。

《镜花缘》对"说大书"（即现今"北方评书"或"南方平话"）这一曲艺活动的描述，突出显示了海州"说大书"的显著特点，实际上是一种俗文学的雅化现象。从传播学问、普及知识、弘扬才学等角度看，《镜花缘》确实是百科全书，堪称一部《万宝全书》。

第三节 文化奇郡:《镜花缘》中的海州元素

(一)

古代小说的地望研究由来已久,地望也就是小说中故事发生的场所,研究故事发生的背景地,能更好地研究作者、研究作品的内涵,加深对作品的价值理解。虽然小说是"杂其种种人合成一个"的虚构作品,但是,作品中的地望具有真实背景的地理位置和虚构的场所两类。《镜花缘》是"淮盐文化"的结晶,其地望显然是在海属地区——今海赣沭灌地区。仔细考察《镜花缘》文本可以发现,小说中的地望主要在海州湾畔的大海、云台山一带。

《镜花缘》第一回就说道:"且说天下名山,除王母所住昆仑之外,海岛中有三座名山:一名蓬莱,二名方丈,三名瀛洲。都是道路弯远,其高异常。当日《史记》曾言这三座山都是神仙聚集之处。后来《拾遗记》同《博物志》极言其中珍宝之盛,景致之佳。最可爱的,四时有不谢之花,八节有长青之草。他如仙果、瑞木、嘉谷、祥禾之类,更难枚举。"[①]

云台山古称郁洲山,又名苍梧山,由北云台、中云台、南云台大小一百三十六座山峰组成。云台山濒临大海,峰奇石朴,树老林深,康熙五十年(1711年)以前,一直是浩海中的山岛,人称瀛洲仙岛。人《镜花缘》中有关山海环境的描写以及"海外"诸国的记叙,几乎全是海州湾特色,不仅融入了海赣沭灌地区的风土人情、民俗文化,其对景物、自然风貌、当地名称的描写也皆有当地背景。

---

① [清]李汝珍著,张支鹤校注:《镜花缘》,人民文学出版社1955年版,第1页。以下只注书名、页码。

这与李汝珍长年在海州板浦学习、创作、生活，对海州湾人了解得比较全面有直接关系。

云台山"小蓬莱"被设置成《镜花缘》故事的背景地，可见李汝珍对小蓬莱情有独钟。纵观《镜花缘》全书，其最重要场景非小蓬莱莫属。《镜花缘》中写到小蓬莱这一地点，大约有五十处。《镜花缘》还与云台山东磊、渔湾、龙潭涧等关联密切。渔湾当年是一个渔村码头，渔船翔集，帆樯如云。《镜花缘》写的航海见闻，李汝珍对航海知识和海外风光的描述，应多是请教于这一带的老舵公们。

《镜花缘》中对东磊著名的"五光十色"的景物，对东磊延福观道教文化同样多有涉猎。渔湾有"镜花山庄"，在清代尚存。《镜花缘》的书名，本来就寓有"镜花水月"之意，书中小蓬莱一带，还有"镜石""镜花岭""镜花冢""水月村""凤凰山""门户山"等，云台山地区的许多地名景物都被写进《镜花缘》中。因此纵观全书，《镜花缘》的背景地只能是海州！

（二）

李汝珍演绎《山海经》等古代神话传说故事，使得《镜花缘》充满千百年前人们对世界的幻想。而《镜花缘》还充斥着海州元素，李汝珍大量写进了海州民间故事、民间传说，甚至是发生在海州的真实故事。

"笑话"一词在《镜花缘》中出现一百余次。笑话具有文体意义的，应是"笑话故事"，《镜花缘》中的"笑话故事"，大致可以对应到古代神话传说上。经过细致梳理，可以发现《镜花缘》中共嵌入了二十八则比较完整的笑话故事，主要集中分布于书中后三十回。笑话讲述者主要是女性，雅俗品类不一。这些笑话中，有十三则可以在前人笑话集中找到本事来源，是李汝珍根据创作需要而编写的，有两则无法确定是否来源于前人笑话。其实，这十三则笑话故事都源于海州民俗文化、海州口头传说和海州民间故事。

例如：在《镜花缘》的第二十回"丹桂岩山鸡舞镜 碧梧岭孔雀开屏"中，李汝珍通过多九公之口叙述了一个与海州传说——《胡滔天》相似的故事。他将《胡滔天》这一故事加以改造，结合唐敖、多九公在长人国的所见所闻，表达了他对不计后果夸夸其谈的吹牛者的不屑。《镜花缘》中描绘的卞华和奢氏、卞俭和勤氏两对夫妇，因奢华败家、勤俭发家的家史，更是海州地区民间口耳相传、家喻户晓的故事，引起共鸣的读者不少，可从中吸取经验教训。一位记者到海州农村采访一位靠家禽养殖、庭院经济发家致富的个体户，户主在介绍经验时特别提到他从小就爱看本地的《镜花缘》小说，故事里卞俭的两个鸡鸭蛋抱窝起家、经营菜园发财的经验对他启发很大。

第四十五回，林之洋因唐敖之女唐小山被拖下海中，自觉愧对可能已经羽化登仙的唐敖，于是愤而投海，随后被众人救上岸。这段关于多九公救治落水的林之洋的描写，就是李汝珍根据海州地区沿海的居民救人的场景所写的。在海州乡下，人们抢救落水的人也是将落水的人腹部对准倒扣过来的锅的锅脐，过一会落水的人就会像书中的林之洋一样，将海水吐出，缓过气来。

李汝珍能将海州故事写入《镜花缘》，显然离不开他所生活的海州地区的文化的哺育。

（三）

《镜花缘》中化用了诸多海州民俗文化，许多海州方言以及源自海州民间的传说和民间智慧使之"不乏散金碎玉"，尤其在后五十回中有关民俗的内容是十分值得研究的。由于《镜花缘》所体现的精神生活、社会生活和物质生活，借助了大量的海州民俗，所以也可以将其看成研究古海州民俗文化的地方志。

语言是文化的重要载体，方言融入小说也承载着特定的文化内涵。作为海属文化特色鲜明的《镜花缘》，其中就包含了很多的海属方言。据统计，书中所用的海州方言大约近二百条，而且这些方言词语的运用非常贴切、自然，使得文章更加通俗、生动。可以说，吸收海州方言词汇是《镜花缘》语言的一个重要特色。

在《镜花缘》第八十七回中，因青钿与姑娘们在花下玩球时，曾将自己的鞋子踢飞了，姑娘们打趣她时，有这样一段对话："你们变着样儿骂我，只好随你嚼蛆，但有侮圣言，将来难免都有报应。"[①]"嚼蛆"一词在海属地区是"独特"的，在海赣沭灌以及淮安地区是常用的，直到现在，它在海属地区也多是相熟之人开玩笑时的用语。《镜花缘》中董青钿以"嚼蛆"来笑骂回击，凸显地方语言特色。第五十八回中，在余承志排列各类"名色"的强盗时，有一种强盗是"设计坑人的强盗"，其中的"坑人"至今仍是海属地区方言中常用的词语。"坑人"的意思是"坑害"他人。而在书中还有其他几种相近用法，如"坑死""坑杀"等。

《镜花缘》作为文人创作的作品，其使用的基本上是较为规范的书面语。但是，这些海州方言词语的运用使作品变得更加明白晓畅、通俗生动。

书中讲到的女子结婚时"开脸"、小孩生下来吃"喜蛋"、过"三朝""满月""百日""周岁"等一系列习俗，都是海州民俗的真实写照。中老年妇女闲暇和过年时聚在一起看"十湖""麻

---

① 《镜花缘》，第 653 页。

雀""歪头湖"等纸牌娱乐活动，至今仍在海州地区流行。

《镜花缘》中，有武则天酒后失控，"火攻"群芳圃和上林苑，催百花违时开放，内中惟石榴开得最盛，武后即命宫人赏了金牌，并奠御酒的情节。第五回中写道："武后道：此处石榴……此花后来送至东海郡，附近流传，莫不保护。所以沭阳地方，至今仍有异种，并有一株而开五色者……真可甲于天下。"[1] "沭阳石榴甲天下"，沭阳的石榴开的五色花是真实的存在。

第二十七回写道：多九公说："他如请我医治，也不须服药，只消把他懒筋抽了，再把馋虫去了，包他是个好人。"[2] 在第九十九回中，也提到"馋虫"。海州地区就有一种给猫"抽懒筋"的习俗，抽掉懒筋的猫长成以后，体格粗壮，捕鼠勤快。因此，平时生活中遇到懒的人，大家都说他应当"抽懒筋"，或者说这人"懒筋还没抽"。"打发馋虫"也是海州地区的一句口头禅，当人们吃到爱吃的东西，但还没有满足时，就会说"只打发一下馋虫"，或说还不够"打发馋虫"的。

这些民俗、民语，也让李汝珍给吸收了，使得《镜花缘》成为一幅海州民俗风情画。

（四）

《镜花缘》中有大量海州的音戏博艺。比如说，《镜花缘》中对俗曲演唱有很多生动的描写。在李汝珍生活的时代，海州地区民众演唱小曲的习俗由来已久，至明清后，海州五大宫调逐步形成和发展成熟，并随运盐河广为流传。由于海州地处苏、鲁两省接壤，也是江淮方言和北方方言的交汇地带，历史上南北双方的小曲杂调均

---

① 《镜花缘》，第26—27页。
② 《镜花缘》，第189页。

在此流传生根，呈现出既融会贯通又诸调杂陈的局面。比如，海州五大宫调，就是江苏明清俗曲的重要一脉，是古老的"诸宫调"的遗存。

《镜花缘》中描写的戏剧活动，也与海州有千丝万缕的关联。李汝珍生活在海州板浦，当时的戏曲也有高雅、低俗之别，"富起来"的市民乃至乡间农民，都会在乡间庙会、农会，和农家庆丰年、祝平安、红白喜事等场合上组织演出一些小戏，这便养成了一些半农半艺的业余戏班，在农闲季节在街头巷尾演出。这些业余戏班或者个人"卖小唱"的民间艺人的演出，被当时的贵族绅士们当作"小戏"，视为"花部"，难以登上大雅之堂。而一些大盐商（称"垣商"）自家豢养的或官府衙门组织的优伶们，则因为有资金支持、有组织，成为"职业戏班"，他们演出的曲艺被尊为"大戏"，也就是所谓的"雅部"。

李汝珍精通医药，他借在书中多九公的嘴、唐敖的笔，向人们传授了中医药知识和一些简便易行的民间验方。《镜花缘》中记载的诸多药方、诊病治疗之方法，无论在古代医学典籍中是否能找到出处，毋庸置疑都出自李汝珍所生活的海州。

小说中，诊病、论病、开方，无不描写详细；内外科、妇产科、小儿科，无所不能诊治；外伤、内病、惊风，无不精通其医理。很多门类的病症书中都有所涉及，既有病症的病候展示、症灶的具体描述，又有详细的医案、药方的介绍，更有治疗方法、过程的描写。可见，即便展示医学才华，李汝珍也不曾脱离他所生活的海州背景。

《镜花缘》一书包含了琴棋书画、医卜星相、酒令灯谜、双陆马吊、射鹄蹴球、斗草投壶、故事笑话、三教九流、五花八门，诸多的海州游戏杂艺，汇聚成一部大百科全书式的"万宝全书"，无不带有海州地区的民俗风格和文化特色。李汝珍能够写出这些，显然离不开当地的文化滋养。

（五）

《镜花缘》中写到的海州博物、本草、特产比比皆是。荠菜是海州的常见美味野菜（今已人工种植），这道野菜其实也是药食同源的一味草药。菊花、柏叶、槐角、金银花、桑树叶、榆树叶等海州物产，医药同源，也尽数涉猎其中。荠菜、秋葵，还有许多山珍海味，既是佳肴美食，又是治病良药，无不被李汝珍收进《镜花缘》中。

《镜花缘》记载的天下五十一种名酒之一的海州辣黄酒，是一款健身类的药酒，在这款药酒里珍藏着宝贵的中医医理；葛藤粉，既是解酒特效药，又是美食、营养补品，"惟有海州云台山所产最佳"；山螃蟹，味道特鲜美，接骨有奇效，云台山涧水里、岩石下，到处皆可觅得。海州有"三宝"——辣黄酒、葛藤粉、山螃蟹，每一宝都是李汝珍描写的对象。这类民间盛传的本土宝物，被李汝珍如数家珍般写进《镜花缘》中，也让《镜花缘》因之而生辉添彩。

苏北海州，基于鱼盐之利，又有盐河连接大运河、长江，汇集了南北西东的各地商贾，也汇聚了来自四面八方的文化。因而海州不仅文化渊源久长，且文化内涵丰富，尤其以"吃板浦"为代表的饮食文化为代表。李汝珍在他的小说《镜花缘》中，不仅载录了海州悠久的历史人文、民俗风情，也记载了众多且丰富的海州饮食文化。海州蕴含着丰富的饮食文化内涵，包括丰富的饮食品类、茶文化、酒文化、饮食风俗、市民的饮食观等，各类饮食文化展示出丰富的文化品位，体现出繁杂的使用价值，可谓异彩纷呈。《镜花缘》中写到的饮食，大多与海州地方风土人情、民间风俗密切相关。

第五章　吴敬梓《儒林外史》的赣榆情缘

　　"明清小说看江苏"不仅成为业界共识，也已然成为中国文学史版图上不可更改的事实。一个居于大海一隅的赣榆小城，三百年前迎来一个小教谕，教谕给赣榆带来一个小青年，这人就是吴敬梓。

　　从吴敬梓的人生经历来看，充其量算得上是一个一生坎坷的落拓书生。然而就是这个落拓文人，却给后人留下了一部"奠定中国讽刺小说基石"的《儒林外史》。

　　吴敬梓，一个不得志的没落文人，却大手笔画出了《儒林外史》这样一幅科举制度下的文人图谱。在这幅"儒林"人文图谱上，我们看到了那个时代为科举的癫狂者、于八股钟情者、以功名损人者，透过这些"儒林"群像，我们更能看到一个"丧心病狂"的社会。

　　《儒林外史》写的是清朝人经历的清朝事，却通过假托明代故事得以留存。除了"楔子"中写到元明易代时王冕的故事外，正文所述从明宪宗成化（1465—1487年）末年写到神宗万历二十三年（1595年）为止。其实，《儒林外史》展示的是18世纪清代中叶的社会风俗画。它以知识分子生活和精神状态为题材，对封建制度下知识分子的命运进行了深刻的思考和探索。

吴敬梓在《儒林外史》中想要思考的是什么？他所期待的"儒林"文人群体怎样才能赢得独立人格继而实现人生价值呢？这正是在小说中描绘的真儒名贤的生动形象，体现了他改良社会的理想追求。

《儒林外史》开创了中国古典长篇小说结构的新形式，展示出叙事艺术的新特点，取得了讽刺艺术的新成就。

吴敬梓从少年向青年的转变，乃至整个青年时代的关键时期都生活在赣榆，是赣榆的山风海韵充实了他的青年生活，是赣榆的风物人情成就了他知识的积累和思想的成熟，更是那个社会的"畸变"使他逃离科举而转向小说创作。正因此，才成就了这部古典名著《儒林外史》。

第一节　吴敬梓的落拓人生

（一）

说起吴敬梓，首先要知道他的家世。了解吴敬梓的家世，要从他自己写的《移家赋》来说起，文章中他说自己家祖宗为周朝"贵胄"，"发轫于东浙"（今浙江温州），是周太王的后裔、吴仲雍的子孙。大约是文人爱面子的习性使然，无论修家谱还是说家史，都喜欢扯上古代一个显赫的"祖先"，吴敬梓也不能例外，因此，吴家"周太王的后裔"只能听听而已，是不可考证的。但是，吴家"发轫于东浙"倒是可以确考的。福建师范大学涂秀虹、齐裕焜二位学者在《吴敬梓与〈儒林外史〉》中写道：据大学士李霨为吴敬梓族曾祖吴国龙所撰写的《清礼科掌印给事中吴公墓表》中说："公讳国龙，先世居浙东瓯，高祖聪迁江宁之六合。又迁全椒，遂为全椒人。曾祖凤，祖谦，父沛。"吴聪之所以迁往六合，是因为他参加了明代的"靖难之役"，也就是在永乐帝朱棣争夺帝位的争战中为朱棣出过力，立过功，被"赐千户之实封，邑六合而剖符"。吴聪的后人失去了世袭，到吴凤时就搬迁到全椒。①

因为吴敬梓的天祖（高祖之父）吴谦业医，家道开始逐渐富裕，所以说到了全椒后，老吴家也算是个小康人家。尤其自吴敬梓的高祖吴沛以来显赫了好几代人，都是靠自己的寒窗苦读、科举发家的。吴敬梓的曾祖吴国对、叔祖吴晟都曾在科举中中过榜眼，到吴敬梓的亲祖父吴旦一辈，家族还很兴盛，吴旦以监生考授州同知。但到吴敬梓的父辈，家道开始逐渐走下坡路。

康熙四十年（1701年），太平盛世，石榴花盛开，全椒城西北香河湾一个探花府第生下一个男孩，虽然家道不如从前，但"探花府第"的影响依然还在，这个男孩就是后来写出《儒林外史》的吴敬梓。

吴敬梓（1701—1754年），生于安徽省滁州市全椒县城西北香河湾，字敏轩。"敏而好学，不耻下问，是以谓之文也"，这是孔夫子的话，显然这个名字是他祖父起的。吴敬梓成年后体味出自己名字的含义，将自己的书房称为"文木山房"，所以后来又有"字文木"一说。移居南京后，吴敬梓自称"秦淮寓客"，家道中落后又自署"粒民"（即"小民"），年老后有"文木老人"之称。

从吴敬梓一生的经历来看，尽管他是清代著名文人，小说家，但他的一生可以说是落拓的，真正是一个独在异乡的异客。赣榆是他随父漂流的临时居所，祖居地全椒成了他的伤心地，南京则是醉生梦死却穷困潦倒的"他乡"，扬州是他经常访友游览寻求救济之

---

① 涂秀虹，齐裕焜著：《吴敬梓与〈儒林外史〉》，春风文艺出版社1999年版，第3页。

地，那里也"只合扬州死"。可以说赣榆、南京、扬州甚至他的家乡全椒，这四个地方对他来说都是"客居"，无一处是能够让他心神安定的居所。幸亏生活在历史上号称"康乾盛世"的太平盛世之际，要不然像吴敬梓这样的"落拓文人"能不能活得下来都难以言说。

（二）

吴敬梓是吴勖的孙子，生父是吴雯延，因吴家长房长孙吴旦之子吴霖起无子，在祖父的安排下，吴敬梓被出嗣给吴霖起为嗣子。大约应了一句老话："天将降大任于斯人也，必先苦其心志、劳其筋骨、饿其体肤。"命运对于吴敬梓十分不宠，除了少年时代度过几年安逸的读书生活，十三岁就"丧母失所恃"，十四岁随嗣父吴霖起到赣榆生活，开启了他漂泊的一生。

大约因为作为长房长孙能够继承更多的遗产，获得更多的利益，吴敬梓遭到了族人的怨恨和攻讦，年纪轻轻就被卷进家族纠纷的漩涡中去了。

在全椒，随着吴家家族的发展壮大，到吴敬梓的祖父吴旦这一代，由于功名的缘故，家族中各房之间的盛衰已开始分化，矛盾也开始显露。大概正是遵从盛极而衰的原则，原来家族中最显赫的吴国对，也就是吴敬梓的亲曾祖这一房已明显地趋向下坡。吴国对嫡出的儿子吴旦、吴勖都是秀才，庶出的吴升为举人。而吴旦之子、吴敬梓嗣父吴霖起只是一名拔贡而任县学教谕，吴敬梓则只以一名普通的秀才终身。并且这一房人丁极为不旺，吴旦、吴霖起、吴雯延都早卒。而吴国龙的儿子吴晟、吴昺都中了进士。功名以至地位高低不同，再加上各房子女多少不等，还有嫡庶之别，家庭关系非常复杂，自然矛盾很多。

就是吴敬梓亲曾祖吴国对这一支上，几个兄弟之间都有财产之争。吴旦早逝，吴勖主持家政，吴升要求"析产"，吴勖"泣谢不许"。在吴敬梓的生父雯延、嗣父霖起相继过世之后，争夺遗产的矛盾终于毫不掩饰地爆发出来，这个簪缨世族、诗礼人家为了财产利益"兄弟参商、宗族诟谇"，作为嫡长孙、嗣子的吴敬梓被挑到了"枪尖"上，成为众矢之的。在一场争夺家族遗产的争夺战中，孤立无援的吴敬梓终以失败告终。其失败表现在多个方面。

首先是嗣父吴霖起辞官后，吴敬梓陪送他从赣榆返回故里，家族围绕遗产展开争夺，兄弟、叔侄之间一点亲情不见了，相互为敌，不仅口舌之战甚嚣尘上，且使尽手段算计、挖曲，甚至功名高的族人会利用自己的影响勾结权势处理家事，导致书生气十足、秉承孔孟之道文行操守的吴霖起终于一病不起，回到家乡第二年就去世了。其次，在遗产争夺战中，本属于吴敬梓的财产被族人巧取豪夺霸占去了，留给他的资财寥寥无几，以至于难以维持家庭生活。在财产上的损失本就让吴敬梓十分闹心，可乡里人却因吴敬梓的族人之间有"夺产之变"，视之为"败家子"，"乡里传为子弟戒"，这种精神的摧残性伤害，给他造成的打击很大。再次，也是让吴敬梓的生活发生了根本性变化的一件事，是分家之后，吴敬梓那病弱的妻子陶氏因不甘忍受族人的欺凌，饮恨而死。从此，吴敬梓对人生、社会的看法也发生了很大变化，以至于出生并度过幸福童年的祖居地全椒，成为吴敬梓的"伤心地"，最终他只能被迫离开家乡，移居南京。吴敬梓在《移家赋》中非常感慨地说："君子之泽，斩于五世。"

（三）

吴敬梓妻子陶氏死于家乡后，不久他又续弦叶氏，并于雍正十一年（1733 年），与叶氏、长子吴烺迁来南京，移家金陵秦淮水亭，住在秦淮河畔的白板桥西。从此，吴敬梓在南京定居下来。

虽然家族财产被族人巧取豪夺了，吴敬梓这个嫡长孙所得遗产寥寥，但他的嗣父吴霖起去世前却给他留下了二万多两银钱的巨额遗产。按说，携带二万多两银钱的巨额财产来到南京应该可以过上像样的日子，可是，不名一文的吴敬梓移家南京时已经三十三岁，到了南京，他才真正显露出"败家子"的本色。史料记载，吴敬梓"素不习治生，性富豪上……倾酒歌呼，穷日夜"①，"生性豁达，急朋友之急"②。放浪形骸，挥金如土的生活，让他在搬到南京后不久，家境由富骤贫。可即便到了"白门三日雨，灶冷囊无钱"的地步，他仍拒不参加博学鸿词科考试，仍好交友，被四方文酒之士推为盟主。如此，吴敬梓毫不例外地加入了贫穷文人的行列，尤其到晚年时，"囊无一钱守，腹作千雷鸣"的他，仅靠以书易米和朋友接济度日。他在《雨》中叹曰："明晨衔泥问杨子，妻儿待米何时还。"意思是等待革职回乡的官绅杨凯送来资助。每到气温苦寒的严冬，他就与朋友在晚上到城外绕行，歌吟啸呼，称之为"暖足"。

吴敬梓这种长期潦倒的生活致使他的儿子吴烺十五岁就得外出求食，自谋生活。而吴烺也很有出息，他自强学习，为学笃实，为文才纵。吴烺不仅在文学造诣上"与父同驰名"，父子俩的感情也很深。吴敬梓曾在《病中忆儿烺》一诗中写过父子离别的思念："有如别良友，独念少寒衣。"可见父子相为师友。其时许多经学家、诗人，都是他们父子两人共同的朋友。

---

① ［清］程晋芳：《吴敬梓传》，转引自《胡适全集》（一），安徽教育出版社 2003 年版，第 746 页。以下只注书名、页码。

② ［清］吴湘皋：《文木山房集序》，［清］吴敬梓、吴烺撰；李汉秋点校，《吴敬梓吴烺诗文合集》，黄山书社 1993 年版，第 407 页。以下只注书名、页码。

在南京定居后，吴敬梓还常常与扬州文人程晋芳等竭诚好友云游扬州淮安各地，吴敬梓穷困潦倒时，程晋芳对其给予了生活上的极大支持。

乾隆十九年十月（1754年12月），吴敬梓在扬州游禅智寺。后不几日，即十月二十七日（12月10日）夜，他回忆竹西芳径之游，不能入睡，又屡次吟诵"人生只合扬州死，禅智山光好墓田"（唐代诗人张祜诗句），暗示愿死在扬州。不想，一语成谶。次晨饱餐之后，吴敬梓又开颜姝谈，惊动座客，引起幼子欢娱。太阳将落时，吴敬梓又到舟中，约王又曾客邸消寒，竭尽欢谈。王又曾回舟不久，谁知吴敬梓刚刚解衣就床安枕，突然痰涌流澌，救治不及，顷刻逝世。当即有人将此事告诉了徐宁门古庙中的金兆燕，金兆燕奔走而至，他已瞪着双眼，一言不发了。一代文豪吴敬梓猝死于异乡扬州，身后也是何其萧条。

当吴敬梓痰涌逝世时，他的长子吴烺正在京城做内阁中书，吴敬梓的长媳早几年已去世，孙女也被吴烺带往北京去了。他的次子在青溪寓庐，身旁只有不知名的幼子，这个"哭床头"的幼子还没有考定名字（有的说为吴鳌）。一家五六口，远隔三地。生前好友金兆燕和王又曾协助料理丧事，其时，吴敬梓一贫如洗，"可怜犹剩典衣钱"，卢见曾替他购棺装殓，遗柩归葬金陵清凉山下。

第二节　奠定中国讽刺小说基石的《儒林外史》

（一）

吴敬梓一生创作了大量的诗歌、散文和史学研究著作，著有《文木山房诗文集》十二卷（今存四卷）、《文木山房诗说》七卷（今存四十三则）。然而，确立他在中国文学史上杰出地位的，是他创作的长篇讽刺小说《儒林外史》。这部小说大约用了他近二十年时间，直到四十九岁时才完成。

《儒林外史》全书共五十六回，由楔子、主体、尾声、后缀四部分组成。楔子、尾声、后缀各一回，主体部分五十三回。

第一回楔子和第五十五回尾声的人物与故事，与主体部分没有情节上的联系，但它们与整部作品的思想主题是统一的。

《儒林外史》以王冕作为"隐括全文"的"名流"。他之所以有这么大的能耐，就因为他是一个"嵌崎磊落"的人，一个"有意思"的人。王冕既是葆有童心的放牛娃，又是才华横溢的畸人。他画荷花，"那荷花精神、颜色无一不像"，因为他自己就是一朵出淤泥而不染的荷花。

第一回以王冕故事"敷陈大义""隐括全文"，塑造了一个读书勤奋好学而又不慕虚荣、不攀权贵、自食其力的典范。吴敬梓还通过王冕之口，抨击八股科举制度的不合理，揭示"一代文人有厄"，开启下文。吴敬梓以形象化的手法，提纲挈领地概括出创作意图和全书的主旨，突出主题，引导读者的思考。正如卧闲草堂本评曰："元人杂剧开卷率有楔子。楔子者，借他事以引起所记之事也。然与本事毫不相涉，则是庸手俗笔，随意填凑，何以见笔墨之妙乎？作者以史汉才，作为稗官。观楔子一卷，全书之血脉经络无不贯穿玲珑，真是不肯浪费笔墨。"[1]尾声通过四大奇人的描写，不仅同楔子中的王冕形象相呼应，而且也同全书在思想上紧密联系。

第五十四回结尾云："风流云散，贤豪才色总成空；薪尽火传，

---

[1] 转引自涂秀虹，齐裕焜：《吴敬梓与〈儒林外史〉》，春风文艺出版社1999年版，第85页。以下只注书名、页码。

工匠市廛都有韵。"① 第五十五回的开头曰："南京的名士都已渐渐消磨尽了……那知市井中间又出了几个奇人。"② 承接转合之中，可见儒林丑恶，世风日下，真儒们的努力也无法改变社会的没落。礼失而求诸野，市井间的几个贤人，又给他几许希望之光。

（二）

涂秀虹、齐裕焜的《吴敬梓与〈儒林外史〉》将《儒林外史》的主体部分分为三部分。

第一部分，自第二回起至三十回止，主要描写科举制度下的文人图谱。这些文人大概可以分成四种。第一种以二进（周进、范进）为代表，他们在科举途中蹭蹬不进，以至于失去了健康的人格和正常的心态。第二种以严贡生、王惠等为代表，他们借助功名、倚仗势力，上则巴结攀附，下则瞒骗欺凌。第三种是像娄府两位公子那样的人，久举不第，激成一肚子牢骚不平；又由于出身高贵，妄想附庸古代贤人，半生豪举，只落得一场没趣。第四种是不学无术，庸俗浅陋的名士。这些人想要功名富贵，但又不肯或无力科场扬名，故意做出一副不屑功名的样子，但实际比八股进士更浅薄无知；而且在不屑的背后，最对功名孜孜以求，以攀附权贵、故作清高、假冒风流等种种丑态谋求功名。

第二部分，自三十一回起到四十六回止，是对理想文士的探求。这里以杜少卿为首，牵出了迟衡山、庄绍光、虞育德、萧云仙等一批真儒名贤。首先写了杜少卿轻财好义，荡尽了家产，落得"杜家第一个败家子"的"美名"，以至于离开家乡，移居南京，卖文为

---

① ［清］吴敬梓著，李汉秋辑校，《儒林外史汇校汇评》，上海古籍出版社 2010 年版，第 661 页。以下只注书名、页码。
② 《儒林外史》，第 665 页。

生。接着写杜少卿与庄绍光被朝廷征辟，但他们清楚地认识到朝政腐败"我道不行"，辞征不就。杜少卿等有所不为而有所为，辞征之后，杜少卿与迟衡山、庄绍光等制礼作乐，倡议并集资修复泰伯祠，组织南京的诸多文士，祭祀泰伯，并请上上之人虞育德主祭，弘扬泰伯的"让德"精神，希图助一助政教。然后，吴敬梓写了文武兼备的萧云仙保卫边疆，奏凯青枫城，并劝农兴教，以礼乐兵农的理想建设青枫城的故事。最后，风流云散，这些真儒名贤的种种努力都是徒劳的，恰恰是吴敬梓自己的真实写照，表达了他深沉的悲哀。

第三部分，自四十七回至五十四回止，描写真儒名贤的理想在现实生活中的彻底破灭，社会风气更加恶劣。五河士子势利熏心，趋炎附势而忘祖背宗。真秀才无以为生，假中书骗吃骗喝，当权者卖爵图利，只要花钱，犯罪的假中书不仅无罪，而且成了真中书。坑蒙拐骗之事，社会上无所不有。这些表现了吴敬梓对儒林的绝望，但对于人性之真、之美，他仍抱着美好的理想，他仍然在探索。因此，在儒林故事结束之后，吴敬梓在第五十五回的尾声中写了"四大奇人"，用文人化的自食其力者来展示他对未来的呼唤。

（三）

《儒林外史》内容博大深厚，闪烁着民主进步的思想光芒。小说不仅以讽刺作为主要的艺术手段，而且在结构上与通常的长篇小说以中心人物、中心事件来结构故事的方式不同，是以连缀的故事、相互衔接的人物，既各自独立又前后呼应地结成艺术整体。它奠定了中国讽刺小说的基石，对后来的文学的影响是巨大而深远的。清代出现了以《儒林外史》为发端的一大批谴责小说，如《孽海花》《二十年目睹之怪现状》《官场现形记》等，形成了一股批判封建社会的潮流，这股潮流一直影响到"五四运动"以后的新文学。

鲁迅《中国小说史略》里说："迨吴敬梓《儒林外史》出，乃秉持公心，指擿时弊，机锋所向，尤在士林，其文又戚而能谐，婉而多讽：于是说部中乃有足称讽刺之书。"①

《儒林外史》开头出现王冕，中间出现凤四老爹，结尾出现四大奇人，这是作者的精心安排。他们全是没有任何社会地位、游离于统治秩序之外的平头百姓。但他们的冰清玉洁、古道热肠、淡泊明志，都与丑态百出的儒林和官场形成鲜明对照，正如胡适在《吴敬梓传》中所说："不给你官做，便是专制君主困死人才的唯一的妙法。要想抵制这种恶毒的牢笼，只有一个法子：就是提倡一种新社会心理，叫人知道举业的丑态，知道官的丑态。"② 第五十六回"幽榜"，回应全书从第二回以后出现的诸多文士，为他们排了一甲、二甲、三甲的位置，朝廷下诏旌表，尚书奉旨承祭。这种形式很可能是受到《水浒传》中水泊英雄排座次的影响，但在这里，更突出了全书的讽刺意义。

作品主体部分从周进坐馆写起，到南京来宾楼妓女聘娘削发为尼，写了一百多年间几代知识分子的社会生活。工笔刻画，写意铺染，吴敬梓匠心独运地创造了一幅《清明上河图》似的明清时代风俗长卷。在这幅长卷中，从"二进"一悲一喜、一哭一笑为科举而癫狂的悲喜剧，到"烂诗"名士的自我陶醉，到真儒名贤的祭祀高潮，到名贤销匿的社会各角落的阴暗腐臭，画出了儒林的千奇百怪、社会的千疮百孔，反映了他以八股科举为中心，对社会生活的深刻认识和痛切鞭挞。主体部分和楔子、尾声形成鲜明对照，造成了强

---

① 鲁迅：《中国小说史略》，《鲁迅全集》（九），人民文学出版社 2005 年版，第 228 页。以下只注篇名、书名、页码。

② 胡适：《吴敬梓传》，《胡适全集》（一），安徽教育出版社 2003 年版，第 744 页。

烈的艺术效果。

吴敬梓在《儒林外史》中以犀利的笔触无情鞭挞了封建科举制度腐朽的本质和其对知识分子心灵的戕害，入木三分地刻画了一系列深受科举毒害的迂腐的读书人、虚伪的假名士，也塑造了理想中的人物。虽然假托明代，却是他所生活的封建社会的一幅真实的生活画卷。

（四）

《儒林外史》写成于清乾隆十四年（1749 年）之前，程晋芳于乾隆三十五至三十六年（1770—1771 年）间写的《文木先生传》说："儒林外五十卷，穷极文士情态，人争传写之。"① 可见此书在 18 世纪 70 年代初还只以抄本流传。其后一个半世纪中，扬州、苏州、上海先后成为刊印《儒林外史》的中心，出现过许多印本。

鲁迅《中国小说史略》中也说："《儒林外史》初惟传钞，后刊木于扬州，已而刻本非一。非列全书人物，作'幽榜'，谓神宗以水旱偏灾，流民载道，冀'旌沉抑之人才'以祈福利，乃并赐进士及第，并遣礼官就国子监祭之；又割裂作者文集中骈语，襞积之以造诏表（金和跋云），统为一回缀于末：故一本有五十六回。又有人自作四回，事既不伦，语复猥陋，而亦杂入五十六回本中，印行于世：故一本又有六十回。"②

关于《儒林外史》的版本，据李汉秋辑校《儒林外史汇校汇评》说："其初刻本是据金和《儒林外史跋》说，是全椒金棕亭先生官扬州府教授时梓以行世，时间约在乾隆三十三年至四十四年

---

① 转引自《胡适全集》（一），第 748 页。
② 《中国小说史略》，《鲁迅全集》（九），第 233 页。

（1768—1779 年）。但这种版本至今未曾有人见过。"[1]

现今所见最早的《儒林外史》刻本是嘉庆八年（1803 年）卧闲草堂的巾箱本（简称卧本），共十六册，五十六回；嘉庆二十一年（1816 年）清江浦礼阁本（简称清本）和艺古堂本（简称艺本），北京图书馆等处有收藏。还有苏州潘氏抄本六册，五十六回，之后有苏州群玉斋本，五十六回；申报馆第一次排印本（简称申一本），卷首有闲斋老人序，回评与卧本、苏本同；齐省堂增订本（简称齐本，是巾箱本）及其增补齐本；后来还有商务本和亚东本。

第三节　吴敬梓的海州赣榆情缘

（一）

吴敬梓十三岁时母亲去世，大概正是小小年龄失去母爱，使得他颇有几分少年老成。他的堂表兄金榘后来在《次半园韵为敏轩三十初度同仲弟两铭作》诗中描述道："……我三十时尔十三；是年各抱风木恨，余方招魂来湖南；见尔素衣入家塾，穿穴文史窥秘函，不随群儿作嬉戏，屏居一室同僧庵。"[2]

吴敬梓丧母第二年，即康熙五十三年（1714 年），吴霖起已是垂暮之年，得到一个县学教谕这样的小官。这一年，十四岁的吴敬梓随嗣父到赣榆任所，"斋厨苜蓿偏能甘"。赣榆县地处海滨，那时在交通不便的情况下，离全椒不算近。吴敬梓后来在诗中写道："十四从父宦，海上一千里。"远离故乡，行千里之路，扩大了少年的眼界。特别是辽阔的大海，那汹涌澎湃的浪涛激荡了这位安徽内

---

[1]　李汉秋：《〈儒林外史〉的版本及其沿递》，《儒林外史汇校汇评》，第 1 页。
[2]　转引自《吴敬梓与〈儒林外史〉》，第 7 页。

地少年的心胸。

吴敬梓的嗣父吴霖起生长于鼎盛的家族环境中，长于富贵之乡，却不对富贵孜孜以求，从小受传统儒学与文学的熏陶的他是个非常符合儒家道德的文人。他对嗣子吴敬梓视同己出，疼爱有加，但教导其学习时从不吝啬"教训"。作为一个教谕，吴霖起对吴敬梓的训导是非常严谨、规范的。加之吴敬梓的学习态度也是认真刻苦的，头脑又聪颖，很快就打好了学识的功底，所谓"用力于学，已有初基"，"读书才过目，辄能背诵"①，显露出了很好的禀赋和才气。

不过，吴敬梓并不是死读书，赣榆这个滨海的县城有大海，风光显然不同于家乡全椒，因而他在读书之余也不时地浏览赣榆当地的山海风情，还经常随父亲参加一些当地名士的聚会。来到赣榆第二年，十五岁的吴敬梓就已经把赣榆的山山水水几乎游遍了。为了深入了解赣榆风土人情，吴敬梓得到一本赣榆人倪长犀的诗集——《栎天阁诗存》。倪长犀（1631—1688年），字六通，康熙二年（1663年）癸卯科举人，康熙十二年（1673年）癸丑科殿试中进士，赣榆县倪家林村（今连云港市赣榆区土城倪林村）人，擅长书法、篆刻，工五、七言律诗，诗以大气磅礴著称。这位担任过河南仪封（今兰考县）、湖北谷城知县的赣榆人，还是《康熙赣榆县志》的首聘总纂。吴敬梓将倪长犀的《栎天阁诗存》视为瑰宝，每天都枕在枕头底下，随时翻阅。闲来无事，吴敬梓还常常登上赣榆县城的城门楼看日出、看大海，去乡邦文人家里谈古论今。吴敬梓毕竟出生于官宦人家，沾染了一些"家本膏华，性耽挥霍"的习气，从而养成了一种放荡豁达、胸襟开阔的人生态度，与当地文化人交往，甚至与当地的名士聚会，小青年吴敬梓一点也不怯场，还能做到懂礼

---

① 转引自《胡适全集》（一），第 746 页。

数、举止文雅，偶有参言也是谈吐伶俐，能让人感到他是一个才识过人的才子。有资料记载，来到赣榆之后，吴敬梓结识了赣榆很多文人名士，康熙五十六年（1717年）赣榆的新科举人周维纶家是吴敬梓经常光顾的地方。

（二）

康熙五十四年（1715年）秋天，有一次吴敬梓登上赣榆县城的高阁，参加县里名士的宴会，当众作了一首五律《观海》，使得满座皆惊，赞叹这个少年学子的诗思敏捷和诗境雄阔。

其诗写道：

> 浩荡天无极，潮声动地来。
> 鹏溟流陇域，蜃市作楼台。
> 齐鲁金泥没，乾坤玉阙开。
> 少年多意气，高阁坐衔杯。[①]

吴敬梓的这首诗首联从高阁观海、仰望俯闻的壮景落笔，用"浩荡"形容水势疾流浩大，一个"极"字展示了天无尽头，仿佛辽阔而又气势磅礴的潮声涌动而来，让听者立刻被吸引其中。颔联想象力极为丰富，写出了百川汇海、海市蜃楼的奇观。其中"鹏溟"指大鹏奋飞之大海，"陇域"本是甘肃地域，这里代指极远之地，"蜃市"之海边因折光所形成的城郭幻景，州志载赣榆秦山曾出现此景。颈联进一步发挥横看齐鲁、纵观天地的奇想。尾联终以抒发自己年轻气旺、高阁与宴的豪情作结。这可不是一般学人可以达到

---

① 转引自《吴敬梓与〈儒林外史〉》，第7—8页。

的境界，想不到出手不俗的禀赋和诗才，居然出自一个小小少年！

诗一吟出，满座皆惊，众人纷纷感叹这少年学子确实才思敏捷，高人一筹。一首《观海》让吴敬梓扬名海滨小城赣榆。

在现有史料中，仅仅在《文木山房集》中可以见到吴敬梓少年时期创作的这首《观海》，在《移家赋》中则可以看到有关他父亲在赣榆为官时的一些事情。

《移家赋》沿用庾信《哀江南赋》四六句式的骈文体，才华更是了得，赋文谋篇宏博，气势雄伟，辞章华丽，音韵和谐。但同时其文中冷字僻词、晦文涩句特别多，在彰显作者通今博古、满腹经纶、才华横溢之余，一个字一道坎，一句文一座山，读来令人深感晦涩难懂。吴敬梓之所以能擅长写赋，得益于吴家的家学渊源。

吴家自吴沛以来，俨然"诗礼人家"，不光追求功名，也讲求"孔孟之徒"的文行操守，除钻研科举之外，也很注重经史的研究。特别对于《诗经》，祖孙几代都有相关研究的著作：吴沛著有《诗经心解》，吴国鼎有《诗经讲义》，吴国缙有《诗韵正》。吴敬梓的曾祖吴国对就是个八股文大家，所谓"所为制义，衣被海内，一时名公巨卿多出其门"，"诗古文辞与新城王阮亭先生齐名。学者翕然宗师之"。[①] 这种对经史特别是《诗经》的推崇，对吴敬梓有很大的影响，吴敬梓有《诗说》若干卷，而且，把治经当作"人生立命处"，这些也都在《儒林外史》中有所表现。

（三）

随嗣父吴霖起在赣榆的这段时间，正是吴敬梓从少年向青年成长的重要时期，也是他思想确立的重要阶段。这段时期吴敬梓与

---

① 转引自《吴敬梓与〈儒林外史〉》，第6页。

嗣父零距离相处，他亲眼看到了吴霖起为官清廉、正直、鞠躬尽瘁的品质，也了解到他在教喻这个不起眼的职位上为赣榆县做了很多贡献。更重要的是，青年吴敬梓也是其中很多具体活动的参与和实践者。

康熙七年六月十七日戌时（1668 年 7 月 25 日 19 时），郯城发生了一场震级为 8.5 级的大地震，极震区烈度达Ⅻ度，这次地震是我国大陆东部板块内部一次最强烈的地震，造成了重大的人口伤亡和经济损失。海州志记载，大地震造成"海州，墙倒屋塌……赣榆，井水高万丈……"。吴霖起于康熙五十三年（1714 年）到任赣榆之初，虽然地震过去了四十多年，但赣榆的灾后重建缓慢，吴霖起和吴敬梓见到的仍然是教舍凋零倒塌之状。作为一县之教官，吴霖起带头捐出自己一年的俸钱四十两；继后又变卖祖产肥田三千亩，同时变卖了在五河、天长、含山、和州等地的祖传当铺、布庄、银楼等，筹银近万两，修建因在大地震中毁坏殆尽的赣榆文庙、尊经阁，同时新建了一座敬一亭。在古代学宫里，敬一亭和尊经阁、明伦堂都是学宫的"标配"。

吴敬梓亲眼看见了父亲不惜变卖家产为赣榆教育所做的奉献，也亲身体验到了父亲兢兢业业为赣榆教育的付出，他为父亲深感骄傲。父亲的这些言传身教，对青年吴敬梓的成长影响很大。在父亲的关怀和教育下，吴敬梓受到了严格的教育和培养，奠定了他深厚的文学基础。同时，也是在父亲的呵护下，吴敬梓十七岁就与故乡全椒陶钦李的女儿早早完成了婚姻大事，双方家庭对这桩婚姻都很满意，因为陶氏不仅是全椒的名门，而且两家本来就有亲戚关系。与陶氏的婚姻，使吴敬梓与全椒望族金氏门第（金榘他们家族）的关系更密切了。可婚后第二年，吴敬梓岳父病故。十八岁的吴敬梓回乡帮助料理岳父丧事，紧接着岳母又亡。不久，陶家因子侄嗜赌败家。吴敬梓十九岁时，长子吴烺在赣榆出生；二十岁，去滁州为病故的姐夫金绍曾奔丧。康熙六十一年（1722年），规矩方正的吴霖起由于不懂得讨好上司，被罢黜了县学教谕这一"冷官"，二十二岁的吴敬梓随父回到全椒。第二年，吴霖起抑郁而死。接二连三地痛失亲人，吴敬梓心中的凄惶可想而知。

在赣榆期间，吴敬梓广泛接触了各类文人和地方小吏，各色人等反映出来的"儒林"万象，为他日后撰写《儒林外史》积累了大量素材。特别是父亲因不善于巴结上司，终被罢官回乡的不公待遇，使他对官场的腐败有了切身的体会。所以吴敬梓能写出这样的诗："风雨漂摇久，柴门挂薜萝。青云悲往事，白雪按新歌。每念授书志，其如罔极何。可怜贫贱日，祇是畏人多。"[①]

在《儒林外史》中，许多故事情节与赣榆、海属地区发生的、传说的事情情节相仿，限于篇幅不去列举；书中所运用的语言，虽然主要是全椒方言，但其中也有很多是海属地区特别是赣榆方言。这无疑说明，吴敬梓在赣榆的积累，对于《儒林外史》的创作是起到重要作用的。

诚如著名学者、南京师范大学教授陈美林先生在《吴敬梓评传》中所说："吴敬梓在十四岁时随同嗣父吴霖起前往赣榆的这一段经历，无论在学业上还是在为人上，对他的成长都产生了很大的影响。这一段经历，在他一生中占有不容忽视的位置。"[②]

---

① ［清］吴敬梓：《遗园四首·其四》，《吴敬梓吴烺诗文合集》，第15页。
② 陈美林：《吴敬梓评传》，南京大学出版社1990年版，第89页。

第六章　关汉卿"窦娥冤"与"东海孝妇"

提到元曲作家，人们脑子里想到的第一个人，几乎就是关汉卿，可以说，关汉卿的名字，已经与元曲画上了等号。在元代，关汉卿就已经被誉为元曲作家之首。近代学者王国维评价关汉卿是"其言曲尽人情，字字本色，故为元人第一"。

关汉卿的代表作，那出悲剧浓郁、质问天地的《感天动地窦娥冤》（简称《窦娥冤》），被认为是中国古代悲剧成熟的标志和中国古代悲剧的典范作品。《窦娥冤》在中国家喻户晓的程度，不亚于中国古典小说四大名著。

《窦娥冤》突出了"孝"和"冤"。"孝"是中华优秀传统文化美德；"冤"是屈枉、无故受到指责或处罚。"孝"是发自内心的；"冤"则是外力强加的。

窦娥对婆婆的孝是发自内心的。窦娥所受之冤，是那个时代小人的恶作和贪官污吏的无德所致。如今，有人遭遇委屈、冤枉，会说："我比窦娥还冤！"《窦娥冤》这个作品深入人心的程度，可见一斑。

追溯《窦娥冤》的源头，"窦娥"的事迹其实有一个更古老的蓝本，这就是记载在《汉书·于定国传》里的《东海孝妇》。《东海孝妇》强调的也是"孝"和"冤"，里面那位媳妇背负的也更加沉重。

"东海孝妇"故事发生于汉代东海郡治下的云台山巨平村（今连云港市朝阳街道），自汉代以来，这个传说就流传于云台山区，《列女传》等历代各种典籍文书皆有所收载。到了宋代，《太平御览》等诸多史料就开始明确将《东海孝妇》指向云台山地区，今天连云港市的朝阳地区也被称为"东海孝妇故里"。朝阳自古就有"孝妇祠"，百姓称其为"娘娘庙"，是当地善男信女祭拜之所。

如今，东海孝妇故里，孝德乡里，以"孝"立乡风，将"孝"世代传，古老的孝妇祠已经成为孝文化传承基地。东海孝妇传说，已于2014年11月11日经国务院批准，被列入第四批国家级非物质文化遗产代表性项目名录。

第一节 "元曲四大家"之首关汉卿

（一）

关汉卿，我国古代伟大的戏剧家，元杂剧的奠基人，被称为"元曲四大家"之首。纵观中国古代文学，不同的朝代有不同的代表性文学类型，如"唐诗""宋词""明清小说"，在短暂的元朝，也有其代表的文学形式。

一是在金院本和诸宫调的基础上，融合文学创作和各种表演艺术而形成的一种完整成熟的戏剧形式——"元杂剧"。它把歌曲、宾白、舞蹈、表演等有机地结合起来，产生了散韵结合、结构完整的文学剧本。元杂剧一般都有一个"完美"的结局，我们称之为大团圆结局，即便是悲剧也有一个"美好的结尾"。诚如鲁迅先生说过："悲剧将人生有价值的东西毁灭给人看。"从这一点上来说，大团圆结局未必就是喜剧。元杂剧公认的主要剧作家和代表作有：关汉卿的《窦娥冤》、白朴的《梧桐雨》、马致远的《汉宫秋》、郑光祖的《倩女离魂》、王实甫的《西厢记》。

二是在宋词基础上发展起来的一种新诗体——散曲，依篇幅长短可分为小令和套数，小令指单支的曲子，是按照不同曲牌填写的，每个曲调都有自己的名称，各个曲调的字数和句式各不相同，常用于写景、抒情，跟现代的歌词相近；套数则是用若干首同一宫调的小令相连而成的组曲，又称"套曲"或"散套"。散曲的代表作有家喻户晓的马致远的《天净沙·秋思》和张养浩的《山坡羊·潼关怀古》，等等。散曲与杂剧最大的区别在于没有宾白、科介，只供清唱吟咏，故又称为"清曲"，散曲不仅盛行于元朝，在明、清两代也非常流行。

元杂剧和元代散曲被后人合称为元曲，均以当时的北曲配乐，是元代文学的代表。

明代戏曲理论家、藏书家何良俊在《四友斋丛说》中说："元人乐府。称马东篱郑德辉关汉卿白仁甫为四大家。"[①]明确指出了"元曲四大家"为关汉卿、马致远（东篱）、郑光祖（德辉）、白朴（仁甫）。关汉卿何以居四大家之首？因为他一生的戏剧创作数量十分丰富，剧目有六十多个（尽管这些剧本如今已大多散佚）；他的杂剧，有悲剧，有喜剧，题材广阔，深刻地揭露了元代腐朽黑暗的社会现实；在长期的创作实践中，他形成了主题深刻、结构严谨、形

---

① ［明］何良俊撰：《四友斋丛说》，中华书局1959年版，第337页。

象活泼鲜明、语言泼辣质朴的杂剧特色。总的来说，他是我国戏剧史上作品最多、成就最大的一位作家。

《西厢记》是我国家喻户晓的古典戏剧名著，古今评价极高，元代贾仲明在《凌波仙》中称："新杂剧，旧传奇，《西厢记》天下夺魁。"[①]曹雪芹在《红楼梦》中，通过林黛玉的口，称赞《西厢记》是"曲词警人，余香满口"。王实甫是与关汉卿、白朴、马致远齐名的元代文人，其作品全面地继承了唐诗宋词精美的语言艺术，又吸收了元代民间生动活泼的口头语言，创造了文采璀璨的元曲词汇，是中国戏曲史上"文采派"的杰出代表。但是，王实甫却没有被列入"元曲四大家"，这是为什么？因为王实甫的代表作品《西厢记》算是元杂剧，不是散曲，而且王实甫的其他作品影响力并不大，所以王实甫不能与"元曲四大家"并名。何良俊曾对王实甫的《西厢记》、元末戏曲作家高明《琵琶记》这两部戏剧提出了苛刻的批评。

（二）

大约因关汉卿是一位由金入元的作家，所以关于他的生平的记载严重缺乏，可资研究的资料并不多，只能从零星的记载中窥见其大略。

幸好，元代后期有一位叫钟嗣成的戏曲家编撰了一部《录鬼簿》，里面记录了自金代末年到元朝中期的杂剧、散曲艺人八十余人，后来该著作过两次修订，被扩充为两卷，所录一百五十二人，书中人物分为七类，内容为所载艺人的生平简录、作品目录，当然也有带有钟嗣成自己思想痕迹的简评，如把关汉卿列在首位，对郑

---

① 转引自程千帆著：《元代文学史》，武汉大学出版社 2013 年版，第 64 页。

德辉颇有微词，等等。尽管记录简略，有一些不一定准确的评价，但无论如何，编撰了这部书也是有历史贡献的，在《录鬼簿》中记载的作品名目多达四百多种。有了《录鬼簿》，后人对关汉卿生平资料的稽考才有了一点线索。

据《录鬼簿》记载，关汉卿，大都人，号已斋叟（《析津志》说是"关一斋，字汉卿"），太医院尹，这个"尹"应该是官名，然在《金史》《元史》中均无"太医院尹"的官名，倒是有的版本所记的"太医院户"似乎更妥当，因为"医户"在元代是户籍的一种，属太医院管辖。可见，关汉卿很可能是元代太医院的一个医生。在关汉卿的另一部杂剧《拜月亭》中，有一段临床诊病的描写，宛若医人声口，大约可以作为佐证他是医生。

关于关汉卿的生卒年，没有确切记载。元末朱经《青楼集·序》载："我皇元初并海宇，而金之遗民若杜散人、白兰谷、关已斋辈，皆不屑仕进，乃嘲风弄月，流连光景……"[1]杜散人即杜善夫，是由金入元的作家，白兰谷即白朴，金亡（1234 年）时才八岁，关汉卿的年代同他们接近，也是由金入元的作家，他的生年估计在 1220 年左右。

1279 年，南宋灭亡之后，关汉卿曾离开大都，沿大运河南下来到淮安、扬州，大约还到过开封、洛阳等地。他还曾到过当时南方戏曲演出的中心——杭州，写有《〔南吕〕一枝花·杭州景》套曲。在扬州时，曾写曲赠给当时知名的杂剧表演女演员朱帘秀，有"十里扬州风物妍，出落着神仙"句。《析津志》说关汉卿"生而倜傥，

---

① ［元］朱经：《青楼集·序》，中国戏曲研究院编：《中国古典戏曲论著集成》（第 2 集），中国戏曲出版社 1959 年版，第 15 页。以下只注篇名、书名、页码。

博学能文，滑稽多智，蕴藉风流，为一时之冠"。①明代臧晋叔《元曲选·序二》说他"躬践排场，面傅粉墨，以为我家生活，偶倡优而不辞"②。

关汉卿在元代前期杂剧界是领袖人物，玉京书会里最著名的书会才人。有记载称，关汉卿的妻子是万贞儿，万贞儿生于大户人家，长得玉貌花容，娇媚秀丽，行事风格也不失大家闺秀的温柔、端庄和文雅，虽嫁于市井之人，却丝毫没有小姐脾气。二人婚后居住在大都一条偏僻幽静的巷子里，共有两进院落，虽生活贫寒却毫无怨言。关汉卿每每写成一部作品之后，万贞儿总是第一位读者。

距金亡七十年左右的元成宗大德年间（1297—1307 年），关汉卿还写有《大德歌》十首，可知关汉卿的卒年在 1297 年以后。

《录鬼簿》成书于 1330 年，作者钟嗣成称关汉卿为"前辈已死名公"，说"余生也晚，不得预几席之末"。③元人周德清 1324 年的《中原音韵·序》载："乐府之盛、之备、之难，莫如今时。……则自关、郑、白、马一新制作……诸公已矣，后学莫及。"④可知关汉卿的卒年在 1324 年之前。

（三）

关于关汉卿的籍贯，有三种说法：《录鬼簿》称关汉卿是大都（今北京市）人，《元史类编》卷三十六记载是解州（在今山西运城）

---

① ［元］熊梦祥著，北京图书馆善本组辑：《析津志辑佚》，北京古籍出版社 1983 年版，第 147 页。以下只注书名、页码。

② ［明］臧晋叔：《元曲选·序二》王学奇主编：《元曲选校注》（第一册上），河北教育出版社 1994 年版，第 11 页。

③ ［元］钟嗣成：《录鬼簿》，《中国古典戏曲论著集成》（第 2 集），第 104 页，第 117 页。

④ ［元］周德清：《中原音韵·序》，《中国古典戏曲论著集成》（第 1 集），第 175 页。

人，地方史料《祁州志》卷八记载关汉卿是祁州（在今河北安国市）人，这些不同说法似乎都能自圆其说。

关汉卿籍贯"大都说"，不只是有《录鬼簿》孤证。另一位元人熊自得（字梦祥）所著的《析津志·名宦传》由关汉卿传，记载："关一斋，字汉卿，燕人……"① 元代大都，就是今北京，辽时名叫析津府。既然地方志有传，当然有一定道理。

关汉卿籍贯的"解州说"，不仅仅出自《元史类编》卷三十六，朱右所撰的《元史补遗》中也记载："关汉卿，解州人，工乐府，著北曲六十本。"② 朱右，字伯贤，浙江临海人，生于元仁宗延祐元年（1314年），卒于明洪武九年（1376年），洪武三年（1370年），由宋濂推荐参与《元史》编撰，后感于《元史》"未尽善"，又作《元史补遗》。由于朱右出生时关汉卿刚去世不久，他生活的六十二年大半在元朝，所记录的史料"时近易真"，应该可信。

今人王雪樵在《关汉卿籍贯河东说综论》③ 从历史史实、关汉卿剧作语言特质、作品取材的地域性、河东传说、关汉卿和关羽的关系等方面论述认为，关汉卿是河东解州人。今人乔忠延在《三晋百位历史文化名人传记丛书》之《关汉卿传》④ 也持"解州"说。

山西运城临猗关原头村关氏家庙，也似乎见证过戏剧大师关汉卿的河东印迹。走进关家庙殿内，正中供奉着关圣帝君塑金像，旁边有一尊关汉卿坐像。据当地保存的清道光年间关氏族人修谱所撰

---

① 《析津志辑佚》，第147页。
② 转引自［元］关汉卿著，马欣来辑校，《关汉卿集》，山西人民出版社1996年版，第501页。
③ 载《运城高等专科学校学报》，2002年第2期。
④ 北岳文艺出版社2015年版。

的《关圣帝家谱》记载，关直长子关从义原配赵氏，在关原头生有四子：长子关伯元，次子关仲元，三子关叔元，四子关季元。关季元又生三子：长子关汉卿，次子关汉弼，三子关汉佐。因此关汉卿应是关羽第四十五世后裔。关汉卿生二子，长子荣世，次子盛世。

关汉卿籍贯"祁州说"中，乾隆时期《祁州旧志》和《祁州志》断言关汉卿来自河北省安国县（今安国市）伍仁村，地点详尽，让人无法辨别真伪。

今河北省安国市（古祁州）伍仁村被称为"关汉卿故里"，在该村东北五百米处，有关汉卿的陵墓。坟墓原长四米，宽三米，高一米五，东南—西北向。相传村西北角为关宅遗址，俗称"关家园"，面积九亩九分。另有关家渡、关家桥、普救寺等遗址，现存"蒲水威观"石匾，传为关汉卿手迹。

三种说法都有各自史料支撑，均不能说服彼此，索性彼此各退一步，业界现在公认一个说法："关汉卿，祁州伍仁村人，祖籍解州，生平重要的戏剧活动均在大都，最后回到伍仁村故里，终于此"。

第二节　关汉卿的《窦娥冤》及其戏剧创作

（一）

据《元史·百官志》与《南村辍耕录》记载，元世祖至元二十八年（1291年）改按察司为肃政廉访司。《窦娥冤》剧中写到窦娥之父窦天章任两淮提刑肃政廉访使之职，证明此剧当作于至元二十八年之后，应为关汉卿晚年的作品，也是一个作家成熟期的作品，因此《窦娥冤》能成为关汉卿诸多代表作中最为耀眼、成就最大的一部作品，业界称"《窦娥冤》是中国古代悲剧成熟的标志和中国古代悲剧的典范作品"，是恰当的。王国维甚至认为：将关汉卿的《窦娥冤》与纪群祥的《赵氏孤儿》列入世界悲剧之中，亦无愧色。[①]

《窦娥冤》刊行于明神宗万历十年（1582年），此剧现存版本主要有：明代陈与郊编、万历十六年（1588年）龙峰徐氏刊刻《古名家杂剧》本；明代孟称舜编《古今名剧合选·酹江集》本；明代臧晋叔参照多种藏本进行加工校订形成的《元曲选》本。其中，臧晋叔本《窦娥冤》是关剧诸版本中以"最佳本"。

此剧题目《秉兼持恒廉访法》，正名为《感天动地窦娥冤》。《窦娥冤》一剧，共有四折一楔子，下面介绍一下该剧的基本梗概。

《窦娥冤》楔子部分介绍了身处困境的秀才窦天章因还不起蔡婆婆的高利贷，在蔡婆婆的要求下，忍痛将年仅七岁的女儿端云"送"给蔡婆婆做了童养媳，这样既免了高利贷，又能得到一些赶考的盘缠，随后便进京赶考去了。窦端云被蔡婆婆收养后，改名窦娥，十七岁时与蔡婆婆的儿子成了亲。谁知结婚才一年，丈夫便撒手西去，留下她和婆婆无依无靠。

《窦娥冤》第一折，写蔡婆婆去向赛卢医讨账，赛卢医起了歹心，要杀掉蔡婆婆。就在赛卢医即将下毒手的时候，当地无赖张驴儿父子出现了，这样的巧遇客观上是救了蔡婆婆。蔡婆婆于是将张驴儿父子带回家，结果成了引狼入室。张驴儿父子以救命之由要挟蔡婆婆，强迫她们婆媳俩招他父子俩做翁婿，但窦娥拒不相从。

《窦娥冤》第二折，张驴儿威逼利诱不能让窦娥相从，于是心生毒计，想先把蔡婆婆毒死，然后再逼窦娥与自己成婚。他来到正准备逃走的赛卢医的门店，以告发赛卢医企图杀害蔡婆婆相要挟，

---

① 王国维：《宋元戏曲史》，华东师范大学出版社1995年版，第121页。

从赛卢医那里买来毒药，回家下毒。没承想，蔡婆婆没被毒死，张驴儿却把自己的父亲毒死了。天良丧尽的张驴儿趁机把脏水泼到窦娥身上，想以此来逼窦娥就范。但窦娥还是坚决不从，要求与张驴儿对簿公堂。当地太守是个贪得无厌的昏官，他接受了张驴儿的贿赂，迫使窦娥承认是自己毒死了张驴儿的父亲，并判处了窦娥的死刑。

《窦娥冤》第三折，窦娥被斩杀，临刑前窦娥许下三个誓愿：一是委实冤枉，刀过处头落，一腔热血半点不能沾在地上，全都飞到白练上；二是委实冤枉，她身死之后六月飞雪，天降三尺瑞雪掩埋尸首；三是委实冤枉，从今以后楚州大旱三年。窦娥死后，她的许愿一一应验，证明了自己的清白。

《窦娥冤》第四折，窦娥之父窦天章加任两淮提刑官肃政廉访使后重回山阳，审囚刷卷时看到窦娥毒杀公公被斩，他原本没当回事，但只要窦娥案卷被压到底下就会"自动"翻上来，如此反复。原来是窦娥灵魂来找父亲诉冤。最终，窦娥被冤杀　案得以昭雪。

（二）

窦娥在短短的一生中遭到失母丧夫的打击、高利贷的毒害、泼皮流氓的欺压、贪官污吏的毒刑和判决，种种不幸和灾难吞噬了她的青春和生命，交织成了"惊天动地"、悲惨无比的大悲剧。窦娥一生的遭遇充分反映了当时社会的黑暗，人民的不幸，尤其是妇女的不幸。《窦娥冤》这出戏展示了下层人民任人宰割、有苦无处诉的悲惨处境，控诉了贪官草菅人命的黑暗现实，生动刻画出了窦娥这个女性形象。

如果把《窦娥冤》仅仅看成社会政治悲剧，也属于表层悲剧，它揭示的是导致窦娥悲剧的社会政治原因。深入考察就会发现，《窦娥冤》里的悲剧有着双重结构，窦娥的内在信念与社会现实之间不可调和的矛盾冲突，构成了其悲剧的深层结构。

窦娥因父亲借了高利贷无法偿还，被卖给蔡婆做童养媳，平时备受蔡婆的虐待，但她对蔡婆仍是以礼相待。蔡婆轻易地答应张驴儿父子的威逼胁迫，但窦娥还是以各种理由劝阻蔡婆，并义正词严地拒绝了张驴儿的无理要求和调戏，坚守着道德底线，不畏强权，明辨是非。

遭到张驴儿"毒死公公"罪名的逼迫，窦娥也严词拒绝，甚至几次遭到毒刑、受尽折磨仍不肯屈招。然而一旦贪官要严刑拷打蔡婆，她就甘愿自己承认死罪也不让蔡婆受刑。即使是在行刑的途中，她也怕婆婆伤心，请求刽子手从后街走。然而就是这样一个善良、柔弱、需要人保护的女子，竟然被当时的官府任意枉杀。

在《窦娥冤》的第三折和第四折中，关汉卿运用丰富的想象和大胆的夸张，设计了三桩誓愿、冤魂找父申诉的超现实情节，借此显示出正义抗争的强大力量，寄托了他鲜明的爱憎。这是全剧刻画主人公形象最着力的一笔，是作品艺术性的集中体现，使悲剧气氛更浓烈，人物形象更突出，故事情节更生动，主题思想更深刻，既洋溢着浓郁的生活气息，又充满奇异的浪漫色彩，具有震撼人心的艺术力量。这也反映了人民伸张正义、惩治邪恶的愿望，并反衬出社会的黑暗。

窦娥临刑前的三桩誓愿：血溅白练，六月飞雪，大旱三年。果然，窦娥冤屈感天动地，三桩誓愿一一实现。这里的书写表达，也正是关汉卿世界观矛盾的一种反映。一方面关汉卿关心民情，洞察现实，通过窦娥指斥天地、发下三桩誓愿应验等情节表明自己对封建官吏的憎恨，对被压迫人民的同情，反映出人民仇视封建统治，要求变革现实的时代精神。另一方面，作者毕竟是封建时代的剧作家，他尽管关心人民的疾苦，却不能意识到人民自身的力量；他虽然憎恶封建统治，却又找不到变革现实的出路，所以最终还是让天地动容清官平冤来解决问题，这也反映了作家的阶级局限和历史局限。当然，上天被窦娥感动，也说明窦娥冤大恨深。

（三）

据《录鬼簿》记载，关汉卿创作杂剧名目共六十二种（今人傅惜华《元代杂剧全目》著录关剧存目共六十七种），今存十八种。当然，个别作品是否出自关汉卿手笔，学术界尚有分歧。业界公认的关汉卿的代表作有《窦娥冤》《救风尘》《望江亭》《拜月亭》《单刀会》《调风月》等。其中，《救风尘》全名《赵盼儿风月救风尘》，共四折，现存版本有《古名家杂剧》本与《元曲选》本；《望江亭》全名《望江亭中秋切鲙》，共四折，现存明息机子编万历二十六年（1598年）《杂剧选》本、明王骥德编万历顾曲斋刊《古杂剧》本和《元曲选》本；《拜月亭》即《闺怨佳人拜月亭》，原本未分折目，实应为四折一楔子，有《元刊杂剧三十种》本，仅存曲词及部分科白；《单刀会》即《关大王独赴单刀会》，四折，现存《元刊杂剧三十种》本、《脉望馆钞校本古今杂剧》本及近人王季列编《孤本元明杂剧》本，《录鬼簿》与《元刊杂剧三十种》著录本剧名目为《关大王单刀会》；《调风月》全名《诈妮子调风月》，原本未分折目，实应为四折，有《元刊杂剧三十种》本，仅存曲词及部分科白。

关汉卿的剧作还有《杜蕊娘智赏金线池》、《钱大尹智宠谢天香》《温太真玉镜台》、《王闺香夜月四春园》（即《非衣梦》），以及《刘夫人庆赏五侯宴》《邓夫人苦痛哭存孝》《关张双赴西蜀梦》等。此外有剧目流传、剧本已佚的尚有《董解元醉走柳丝亭》《丙吉教子立宣帝》《薄太后走马救周勃》《太常公主认先皇》《曹太后死哭刘夫人》《荒坟梅竹鬼团圆》《风月状元三负心》《没兴风雪瘸马记》《金银交钞三告状》《苏氏进织锦回文》《升仙桥相如题柱》《金谷园绿珠坠楼》等四十五种。

还有一些著名的剧作，业界仍对其著者是否为关汉卿有争议。明代《古名家杂剧》本，《元曲选》本，以及《今乐考证》《曲海总目提要》诸书都题"关汉卿撰"的《包待制智斩鲁斋郎》（《鲁斋郎》），在《录鬼簿》所记载的关汉卿名下并未著录此剧，单从剧作艺术风格来看，也与关剧肖似，故存疑；《包待制三勘蝴蝶梦》孟称舜、曹栋亭刊本《录鬼簿》未著录此剧，故有人疑非关作，但天一阁本《录鬼簿》《太和正音谱》《古名家杂剧》及《元曲选》均题关汉卿撰，四折一楔子。现存明赵琦美《脉望馆钞校本古今杂剧》本署关汉卿撰；而《古名家杂剧》本、《元曲选》本明确题为尚仲贤撰，因为尚仲贤作有《尉迟恭三夺槊》（《元刊杂剧三十种》本）。有人认为，说《尉迟恭单鞭夺槊》为尚仲贤所作，是把它与《尉迟恭三夺槊》搞混了。《脉望馆钞校本古今杂剧》本与《孤本元明杂剧》本中载有《状元堂陈母教子》署关汉卿撰，但孟称舜本、曹栋亭本《录鬼簿》都没有记载此剧，且思想倾向、艺术风格和关汉卿其他喜剧不同，疑非关作。现存《脉望馆钞校本古今杂剧》本与《孤本元明杂剧》本中有《山神庙裴度还带》，由于元末明初贾仲明也有《裴度还带》剧，故有人认本剧为贾作。

第三节 《窦娥冤》的故事取材于"东海孝妇"

（一）

《窦娥冤》的故事源于西汉刘向所撰《列女传》中的《东海孝妇》。据《列女传》记载：汉代，东海地区有一民女，年轻时即守寡，为了照顾年迈的婆婆又不愿改嫁，被人们称为"孝妇"。婆婆为了不拖累媳妇上吊而死，婆婆的女儿却告到官府，说媳妇杀死了她的母亲。官府拘捕并严刑拷打，孝妇受不住酷刑，被迫承认罪名。当时一个叫于公的狱吏说："这个妇人奉养婆婆十多年，因为孝顺，名声传遍四方，必定不会杀害婆婆。"太守却不听他的意见。还是杀了孝妇，之后东海郡遭受大旱灾，三年不下雨。后任太守到任，于公说："孝妇不该被杀，前任太守冤杀了她，灾祸应当是从这里来的。"太守立即亲自去祭奠孝妇的坟墓，并对其予以表彰。此时，苍天感动，立刻下起雨来，这一年风调雨顺。

据当时长者传言："孝妇名周青。青将死，车载十丈竹竿，以悬五幡。立誓于众曰：'青若有罪，愿杀，血当顺下；青若枉死，血当逆流。'既行刑已，其血青黄，缘幡竹而上标，又缘幡而下云。"

《东海孝妇》见之于正史则在东汉班固的《汉书》中。《汉书·于定国传》记载："……东海有孝妇，少寡，亡子，养姑甚谨，姑欲嫁之，终不肯。姑谓邻人曰：'孝妇事我勤苦，哀其亡子守寡。我老，久累丁壮，奈何？'其后姑自经死，姑女告吏：'妇杀我母。'吏捕孝妇，孝妇辞不杀姑。吏验治，孝妇自诬服。具狱上府，于公以为此妇养姑十余年，以孝闻，必不杀也。太守不听，于公争之，弗能得，乃抱其狱，哭于府上，因辞疾去。太守竟论杀孝妇。郡中枯旱三年。后太守至，卜筮其故，于公曰：'孝妇不当死，前太守强断之，咎党在是乎？'于是太守杀牛自祭孝妇冢，因表其墓，天立大雨，岁孰。郡中以此大敬重于公。"[①]

---

① ［东汉］班固撰，［唐］颜师古注：《汉书》卷七十一《于定国传》，中华书局1962年版，总第3041—3042页。

《汉书》记载，于定国，字曼倩，东海郯人，少年随其父学习法律。其父去世后，于定国依次担任狱史、郡决曹，后来到长安补廷尉史，因其材高被举为侍御史，转任御史中丞。汉宣帝在位时，于定国担任光禄大夫，平尚书事。汉宣帝本始三年（前71年），于定国升任水衡都尉，汉宣帝地节元年（前69年），于定国又被擢任廷尉。于定国为人谦恭，处理案件平恕，时称"于定国为廷尉，民自以无冤"，"郡中为之生立祠，号曰于公祠。"于定国担任廷尉十八年，汉宣帝甘露二年（前52年），转任御史大夫。甘露三年（前51年），代黄霸为丞相，封西平侯。汉元帝永光元年（前43年）于定国致仕，韦玄成为丞相，他的儿子于永娶汉宣帝长女馆陶公主为妻。

后来，《后汉书》《淮南子》以及刘向的杂史小说集《说苑》、东晋干宝的《搜神记》、唐刘知几撰《史通》、宋李昉等编纂的类书《太平御览》等书中也争相传记"东海孝妇"的故事。特别是干宝在《搜神记》中记载孝妇死时青黄色的鲜血沿着长竹竿向上流，到了竿顶才沿着幡而流下，对后世影响较大。到了元代，关汉卿紧扣当时的社会现实，依据周青孝顺婆婆却含冤而死这一传说，并结合民间口口相传的历史故事，创作出了元杂剧代表之作——《窦娥冤》。

（二）

众所周知，中国传统文化要求做人"仁义礼智信，温良恭俭让，忠孝廉耻勇"，"孝"是中国传统的道德规范。《孝经·开宗明义》篇中讲："夫孝，德之本也。""孝"字的汉字构成上为老、下为子，意思是子能承其两亲，并能顺其意。孝的观念源远流长，殷商的甲骨文中就已出现"孝"字。汉字教育的"教"字，就由"孝"和"文"

组成，因此教育的根本是建立在孝道人伦的基础上，一切的教育随之扩展开来，起到化育人民的作用。

汉代"东海孝妇"事迹广泛流传于连云港市云台山新县（朝阳）和山东郯城（汉是东海郡治）。由于《汉书》《淮南子》《说苑》《搜神记》《史通》等史料中所记载、转载的《东海孝妇》，均没有说明孝妇是东海什么地方人士，真正的"孝妇故里"长期存疑。

根据史料记载，孝妇冤案是太守亲自审理（"太守竟论杀孝妇"），审案、判刑乃至冤杀孝妇的地方肯定是在郡治郯城，古代也不具备转运尸体条件（甚至是否有人收尸体都难说），孝妇墓在郯城也不是不可能。因而作为东海郡治的郯城被传为"孝妇故里"是符号逻辑的。换句话说，郯城作为汉东海郡治，做"东海孝妇"文章当然是顺理成章的事情。比如，郯城县在城东葛庄村外环路旁的"孝妇冢"曾为历代修整，康熙三十四年（1695 年）和光绪三十年（1904 年）还修建了墓碑。如今，这里已经被打造成为山东省文物保护单位，成为孝文化传承的一个重要场所。

其实，在史书记载的"东海孝妇"故事之前，连云港云台山朝阳地区（汉属东海郡管辖）就广泛流传着一个相关民间传说，且很早就有"孝妇祠"。相传在汉代，朝阳东北角的狮子山下有一户人家，这家的妇人年轻守寡，儿子又突然去世，就剩婆媳俩和一个小姑三人度日。一年又一年，婆婆上了年纪，小姑又小，一家人的生活全仗这个媳妇了。媳妇对婆婆十分孝顺，乡里尽知。婆婆常在外人面前夸奖媳妇，常为自己年老拖累媳妇感到内疚。有一年春天，地里青黄不接，婆婆生病好多天不进食，突然想吃枣子，媳妇上山采得枣子，放嘴里含带回来，婆婆食后死亡，小姑子告官说嫂嫂害死婆婆。媳妇蒙冤被判斩首。这许是史书记载的"东海孝妇"源头。真正明确"东海孝妇"故里为海州朝阳地区的著作，是宋太宗太平兴国年间的《太平寰宇记》，书中不仅记载了《东海孝妇》故事，还指出"孝妇庙在县北三十三里，巨平村北"①。这里的"县"指当时的东海县，县治在今南城；巨平村，即连云港市朝阳街道境内，今地名犹存。可见，"孝妇祠"早在北宋之前就存在。另外，宋朝两次来海州的苏东坡，不仅有诗写海州，且有诗写到为孝妇辩冤的于公，他在诗里认为于公也是云台山这个"东海"人士。苏轼在流放海南时写有《和陶杂诗十一首》，其中第十一首写道："我昔登朐山，出日观苍凉。欲济东海县，恨无石桥梁。今兹黎母国，何异于公乡。蚝浦既粘山，暑路亦飞霜。所欣非自謞，不怨道里长。"②

这里写的"朐山"即海州锦屏山，"东海县"指的是今云台山南城，"于公乡"指于公故里。苏轼还将海南岛的"黎母国"与云台山相比较。

在古海州历代州志中统统载有"孝妇故事"及"孝妇祠"，明代诸多官宦文人还写有"孝妇祠"碑记、文章。

"东海孝妇"故里连云港朝阳街道，已得到业界广泛认可，这里的"孝妇祠"已成为孝文化传承基地。连云港申报的"东海孝妇传说"2014年11月11日经中华人民共和国国务院批准，被列入第四批国家级非物质文化遗产代表性项目名录。

（三）

在古代史料中，记载"孝"包括孝子、孝女、孝妇的事迹实际在太多了。那么关汉卿《窦娥冤》中所写的"孝妇"窦娥为什么说

---

① 转引自张文凤：《多元融汇的连云港地域文化》，江苏人民出版社2020年版，第141页。

② ［北宋］苏轼：《和陶杂诗十一首》（共十一），［北宋］苏轼著，［清］王文浩辑注：《苏轼诗集》（第七册），中华书局1982年版，第2272页。

是源于"东海孝妇"而不是别的孝妇故事？

这里可以从两个方面来看，一是《窦娥冤》所写的情节、内容与《列女传》几近一致，这里不再赘述。另一方面，《窦娥冤》剧中的台词可证，作者关汉卿是以演绎"东海孝妇"故事的。在剧的第三折结尾，作者借窦天章之口说出了："你道是天公不可期，人心不可怜，不知皇天也肯从人愿。做甚么三年不见甘霖降？也只为东海曾经孝妇冤！如今轮到你山阳县，这都是官吏每无心正法，使百姓有口难言。"① 剧的本折"煞尾"："浮云为我阴，悲风为我旋，三桩儿誓愿明提遍。那其间才把你个屈死的冤魂这窦娥显。"② 显然表明关汉卿创作《窦娥冤》是与"东海孝妇"相关联的。

关汉卿为什么把《窦娥冤》的故事设在楚州山阳县（今江苏淮安）？（蔡婆婆，"楚州人氏"；窦天章，"流落在这楚州居住"；赛卢医，"在这山阳县南门开着生药局"；昏官桃杌，"楚州太守桃杌是也"；窦娥，"着这楚州亢旱三年"）因为当时淮安是大运河上最重要的码头城市之一，元朝设有淮安路总管府，辖三州十二县，府署就设在楚州山阳县。另外，当时的海州已经隶属于淮安。海州延续到元朝先升为海州路，后改为海宁府，不久降为海宁州。元朝和明朝实行三级和四级行政区划并行，此时的海宁州依然下辖着数县，治朐山县。同时上属淮安路管辖，淮安路属河南江北行省管辖，海宁州为第三级行政区划。

关汉卿熟知"东海孝妇故事"发生在海州，他在淮安山阳时期就知道海州已成为淮安治下，因此，把治下的"东海孝妇故事"演绎成"山阳窦娥故事"更贴近生活。

---

① ［元］关汉卿著，《窦娥冤》，［元］关汉卿著，黄征，卫理校注《窦娥冤——关汉卿戏剧集》，浙江古籍出版社1998年版，第20页。以下只注篇名、书名、页码。

② 《窦娥冤》，《窦娥冤——关汉卿戏剧集》，第20—21页。

于是，关汉卿取材于汉代流传下来的"东海孝妇"民间故事，结合自己在现实生活中的体认，精心构制了这个大悲剧——《窦娥冤》。他用贴切现实、充满血肉之感的笔触，诉说着社会民众的困苦与无奈；又将一腔悲悯的情怀，倾洒在被侮辱的女性身上。窦娥的责天问地，也是关汉卿的呼喊，代表着不屈从于现实命运的浩然正气，这也是在关汉卿目睹种种黑暗现象后的自然流露。

诗文名著颂海州

第一章　李邕《李北海集》中的海州记载

李邕，唐代小官吏，做过海州刺史，北海刺史，官场作为似为平凡，但为官为人耿直正义、刚强激烈，虽因屡忤权贵数遭贬诬，但不改秉性。

李邕，唐代大文人，著述《李北海集》，文风清丽朴实又不失老道，中朝衣冠及天下寺观，多斋持金帛，往求其文，新旧两《唐书》有传。

李邕能文，尤长碑颂；李邕更善书，无论正楷，抑或行书、草书，皆独具风格，时称"书中仙手"。

《宣和书谱》说："邕精于翰墨，行草之名尤著。初学右将军行法，既得其妙，乃复摆脱旧习，笔力一新。"魏晋以来，碑铭刻石，都用正书撰写，入唐以后，李邕改用行书写碑。其书法的个性非常明显，字形左高右低，笔力舒展遒劲，给人以险峭爽朗的感觉，他倡导创新，继承和发扬古代书艺，对后世产生了巨大的影响。

苏东坡、米元章都吸取了他的一些书法特点，元代的赵孟頫也极力追求他的笔意，从中学到了"风度闲雅"的书法境界。

作为有唐一代文坛高手、书法大师，时人以得其文、书为荣耀，不惜巨金买之。李邕前前后后所收受的"润笔费"数以万计，足见其影响力之大。

李邕的为人和才情更为世人所敬重，他尚义气、惜英才，常用"润笔费"收入和家资来拯救孤苦，周济他人。

李邕在海州为官时间不长，却修寺庙、重文化，开海路、促贸易，对地方经济社会发展做出了积极贡献，还留下了《海州大云寺禅院碑》以及《金石录》卷第五所列的"唐老子孔子颜子赞"碑（史料记载：碑在海州，今不存）。

《海州大云寺禅院碑》碑文述及内容，填补了既往文献中海州史料的不足，既为唐时海州作为海上丝绸之路重要节点的历史事实提供了史料佐证，也证明了海州曾经有十分繁荣的历史文化。

李邕一生著述丰富，尤其以巨大的碑文创作实绩，构成了唐代海州文化的一环。

第一节 "长于碑颂"的书法大家李邕

（一）

李邕（678—747年），唐代书法家。字泰和，广陵江都（今江苏扬州江都）人，一说江夏（今武汉市武昌区）人。李邕少年即成名，后召为左拾遗，曾任户部员外郎、括州刺史、海州刺史、北海太守等职，人称"李北海"。李邕的父亲李善（630—689年）也是唐代知名学者，史书上称他清正廉洁、刚直不阿，有君子的风范和韵致，其人颇有雅行，学贯古今，人称"书簏"。李善先后任录事参军、秘书郎、泾城（今安徽泾县）县令，崇文馆学士，转兰台郎，擢崇贤馆直学士，行潞王府参军，兼沛王侍读，教导皇子李贤。唐高宗咸亨二年（671年）六月，贺兰敏之事发，李善被流放姚州（云南姚安县），唐高宗上元元年（674年），雍王李贤为皇太子后，皇帝大赦天下。李善得还，已是六十一岁的老人了。他不再涉足官场，寓居在今河南开封、郑州一带，继续完善充实《文选注》，修撰《文选辨惑》《汉书辨惑》，以讲授《文选》为业，号"文选学士"，"诸生多自远方而至"。李邕幼时伴随李善左右，少习家学，阅书无数，"既冠，见特进李峤，自言'读书未偏，愿一见秘书'，峤曰：'秘阁万卷，岂时日能习邪？'邕固请，乃假直秘书。未几辞去，峤惊，试问奥篇隐帙，了辩如响，峤叹曰：'子且名家！'"①秘阁乃国家藏书之所，李邕未几离去，表明居家时期积累极为丰富，已经奠定了深厚的学识基础。李邕的爷爷李元哲，曾任括州括苍县令，赠沂州别驾；曾祖父李赎，为隋朝连州司马。由此可见，李邕出生于官宦世家。

　　关于李邕是何方人士，有的说"广陵江都"人，有的说"江夏"人，其实这两种说法都没有问题。石树芳博士在《江夏李氏考索——以李善家族为检讨中心》中对李善的家族世系进行了考证，认为李善家族源于江夏李氏，然而年代久远世系混乱，近年出土墓志若干，结合出土文献可对《新唐书·宰相世系表》重新勘误补订，李善一系规模较大的迁徙约有四次：赵郡——颍川——江夏——浙东——江都。②《新唐书宰相世系表》记载道："元哲，徙居广陵。"③说明李邕从爷爷那一代就迁到了广陵，李邕这一代显然是在广陵江

①　[北宋]欧阳修、宋祁撰：《新唐书》卷二二〇《列传第一百二十七·文艺中》，中华书局1975年版，总第5754页。以下只注书名、篇名、页码。

②　石树芳：《江夏李氏考索——以李善家族为检讨中心》，《河南师范大学学报（哲学社会科学版）》，2013年第1期。以下只注篇名。

③　《新唐书》卷七十二上，《表第十二上·宰相世系二上》，总第2596页。

都出生、成长的，江夏则是他家原籍。

石树芳认为，江夏李氏屡遭战乱，政治地位下降，经济优势丧失，仅能通过文化价值凸显门户优势，主要表现为学术研究的丰富与艺术才华的出众。李式与李充、李善与李邕的出类拔萃均体现出明显的家族特性，表明家族文化的内部传承直至唐代依然存在，并且具有强劲的生命力。

（二）

《新唐书·李邕传》记载，李邕以直言敢谏的作风名世，好提意见，连他父亲也不放过。当时，李邕的父亲李善曾在"文选学"的开山祖师、扬州人曹宪的指导下，为《文选》详细注解。在作注过程中，李善博采众家之长，对各方意见都予以采纳吸收。李善《文选注》初稿完成后，李善让其子李邕提出批评意见（汝试为我补益之）。李邕读后，真的提出了一些变更、增删的建议，而李善见李邕提出的建议很有道理，就将相应的内容写在原稿的旁边，出现了"两书并行"的情况。李邕的耿直正义，连大诗人李白都为他"唱赞歌"。李白作有《东海有勇妇》一诗："梁山感杞妻，恸哭为之倾。金石忽暂开，都由激深情。……斩首掉国门，蹴踏五藏行。豁此伉俪愤，粲然大义明。北海李使君，飞章奏天庭。……"[①]

李白《东海有勇妇》诗说的是杞梁死后，他的妻子在梁山脚下哭泣，梁山为她的一片至诚所感动，为之倒倾。只要是一往情深，至诚一片，金石都会为之打开。东海有勇妇，……她不惜自己的生命为夫报仇，即使死一万次也绝不后悔。连苍天都被她的真情所感动了。……北海太守李邕，把她的事迹奏到朝廷。天子免去了她杀

---

① ［唐］李白：《东海有勇妇》，彭黎明、彭勃主编：《全乐府·4》，上海交通大学出版社2011年版，第302页。

人的罪过，把她作为烈妇的典型给予表彰，并以她来警明风俗，使她的美名远播。

俗话说"性格决定命运"，有才气，有耿直孤傲，以至于李邕自刺史入京听候考核升迁。可尽管李邕一向负有才名，却屡遭贬斥。朝内主事的达官贵人都忌恨李邕，使他被免去官职，流落京师之外。李邕入京后每在路上行走，受到很多人的围观，以为他是前朝古人，或者认为他相貌不凡。当时李唐王朝被李林甫搞得朝野一片恐怖，李邕不畏惧死亡，屡出净谏之言。武则天时，他官拜左拾遗，在朝堂之上当着武则天的面，就敢于和御史中丞宋璟一同指责武则天的心腹张昌宗兄弟以权谋私。武则天想发火，但是没有发作，沉吟了半天，竟应允了宋璟、李邕的批评。这就是孔璋所言，"往者张易之用权，人畏其口，而邕折其角"。可见李林甫为排除异己，迫害李邕等有识之士的残酷，甚于武则天之于来俊臣。

李邕为人刚强激烈，不仅屡忤权贵，数遭贬斥，还遭遇后世一些文人所贬诬。前文提到，比李邕晚两代人的一个叫牛肃的小说家，居然编出一篇传奇小说，栽赃李邕谋害日本五百遣唐使，当然这只是文人胡编滥造之文，朝廷也不会有人相信。关于这个事我们在前面的专题里已经专门研究过，不在此赘述。

李邕为人刚强激烈，屡忤权贵，数遭贬斥，后为中书令李林甫构陷，含冤杖死，时年七十。唐代宗即位后，追赠李邕为秘书监。

对于李邕的死，杜甫悲痛欲绝，他哭道："坡陀青州血，羌没汝阳瘈。"[1]李白愤怒之极，感叹之极，他大呼："君不见李北海，英

---

① ［唐］杜甫：《八哀诗·赠秘书监江夏李公邕》，《全唐诗》（第七册），中华书局1960年版，总第2352页。以下只注篇名、书名、页码。

风豪气今何在？君不见裴尚书，土坟三尺蒿棘居。"[①]俱往矣，我们讲述一千二百年前发生在齐鲁大地上的故事，仍是一歌三叹！

（三）

《新唐书·李邕传》还记载，李邕以沉博绝丽的碑文，在有唐一代享有盛名，深受李白、杜甫、王翰等后辈诗人景仰。李邕文章冠绝一时，皇甫湜评为："李北海之文，如赤羽玄甲，延亘平野，如云如风，有貔有虎，阒然鼓之吁可畏也。"[②]豪荡不羁如王翰者，"乃窃定海内文士百有余人，分为九等，高自标置，与张说、李邕并居第一，自余皆被排斥"[③]。李邕一生著述丰富，尤其以巨大的碑文创作实绩，构成了唐文发展的一环。

《百家讲坛》讲李邕专题时说："李邕的书法'二王'入手，能入乎内而出乎其外。"其实，李邕书法渊源在于家学。李家的书法追溯到魏晋时已经十分有名，书法大家、"二王"之一的王羲之的书法启蒙也是源于李家，王羲之的启蒙老师是李邕的太祖奶奶卫夫人。

石树芳博士在《江夏李氏考索——以李善家族为检讨中心》中认为，李氏一门艺术以书法为最，魏晋时代书法被视为士族门第的标志与个人风度的象征。李式"善楷隶"，王羲之评价为："李式，平南之流，亦可比庾翼。"李式从弟李充"善楷书，妙参钟索，世咸重之"。李充母为卫夫人，卫夫人出身书法世家安邑卫氏，"隶书尤善，规矩钟公"，乃王羲之启蒙老师。卫夫人是联结李、卫、王

---

① ［唐］李白：《答王十二寒夜独酌有怀》，《全唐诗》（第五册），中华书局1960年版，总第1821页。

② ［唐］皇甫湜：《论业》，郑奠，谭全基编：《古汉语修辞学资料汇编》，商务印书馆1980年版，第124页。

③ ［唐］封演撰，赵贞信校注：《封氏闻见记校注》卷三·铨曹，中华书局2005年版，第22页。

三族的纽带，江夏李氏通过与安邑卫氏联姻与琅琊王氏交流，书法技艺融合各家优长迅速提高，弟子沿袭，享誉一方。李充不仅擅长书法，任大著作郎之时，"典籍混乱，充删除烦重，以类相从，分作四部，甚有条贯，秘阁以为永制"。图书四分法就此定型，李充出类拔萃，博学多才，文学艺术皆擅，实为江夏李氏典型代表。至李邕更是"书中仙手"，名满天下，据《旧唐书·文苑传》记载："邕早擅才名，尤长碑颂。虽贬职在外，中朝衣冠及天下寺观，多斋持金帛，往求其文。前后所制，凡数百首，受纳馈遗，亦至巨万。时议以为自古鬻文获财，未有如邕者。……其《张韩公行状》《洪州放生池碑》《批韦巨源谥议》，文士推重之。"[1]

李邕书《麓山寺碑》现存于湖南省长沙市麓山岳麓书院南面护碑亭内。李邕撰文并书，辞章华丽，笔力雄健，刻艺精湛，因文、书、刻工艺兼美，故有"三绝碑"之称，亦称"北海三绝碑"。此碑为历代艺林、文豪所推崇，宋代米芾曾专程前往临习。观邕之墨迹，其源流实出于羲之。议者以谓骨气洞达，奕奕如有神力，斯亦名不浮于实也。杜甫作歌以美之曰："声华当健笔，洒落富清制。"[2]为世之仰慕，率皆如是。这可以说反映了李邕书法的创新风格和在当时所产生的巨大影响。

第二节　集李邕著作大全的《李北海集》

（一）

《李北海集》全书共六卷，初为明无锡曹荃所刊。前有曹荃序，

---

[1]　参见《江夏李氏考索——以李善家族为检讨中心》。
[2]　《八哀诗·赠秘书监江夏李公邕》，《全唐诗》（第七册），总第2352页。

称绍和徽君刻唐人集，初得《北海集》，而余论之，不言为何人所编。大抵皆采摭《文苑英华》诸书，裒而成帙，并非原本。史称邕长于碑颂，前后所制凡数百首。

《四库全书》中提到李邕文集在本有七十卷，《宋志》已不著录。今惟赋五首，诗四首，表十四首，疏状各一首，碑文八首，铭、记各一首，神道碑五首，墓志铭一首。盖已十不存一。《旧唐书》称其《韩公行状》《洪州放生池碑》《批韦巨源谥议》为当时文士所重。李白《东海有勇妇》称："北海李使君，飞章奏天庭。"杜甫《八哀》诗称："朗咏六公篇，忧来豁蒙蔽。"[①]赵明诚《金石录》亦称《唐六公咏》，"其文词高古"[②]。今皆不见此集中，非常可惜。

目前所见的《李北海集》，是以文渊阁四库全书六卷本《李北海集》为底本所印。全书结构为：卷前有《凡例》，以下依次六卷。卷一为《赋诗》，其中"赋"收有：日赋、春赋、石赋、斗鸭赋、鹘赋并序（高适《和〈鹘赋〉并序》）；"诗"收有：《铜雀妓》《咏云》《登历下古城员外孙新亭》《同李太守登历下古城孙员外新亭》《奉和初春幸太平公主南庄应制》、韦嗣立《和初春幸太平公主南庄》附、李峤《和初春幸太平公主南庄》附、李乂《和初春幸太平公主南庄》附、宋之问《初春幸太平公主南庄》附、沈佺期《和初春幸太平公主南庄》附、邵升《和初春幸太平公主南庄》附、苏颋《和初春幸太平公主南庄》附。卷二"表"收有：《贺章仇兼琼克捷表》《贺加天宝尊号表》《贺新殿钟鸣表》《贺感梦圣祖表》《辞官归滑州表》《为濠州刺史王弼谢上表》《淄州刺史谢上表》《谢入朝表》《谢元宗书上考表》《谢敕书及彩绫表二首》《谢赐游曲江宴表》

---

① 《八哀诗·赠秘书监江夏李公邕》，《全唐诗》（第七册），总第2352页。
② ［宋］赵明诚著，刘晓东，崔燕南点校，《金石录》，齐鲁书社2009年版，第216页。以下只注篇名、页码。

《谢恩慰谕表》《进喜雪诗表》《进文马表》《谏郑普思以方技得幸疏》《谢恩命遣高将军出钱状》。卷三"碑"收有：《兖州曲阜县（今曲阜市）孔子庙碑》《嵩岳寺碑》《五台山清凉寺碑》《大唐泗州临淮县普光王寺碑》。卷四"碑"收有：《大相国寺碑》《海州大云寺禅院碑》《郑州大云寺碑》《楚州淮阴县婆罗树碑》《越州华严寺钟铭》《崧台石室记》。卷五"神道碑"收有：《唐赠太子少保刘知柔神道碑》《左羽林大将军臧公神道碑》。卷六"神道碑"收有：《赠安州都督王仁忠神道碑》《长安县尉赠陇州刺史王府君神道碑》《桂府长史程府君神道碑》。六卷之后有"墓志铭"：《左羽林大将军臧公墓志铭》。

（二）

朱佩弦博士在《〈李北海集〉版本源流述略》①中梳理了《李北海集》版本的形成、流传、转变的历史过程，陈述并分析了现存三大版本系统的具体情况和内容，并对《李北海集》的版本及其源流较为全面地概述。

曹荃《李北海集》刻本出来之前，李邕的文集版本应分为两个系统，即《李邕集》与《李北海集》。《旧唐书》本传称李邕有文集七十卷，《新唐书·艺文志》与《通志·艺文略》则皆著录为《李邕集》七十卷，故李邕的文集，最早应作《李邕集》七十卷。到《宋史·艺义志》时，《李邕集》已不见著录，李邕的文集于彼时应已散佚。

宋代苏颂《龙图阁直学士修国史宋公神道碑》一文称宋敏求篡唐文章之散逸、卷部不伦者，有《李翰林集》三十卷、《李北海集》十五卷、《颜鲁公集》十五卷、《刘宾客外集》十卷、《孟东野集》

---

① 载《沈阳大学学报（社会科学版）》2014年第6期。

十卷、《李卫公别集》五卷、《百家诗选》十卷。这是宋时《李邕集》已散佚之明证，也是《李北海集》之名出现之始。

《全唐文》卷二百六十至百六十五录存有李邕所作之文五卷，较曹荃本及乾坤正气集本多《端州石室记》等十八篇文章。《唐文拾遗》卷一十六又辑补其文九篇：《驳韦巨源谥议》《（缺）府别驾上柱国任府君神道碑（并序）》《龙山寺碑阴》《久别帖》《比无近书九帖》《吏部三弟帖》《胜和帖》《濮王帖》，余者一篇无题。《全唐诗》卷一百一十五录存其诗四首，与曹荃刻本所录四首同。《全唐诗补编·补全唐诗》中又辑补其诗三首：《度巴峡》一首，余者二首无题。《全唐诗续拾》卷十二又补有其诗五首：《游法华〈日赋〉附歌》《题滑州公府大厅梁上（题拟）》《秋夜泊江〔渚〕》，余者一首无题。

现存可见的李邕文集皆作《李北海集》，其版本有三个系统：一个是明崇祯庚辰年（1640年）曹荃刻本，一个是清姚莹《乾坤正气集》（即《大乾坤正气集》）刊刻本，再一个是民国时期卢木斋《湖北先正遗书》刊本。

虽历代有人将李邕诗文辑成《李北海集》，但仍未能引起后世学者的足够重视。直至今日，除了《全唐文》《全唐诗》等书编辑时对李邕诗文有所补益，《中国古籍总目》等书目对《李北海集》版本有简单的罗列叙述，此外并无对此书全面系统的研究，有意识从事《李北海集》整理和研究的学者也很少。大概是碑刻艺术研究的意义强于文学，而李邕碑颂书法又堪称古代大师级人物，所以在李邕七十卷文集散佚后，文人学者对李邕的研究重点多在其碑颂书法上。

（三）

在《李北海集》卷四"碑"中收有《海州大云寺禅院碑》，从这篇碑文中可以挖掘出很多海州历史文化信息，确实是好文章，笔者在下面专门为此大书特书。这个碑被许多人认为被赵明诚《金石录》所收录，但在前文介绍《金石录》中收录的海州碑刻时，笔者没有将《海州大云寺禅院碑》认定为被《金石录》所收录，有必要在此阐述说明。

《金石录》卷二十六记载："唐大云寺禅院碑：右《唐大云寺禅院碑》，李邕撰并书。初，武后时，有僧上《大云经》，陈述符命，遂令天下立大云寺。至开元二十六年，诏改为开元寺，此碑十一年建，故犹称'大云'也。"①

《金石录》卷二十六记载的这个《唐大云寺禅院碑》是否就是《海州大云寺禅院碑》？笔者认为存疑多多。

李邕能诗善文，工书法，尤擅长行楷书。当时的很多寺观常以金银财帛作酬谢，请李邕撰文书写碑颂。李邕一生共为人写了八百余篇碑文，得到的润笔费竟达数万之多。古今研究李邕碑颂的资料可称为"浩如烟海"，但所有研究文章皆会提到李邕的传世作品有《叶有道先生碑》《端州石室记》《麓山寺碑》《东林寺碑》《法华寺碑》《云麾将军李思训碑》《云麾将军李秀碑》，传世书迹以《岳麓寺碑》《李思训碑》最为世人重视。其中几乎找不到关于李邕的《唐大云寺禅院碑》，更不要说《海州大云寺禅院碑》了。

《金石录》卷二十六关于"唐大云寺禅院碑"这一条记载明确指出："武后时有僧上《大云经》，陈述符合命，遂令天下立大云寺。"那时因为皇上喜欢，便诏令"天下立大云寺"。《唐会要》卷

---

① 《金石录》，第216页。

四十八记载："天授元年十月二十九日，两京及天下诸州，各置大云寺一所。"①武则天建大云寺的目的是利用佛教为其登帝位造舆论，海州建大云寺即是在此背景下的。《金石录》"唐大云寺禅院碑"条还有两个重要信息：一是天下立大云寺是因为"有僧上《大云经》"，这肯定是献给国都长安寺院的，轮不到海州；第二条信息："至开元二十六年，诏改为开元寺，此碑十一年建，故犹称'大云'也。"海州大云寺后来并没有改名为"开元寺"。况且，各地称"大云寺"的多得去了，李邕撰"唐大云寺禅院碑"应该指的是长安的国寺，而且李邕写过不止一篇"大云寺"碑颂，《金石录》二十六卷里就收录了由他撰写的《郑州大云寺碑》（碑文在《李北海集》以及《全唐文》中皆有录）。此外，赵明诚、李清照编《金石录》不会不把碑文的"题名"写全，《海州大云寺禅院碑》在全唐文里标题就有"海州"二字，赵明诚录《郑州大云寺碑》都不忘"郑州"二字，难道唯独会把将《海州大云寺禅院碑》中的"海州"二字略去？显然不会的。因此，将《金石录》里收录的《唐大云寺禅院碑》认定为是《海州大云寺禅院碑》疑是"附会"。当然，如果将来地下挖出"证据"证明就是，笔者会再作更正。

第三节 《李北海集》中关于海州的记载

"海州大云寺碑"原碑早已佚失，《海州大云寺禅院碑》一文全文保存在《李北海集》《文苑英华》《全唐文》等书中。《李北海集》卷四"碑"收录的《海州大云寺禅院碑》，董诰等纂修的《全唐文》第三部卷二百六十四开篇即是这篇文章。这是李邕创作的一篇散文，

① ［宋］王溥撰：《唐会要》卷四十八《议释教下》，中华书局1957年版，总第850页。

全文含标题及后人笺校、标点共一千一百四十字。就是这篇散文，记载了很多史料所不见刊载的唐代海州的重要文献资料。笔者认为，它至少在三个方面补充已有的海州文献史料：其一，《海州大云寺禅院碑》是关于李邕来海州任职的证据；其二，《海州大云寺禅院碑》记录了唐代海州与日韩等国联系紧密，由此可见海州在海上丝绸之路的重要地位；其三，《海州大云寺禅院碑》记录了唐代海州发达的宗教文化。下面就从这三个方面解读《海州大云寺禅院碑》一文关于海州的记载。

（一）

《海州大云寺禅院碑》第三段记载："邕来守是邦，偶闻兹事，俯僧依佛，何日忘之？在家出家，惟其常矣。顷者下檄湖海，申明捕杀。鳞羽咸若，灾疫以宁，救蚁虽尚于沙弥，涸鱼每忧于释种。祁寒则怨，童子何知？率三省于短怀，寄一尘于宝地。别驾弘农杨公守坚字越石，本枝鼎贵，胄胤岳灵，直道守公，智印观法；司马琅琊王公元晷字固礼，高闱袭吉，皇士令名，资位升闻，纱意融朗：盛矣美矣，左之右之。"[①]

新旧两《唐书》都未记载李邕任职海州，有许多学者对李邕是否到任海州提出种种质疑。就连素有"中国史学界的朴实楷模"之称的著名历史学家、国学大师钱穆最欣赏的弟子严耕望先生，在《新罗留唐学生与僧徒》文中也怀疑："按邕序云：'邕来守是邦。'云云，但检两唐李邕传，曾官北海太守（青州刺史），不曾为海州刺史（东海郡太守）。疑此题'海州'当作'北海'，则青州也。

---

① ［唐］李邕：《大云寺禅院碑》，《李北海集》卷四，明崇祯十三年曹荃刻本，第121页。以下只注篇名、书名、页码。

邕守是郡在天宝初。"① 著名历史学家荣新江先生在《唐与新罗文化交往史证——以〈海州大云寺禅院碑〉为中心》中明确指出："严氏仅据两《唐书》立论，且疑'海州'为'北海'，其说实误。此碑宋代尚存，宋人金石著作中屡见记载。"②

荣新江先生进一步论证：陈思《宝刻丛编》卷十二"海州"条引《集古绿目》记：《唐大云寺碑》，唐海州刺史李邕撰异书。寺旧谓之碓师禅房，僧慧藏增茸之。碑以开元十二年四月立。

又佚名《宝刻类编》卷三记："李邕……海州刺史……"

《大云寺碑》：撰并书。开元十一年四月立。

以上三修材料表明，此碑建于唐玄宗开元十一年（723年），《宵刻丛编》作"十二年"显系传写之误。后两条材料不但明记碑在海州，而且告诉人们李邕确曾任海州刺史。这一点还可以从《舆地碑记目》卷二《楚州碑记》所记《唐娑罗木碑》注"唐开元十一年海州刺史李邕文并书"证实。③

《海州大云寺禅院碑》碑文中明确地说，李邕是任海州刺史后，听说了大云寺的历史，因此写成此碑。其中还称颂了自己的功德，并表彰了其手下别驾杨守坚、司马王元勖的家世品行。

（二）

在《海州大云寺禅院碑》中值得注意的是，李邕最后提到的"新罗通禅师"："时有新罗通禅师，五力上乘，一门深入，利行摄

① 严耕望：《唐诗研究丛稿》，新亚研究所1969年版，第458页。
② 荣新江：《唐与新罗文化交往史证——以〈海州大云寺禅院碑〉为中心》，沈善洪主编：《韩国研究第三辑》，杭州出版社1996年版，第17页。以下只注篇名、书名、页码。
③ 以上几段提到的荣新江论述、引文，均可参见《唐与新罗文化交往史证——以〈海州大云寺禅院碑〉为中心》，《韩国研究》第三辑，第18页。

俗，德水浮天，赞而演成，恭而有述。"①

这位"新罗通禅师"显然就是唐玄宗开元十一年（723 年）前后主持该禅院甚至大云寺的禅僧。新罗通禅师在海州"官立"大云寺中处于如此重要的地位并不是偶然的现象，这是海州与海东诸国通过海上丝绸之路进行文化交流的必然结果。

日本僧人圆仁在《入唐求法巡礼记》中对海州多有记载，《海州大云寺禅院碑》为圆仁的记载补充了一个较早的实例。海州大云寺禅院既然由新罗通禅师主持，那么可以推知该禅院内应当有一些新罗僧徒，因此，海州大云寺的禅院亦可以称得上中外交流的重要场所（荣新江先生称之为"新罗院"）。考虑到海州在对外往来中的地位，以及新罗人在山东、江苏的分布，这种看法是不难理解的。事实上，通禅师不过是入唐求法的大批新罗僧侣之一，但李邕能为大云禅寺写这么一篇《海州大云寺禅院碑》，说明通禅师与他的关系不错。换句话说，通禅师注重与"政府"保持良好的沟通，所以作为外来求学僧，他身在海州能有寺院住持这一特殊身份。这也让我们了解到，通禅师在中国与新罗文化交往中的地位非同一般。

唐朝前期通往朝鲜半岛的最主要海路，是以登州（今山东蓬莱）为出海口的。唐德宗时宰相贾耽撰《皇华四达记》中提到"登州海行入高丽渤海道"②。而海州作为远行商船或使臣官船出海口的记录，至少在唐开元以前没有史料记载（当然，司马迁《史记》有徐福记述只是基于"传说"）。结合李邕《海州大云寺禅院碑》的记述，新罗通禅师来海州"任职"（住持）必然是有"官方"行为作保障的。这一记载，说明海州在开元年间已经是海外诸国人入华的接待口岸

---

① 《大云寺禅院碑》，《李北海集》卷四，第 121—122 页。
② 《新唐书》卷四十三下，《总第三十三下·地理七下》，总第 1146 页。

了，海州作为官方"对外开放"口岸的记录也因此提前了，填补了海州史料的"一项空白"。

这也引起我们对唐开元年间编成的《水部式》记载的一段话进行重新审视："沧、瀛、贝、莫、登、莱、海、泗、魏、德等十州共差水手五千四百人，三千四百人海运，二千人平河，宜二年与替，不烦更给勋赐。"[①]说明唐朝官方在涉"水"（包括海、运河）运输力量配置上，即在这十州五千余名水手的分配上，服海运役的"三千四百人"应当主要来源于临海的登州、莱州、海州三地，其他七州均在运河两岸附近，应负责平河役人的提供。由此可见，海州从事官府指派的海运人数当在千人左右，荣新江先生指出，人民交通出版社1987年出版的《连云港史（古、近代部分）》一书认为"总数三百人左右"似有误。除了"官派"的海运人员外，民间从事海上运输、海外贸易的人亦应不在少数。到838年圆仁记载先后多次从海州入境求法也就顺理成章了。

可见，古海州港（今连云港）作为海上丝绸之路的重要节点，今天作为"'一带一路'交汇点"，是历史形成的。今天我们连云港因海上丝绸之路能和登州、扬州等列入申遗城市之列是历史赋予的使命。

（三）

寺院，是一个宗教活动的中心，更是包含宗教在内的学术文化活动的重要载体。正是由于海州"大云寺"的"官寺"性质，作为海州刺史的李邕才会特别为大云寺禅院写篇碑文，以表彰该寺的高僧，申明自己的崇佛善意。

---

① 转引自蒋超：《郑国渠》，陕西科学技术出版社2017年版，第173页。

从《海州大云寺禅院碑》碑文中，我们也能考察到唐时海州宗教文化的繁荣。

碑文写道："天也地也，……独有导师空王，禅那宴寂，一念首安住之域，加行证无为之阶，密教内修，庄严外度，双引相应，并照两忘，然后生无生净名不去，照无照了义能觉。爇菩提之炬，则枳棘涤除；楫般若之航，则横流既济。湛四体于中道，超三有以上征，精舍攸跻，度门斯盛，其此之谓矣。"①

于洋主编《海州文化丛书·海州故事》②里说到，从李邕所写《海州大云寺禅院碑》碑文的表述，可知新罗通禅师是"弘忍的再传弟子"，与当时唐朝国师普寂同出一门。这里涉及禅宗的流布与弘扬。唐初以来，中国和新罗就保持着友好关系，一批批新罗学生留学唐朝，有的还在唐朝登第入仕，名闻中外。新罗佛教僧侣更是抱着真诚求法的热情，一批又一批地入唐寻求真谛，武周天授二年（691年）羲净撰《入唐西域求法高僧传》，就提到七位新罗高僧。但最有名的还是开元年间西行东返的慧超法师，他的行纪《往五天竺国传》已在敦煌写本中发现。唐朝前期入唐的新罗僧人，大多学习华严、法相、天台、律宗，其中较著名的有唐太宗贞观元年（627年）入唐的圆测，著有《成唯识论》等；贞观十二年（638年）入唐的慈藏，回国后整顿僧尼戒律，创立僧官制度；唐高宗永徽元年（650年）入唐的义湘，徙师终南山至相寺智俨，回国后弘传其说，被尊为海东华严初祖。至于禅宗，目前只知有法朗，是唐初双峰山四祖道信的弟子。禅宗的迅猛发展是在五祖弘忍时期，"时四方请益，九聚师模；虚往宵归，月逾千计"。唐高宗上元元年（674年）

---

① 《大云寺禅院碑》，《李北海集》卷四，第117—118页。
② 于洋：《海州故事》，中国文史出版社2017年版。

弘忍死后，他的十大弟子分布南北，弘忍大弟子神秀（名列六祖慧能之前）到东京洛阳，"遂推为两京法主，三帝（武后、中宗、睿宗）国师"，唐中宗神龙二年（706年）神秀死后，中宗下旨，令其弟子普寂统领徒案，宣扬教迹。《海州大云寺禅院碑》所提到的"新罗通禅师"即为普寂同门，似应为神秀嫡传，故为"弘忍的再传弟子"。普寂于唐玄宗开元二十七年（739年）圆寂，"新罗通禅师"住持海州大云寺时普寂还健在。

国师普寂的同门，"弘忍的再传弟子"住持"官寺"大云寺，海州宗教文化在唐朝地位之高可见一斑。

第二章 张耒《柯山集》的海州书写

"家本淮南,仕者数世"的张耒,天生就是一个才子,"幼颖异,十三岁能为文",弱冠进士,可谓才华横溢。

作为"苏门四学士"之一,这个"苏门"才俊不是浪得虚名的,他留下多部文集,诗文多达两千七百多篇。

宋代著名婉约词人李清照也曾受到过他的指导、栽培。

张耒的诗赋艺术特色非常鲜明,历史上曾有人这样评价他:"文章之于人,有满心而发,肆口而成,不待思虑而工,不待雕琢而丽者,皆天理之自然,而性情之至道也。"

张耒的评说文论更有独特,广泛涉及为官理政、知人善用、法制建设、风俗人情等多个方面。这些不仅能够展示出作为官员的张耒的价值取向、理政能力和思维水平,还可以读懂作为文人的张耒的思想境界。

张耒在海州并不曾有家庭亲戚关系,也不曾在海州做官,但他频繁光顾海州,并与海州结下了深厚的情缘。

张耒初来海州时是二十二岁,后来在官场上屡遭坎坷,到五十二岁宋徽宗诏除党禁才得以恢复自由，在那以后他常来海州，直到六十岁去世，三十多年时间里他多次来过海州，为海州留下了很多诗文。

在《四库全书·集部·别集类》收录有张耒的《柯山集》五十卷，仅仅《柯山集》中，张耒关于海州书写的诗赋就有二十多首：

卷一《后涉淮赋》，卷十《山海》，卷十一《应龙》，《海州道中二首》，卷十四《涟水》，卷十六《将至海州明山有作》《秋日登海州乘槎亭》《登海州城楼》，卷十七《自海州至楚途次寄马金玉八首》，卷二十《过涟水》，卷二十一《登乘槎亭》，卷二十四《题海州怀仁令藏春亭》《题绿野亭》……

这还不包含张耒其他文集以及没有收入文集的、佚失的诗文。

张耒的海州书写与那些在海州生长过或亲友在海州或做官（工作）在海州的文人是不同的。张耒出生在楚州淮阴（今淮安市清江浦区），但一直没有在海州、淮阴生活、做官，就这样，张耒还能多次抽出时间来海州，并为海州留下诗赋，足见其与海州有缘。

张耒留下的关于海州的诗赋，有对海州山海风光的咏叹，有来往海州途中表达对海州的向往与怀念，有对海州诗友的深情厚谊，有海州民情风俗的记述。

张耒的这些海州诗赋，不仅展示了他与海州的深深情缘，也为海州历史文化留下了宝贵的资料。

第一节 "苏门才俊"张耒

（一）

张耒，字文潜，号柯山。生于宋仁宗皇祐六年（1054年），卒于宋徽宗政和四年（1114年）。他祖籍亳州谯县（今安徽亳县），故自称"谯郡张耒",或"清河张耒",生于长于楚州淮阴（今江苏淮安）。《宋史》有《张耒传》。

张耒出生于一个仕宦之家，《上蔡侍郎书》中，张耒自云："家本淮南，仕者数世。"① 张氏家族虽然"仕者数世"，却并不显赫，在这样的家境中，张耒发奋求学。张耒的文学成就，一部分来自家庭的熏陶，还有一个较大的因素就是到处游学。《宋史》载，张耒"幼颖异，十三岁能为文"②。其《高闲苏才翁帖跋》自叙十四岁见太学直讲杨襃家藏欧阳修题跋的唐《高闲上人二帖》石本，"心焉好之"。

张耒十五岁即离家外出游学陕西。他在《再和马图》中说道："我年十五游关西，当时唯拣恶马骑。"③ 十七岁作《函关赋》，已有了广泛的影响。游学于陈州（今河南周口）时，张耒让当时陈州学官苏辙"见而爱之"，遂得以从苏辙学习。宋英宗熙宁四年（1071年），苏轼出任杭州通判路过陈州，在苏辙的引荐下，张耒得以拜谒苏轼，颇得苏轼青睐。苏轼见其文"汪洋澹泊，有一唱三叹之声"，遂将其列为门人之列。张耒深为学官苏轼爱重，从苏轼游，为"苏门四学士"之一。黄庭坚、秦观、晁补之、张耒四学士都出自苏轼门下，最先将此四人并称的即苏轼本人。苏轼说："如黄庭坚鲁直、晁补之无咎、秦观太虚、张耒文潜之流，皆世未之知，而轼独先知之。"④ 后人称之为"苏门四学士"。后来某一年，苏轼主

---

① ［北宋］张耒：《上蔡侍郎书》，［北宋］张耒撰；李逸安等点校：《张耒集》卷五十五，中华书局1990年版，第834页。以下只注篇名、书名、页码。
② ［元］脱脱等著，《宋史》卷四四四《列传第二百三·文苑六》，中华书局1977年版，总第13113页。以下只注书名、篇名、页码。
③ 《再和马图》，《张耒文集》卷十四，第237页。
④ ［北宋］苏轼：《答李昭玘书》，《苏轼文集》（第四册），中华书局1986年版，总第1439页。

持礼部贡举考试，刻意将门人张耒任命为读卷官，参加阅卷工作。

熙宁五年（1072 年）秋，时年十九岁的张耒因其父任吴县令，遂到苏州应举，应举期间，又得到苏州通判唐通直的青睐与照应。第二年三月，张耒应宋神宗亲自策问的进士考试，得中进士，寓居京师，不久又出京师。熙宁七年（1074 年），由王安石提举，张耒被授予临淮（今安徽泗县）主簿。自熙宁七年（1074 年）至宋神宗元丰八年（1086 年），张耒历官临淮主簿、寿安尉、咸平县丞。宋哲宗元祐初年被征召入京，授太学丞、秘书省正字、著作郎、起居舍人等职。张耒身材肥大，时人戏称"肥仙"。在此期间，他一直与苏氏兄弟及其同门、文友保持书信往来，探讨学业。

有荣耀辉煌之时，就有被贬黜漂泊之日，宋哲宗绍圣元年至宋徽宗崇宁五年（1094—1106 年），张耒也经历了漂泊不定的十三年坎坷仕途的阶段。绍圣元年（1094 年），哲宗亲政，新党上台，将元祐时老臣尽数贬黜，苏氏兄弟相继被贬官，作为苏门弟子，张耒以龙图阁直学士知润州（今江苏镇江），忽又被解职，改知宣州（今安徽宣城）。绍圣四年（1097 年），又被贬为黄州（今湖北黄冈）酒监。宋哲宗元符二年（1099 年），张耒坐元祐党籍，贬为复州酒监。是年，哲宗驾崩，徽宗即位，张耒被升为黄州通判，宋徽宗建中靖国元年（1100 年），改任太常少卿、除奉常，又改知兖州、颍州（今安徽阜阳）。宋徽宗崇宁元年（1102 年），苏轼自海南迁入内地，卒于常州，张耒在颍州为其举哀行服，结果因此触怒权贵，被贬为房州（今湖北房县）别驾，黄州安置。直至崇宁五年（1106 年），宋徽宗诏除党禁，方才得以自由。这期间，张耒荣辱不定，沉浮宦海，其间哀乐，令其难以忘怀。

张耒度过令人伤神的晚岁光景，于政和四年（1114 年）殁于陈州，归葬于淮阴。

（二）

张耒在《张夫人墓志铭》中称："（张）夫人于某为从姑"[1]，从姑即从祖姑，《尔雅·释亲》云："父之从父姊妹为从祖姑。"从姑也即父亲的叔伯姐妹，既然张夫人乃"礼部侍郎讳傅之孙，赠太常博士讳彭之女也"[2]，那么张耒的家世可以厘清。

张耒的曾祖父为张傅。张傅，字岩卿。亳州人，宋真宗时累官著作佐郎，知奉节县，历三司度支副使，以工部侍郎致仕，史载他"强力治事，七为监司，所至审覈簿书，勾摘奸隐，州县惮之"[3]。张耒的祖父在福建做官，张耒的外祖父李宗易（《柯山集》卷四十四有《记外祖李公诗卷后》），字简夫，宛丘人，少好学，诗学白居易，宋真宗天禧三年（1019年）进士，详于吏治，历尚书屯田员外郎，知光华军事，宋仁宗庆历间官至太常少卿，与晏殊相知甚深，宋仁宗至和二年（1055年）归老于陈州，与时为宛丘博士的苏辙往来较多，熙宁四年（1071年）张耒的外祖父李宗易去世，他的舅舅李君武以武举中第。张耒的父亲曾居于山阳，任过三司检法官，他正直耿介，任职之时不仅断案如神，而且体恤百姓。三司检法官，这是一个俸禄微薄的官，但"愿请前任前受者听，若转京朝官"，能转京官还是很有吸引力的。做了京官后，因为父母年纪已老，张父请求调离家较近的地方任官，后调任吴江县令。

张父在将出京赴任之前，一时京中名流多作诗为其送行。现存的《明道杂志》即载有当时名流，如吴正宪、王中甫等人为他写的送行诗。其父还跟从当时的易学大家赵周翰学习过《易经》，与赵

---

① 《张夫人墓志铭》，《张耒文集》卷五九，第889页。
② 《张夫人墓志铭》，《张耒文集》卷五九，第889页。
③ 《宋史》卷三百《张傅传》，总第9976页。

周翰极其相知。张耒《离楚夜泊高丽馆寄杨克一甥》（其四）提到"狱成上府时，稽颡呼张侯"，讲的是张父在居父母丧时对宾客额头至地的跪拜礼节，此句下还有一条自注："先子治狱，恤因最有恩，事载墓刻。"[1] 张父之深得百姓爱戴，可窥一斑。

张耒排行十二，兄妹见于诗文的只有"七兄""八兄"以及姐、妹各一人。《张耒集》中有与"七兄"张君复酬唱之诗《喜七兄疾愈二首》（《柯山集·卷二十·五言绝句》），七兄居于淮阴一带，了结尘缘，专意禅悦；八兄是元忠学士，张耒只是在诗中写到过他。张耒另有表兄弟李文饶、李德载两人也曾出现于张耒诗中。张耒较少与自己的兄弟酬唱往来，可能是他的弟兄不善笔墨，加之张耒少年及第，又屡屡在仕途奔波，拉开了与师事道术的兄弟的距离。

张耒的子嗣，诗文中可见知的有三子一女，三子为：秬、秸、杯。张秬可能为长子，张耒对他进行教育和鼓励最多。三子皆中进士第，命却都不长。陆游《老学庵笔记》卷四道："张文潜三子：秬、秸、和，皆中进士第。秬、秸在陈死于兵，和为陕府教官，归葬二兄，复遇盗见杀，文潜遂无后，可哀也。"[2] 张耒的女儿嫁与钱塘陈景初。

（三）

有宋一代，在文学艺术领域里，宋词是大放异彩的文学形式。宋朝优秀的词人辈出，以苏轼、辛弃疾等为代表的豪放词和以柳永、李清照等为代表的婉约词，犹如两朵竞相绽放的花朵，以其芬芳馥郁和曼妙多姿，为世人呈现了宋词的惊艳。笔者在以前专题里介绍过的李清照，有人说其"受业于张耒""张耒是李清照启蒙老师"，

---

[1] 《离楚夜泊高丽馆寄杨克一甥》（其四），《张耒文集》卷六，第83页。

[2] ［南宋］陆游撰，杨立英校注：《老学庵笔记》，三秦出版社2003年版，第118页。

这虽不一定符合事实，也或有夸大成分，但是，李清照得益于张耒指导、受到张耒的影响很大是肯定的。

1085 年，宋哲宗即位后，苏轼调任到汴梁，担任礼部郎中，不久又升为起居舍人，翰林学士知制诰，知礼部贡举。就在这一年，张耒也被调到汴梁，"苏门四学士"齐聚汴梁任职，同作朝廷栋梁才。后来，李清照的父亲李格非以及廖正一、李禧、董荣也都拜投在苏轼门下，接受了苏轼的言传身教，这四人也被称为"苏门后四学士"。

在诸多的同僚朋友中，李格非和张耒的关系算是最要好的了，李格非元祐元年（1086 年）进京，官太学录，这一年李清照三岁。从这一年至元祐九年（1094 年），张耒和李格非两人同朝为官，以致他后来到地方任职之后，两人还保持书信往来。李格非去世后，张耒为其作墓志，足见两人的深情厚谊。张耒在李格非墓志铭中还提到"长女能诗"，说的就是李清照写诗的事情。

李格非长张耒九岁，在汴梁期间，张耒经常到李格非的家中，研讨诗词文学，谈论家国天下事，年幼的李清照总是在一边认真地聆听大人们的谈论。

稍稍懂事以后李清照最感兴趣的就是他们谈论的诗词文学，她的聪颖和对文学的喜爱，以及表现出的天赋，加之活泼开朗的性格，引起了张耒的注意。张耒年长李清照三十岁，李清照七八岁时，每每有新的词作完成，总会拿给张耒看。经过张耒的精心指导，李清照的词艺精进不少，还不到十岁的她就已经在诗词方面取得了长足的进步。长大之后，李清照与张耒的叔侄关系也变成了亦师亦友的关系，以至于后来两人还有诗文的往来和诗词的唱和。从某种程度上来说，李清照最初的词作里就有她的老师张耒的痕迹。如果说父亲李格非是李清照的家庭教师的话，张耒就是李清照的启蒙老师。

从李清照早期的词作中，的确能看到张耒词作的痕迹，因为少年时期李清照处于学习和认知的上升阶段，在词中难免会模仿他人，创作的灵感大多也来源于自己的老师张耒。

元符二年左右，张耒写下了七古《读中兴颂碑》。这首诗简述了平定安史之乱的史实，展示了中兴碑雄奇的特色，赞颂了中兴功臣们为护国安民的崇高精神。十五岁的李清照在读到张耒的这首诗作后，激情澎湃地写下了《浯溪中兴颂诗和张文潜》两首七言长诗，这大概是他们的第一次唱和。有人从两人的词作对比中，发现了李清照前期的作品中多有张耒的影子。比如，李清照《醉花阴》与张耒《秋蕊香》的比较，《醉花阴》无论从用韵还是意境来看，都有《秋蕊香》的影子，可以说灵感就是来自张耒的词作。

第二节　为学为论、诗文荟萃的《柯山集》

（一）

张耒的诗文在南宋已有多种刊本乃至抄本流传，说明他的诗文在当时就是很受欢迎。张耒以诗名世，关于张耒的诗文到底有多少？陈海丽的学位论文《张耒及其诗歌研究》中说张耒有"诗近两千一百首，文章三百多篇，还有笔记体《明道杂志》一卷"①。自宋以来，张耒诗文集有《柯山集》五十卷、《拾遗》十二卷（清陆心源辑）、《续拾遗》一卷，分别有福建本、广雅书局本，收入《武英殿聚珍版书·集部》《丛书集成初编·文学类》中。还有《张右史文集》六十卷，收入《四部丛刊·集部》中。《柯山集》收入《四

---

① 　陈海丽：《张耒及其诗歌研究》，南京师范大学硕士学位论文，2004年。

库全书·集部·别集类》中，因张耒《宛邱集》的诗赋尽入其中，所以又称《宛邱集》。目前较为权威的张耒诗文集，是在《四库全书·集部·别集类》总册数第一千一百一十五册收录的张耒的诗文别集《柯山集》。

《四库全书》版《柯山集》共五十卷，被拆分成十一小册，卷一至卷五、卷六至卷九、卷十至卷十三、卷十四至卷十八、卷十九至卷二十二、卷二十三至卷二十七、卷二十八至卷三十二、卷三十三至卷三十六、卷三十七至卷四十一、卷四十二至卷四十六、卷四十七至卷五十各一册。

《柯山集》卷一、卷二收录"赋"；卷三至卷五为"古乐府诗歌"；卷六至卷九为"五言古诗"；卷十至卷十三为"七言古诗"；卷十四、卷十五为"五言律诗"；卷十六至卷十九为"七言律诗""七言长诗"；卷二十收录"五言绝句""六言绝句""七言绝句"；卷二十一至卷二十六为"七言绝句"；卷二十七至卷三十收录"同文唱和诗"；卷三十一收录"表""状"；卷三十二至卷三十八为"论"；卷三十九收录"议""说"；卷四十为"序"；卷四十一为"记"；卷四十二收录"记""赞"；卷四十三收录"传""铭""偈""评"；卷四十四至卷四十五收录"题跋""书"；卷四十六为"书简"；卷四十七为"启""疏"；卷四十八为"祝文"；卷四十九、卷五十为"墓志铭"。

（二）

张耒作为"苏门四学士"之一，苏门的"骨干人物"，北宋后期的重要作家，在苏轼、苏辙及"四学士""六君子"中最后一个辞世，留下了两千多首诗，数百篇文。张耒的诗歌虽不及苏轼诗众体兼备、汪洋恣肆，也不像黄庭坚的诗那样具有开宗立派的影响力，却能在苏门文人圈中自具面目——自然奇逸、平易圆妥，体制敷腴、疏通秀朗。在苏、黄诗风大盛之时，张耒诗却另具面目，表现出鲜明的独特性，并以其富有特色的文学思想和丰厚的创作实绩卓然自立于元祐诗坛。他在当时就已获得苏轼的称誉，东坡尝语子过曰："秦少游、张文潜才识学问，为当世第一，无能优劣二人者。少游下笔精悍，心所默识而口不能传者，能以笔传之。然而气韵雄拔，疏通秀朗，当推文潜。"① 张耒的文学思想和创作实绩具有比较高的学术研究价值，这应当是无可置疑的。张耒作为"苏门"的骨干人物，也非常值得重视，不应该被轻视甚至被忽视。但在当今，张耒的确被学术界轻视以至于忽视了，迄今为止，关于张耒的研究仍是"苏门四学士"研究中最薄弱的一环。

张耒的诗多受白居易、张籍影响，讲究自然朴实，极少用硬语僻典，因而十分好读也耐读，明朝文学家、诗论家胡应麟称其诗"闲淡平整，时近唐人"。张耒在《贺方回乐府序》中说过："文章之于人，有满心而发，肆口而成，不待思虑而工，不待雕琢而丽者，皆天理之自然而情性之至道也。"② 张耒写过不少揭露统治阶级暴政、展示豪强恶劣的狰狞面目的诗，如"吏兵操戈恐不锐，由来杀人伤正气"；也写过反映底层劳动人民疾苦、平民百姓在饥寒交迫下惨景的诗歌，如"饥儿道上扶其老""饥寒刑戮死则同"。诗人面对社会的黑暗，对劳动人民表示了深切同情："人间万事莽悠悠，我歌此诗闻者愁。"语言明白晓畅，感情深笃真切。他还有些诗写得恬淡生动，口语味极浓，如《夏日》等。

---

① 《东坡论秦少游张文潜》[宋] 朱弁撰，孔凡礼点校：《曲洧旧闻》卷五，中华书局2022 年版，第 155 页。
② 《贺方回乐府序》，《张耒文集》卷四十八，第 755 页。

（三）

张耒作为一个进士，一个从最基层"公务员"干起来，先后做过主簿、寿安尉、县丞，著作郎、史馆检讨、知州的官员，对公文可谓了然于心。《柯山集》涉及的各类文章，基本上涵盖了基层官员所用到的各种"公文体"和科考的各类"考试体"以及各种"应用文"。

在诗歌之外的文章中，"表""状""启""疏""祝文"收录的文章，最能够展示出张耒作为一个官员的为官理政能力和思维水平，与此同时，各篇"表"是研究张耒的任职履历的第一手好资料。贺同僚任职之"启"，为百姓求雨之"疏"，凸显张耒积极为民服务、为朋友同僚祝福的阳光心态；祭社、祭先王、祭先贤，为百姓求雨求晴、祭积德、有功之百姓的"祝文"，显示出张耒心系社会、心系百姓的宽广胸怀；"墓志铭"两卷中，对逝去的庞安常、商屯田、吴大夫、李参军、杜氏、李夫人、张夫人、吴天常、潘公等先贤作铭写志，显示了张耒不仅文采飞扬，也为人正直，同时也说明张耒有广泛的群众基础，深得百姓爱戴。

从"论""议""评"这一部分文章中，可以读懂张耒的思想境界。特别是卷三十二至三十八共有七卷写了大量的"论"，涉及知人善用、法制建设、风俗人情的包括："知人论""礼论""敦俗论""法制论""用大论""悯刑论""驳相论"等；涉及对历史上各朝各代的认识与评价的包括：秦论、魏晋论、晋论、唐论、五代论，等等；涉及皇帝、文臣武将等历史人物评价与论述的包括：汉文帝、汉景帝、唐代宗、唐德宗、唐庄宗、子产、吴起、商鞅以及乐毅、鲁仲连、萧何、子房、卫青、司马迁、丙吉等数十人。"议"涉及对文帝、韩信、老子的人物的评议，也有对"平江南"和楚国的议说和关于"讳言""感言""乱原"的言说。这些议论和言说，凸显张耒知识渊博、观点鲜明、思维超前、逻辑清晰；"序""记""赞""传""铭""题跋""祝文"，更是尽显张耒的文采风流。

（四）

张耒的诗文集在其生前已行世。因北宋新旧党争而致元祐学术之禁，苏门诸人著作悉被诏令禁毁，《张耒集》也在禁毁之列。《续资治通鉴长编拾补》卷二十一崇宁二年四月乙亥条说："诏：三苏集及苏门学士黄庭坚、张耒、晁补之、秦观及马涓文集，范祖禹《唐鉴》，范镇《东斋记事》，刘放《诗话》，僧文莹《湘山野录》等印版，悉行焚毁。"[1]宋钦宗靖康元年（1126年）二月，钦宗诏除元祐党籍、学术之禁，张耒的诗文集在南宋初年开始有记载和著录。南宋高宗绍兴初年，汪藻编定《柯山张文潜集》（《张龙阁集》）三十卷，收诗一千一百六十四首，文一百八十四篇，效白体疑伪者未收编入《别录》，是今天见到的关于张耒著作的最早记录。

绍兴十三年（1143年），张表臣编定《张右史集》七十卷，通诗文二千七百余篇，包括汪藻、王鉄、何若、秦熺四家录藏之本。《谯君先生集》一百卷，周紫芝补，所据补之本，有《柯山集》《张龙阁集》《张右史集》。从上述可知，流散之张耒诗文，至周氏所补百卷本，乃汇聚诸本，堪称大备。还有晁公武《郡斋读书志》著录《山集》一百卷。陈振孙《直斋书录解题》著录《宛丘集》七十卷《年谱》一卷蜀本七十五卷。总之，南宋时张耒集版本已较多，名

---

① ［清］黄以周等辑注，顾吉辰点校：《续资治通鉴长编拾补》卷二十一，中华书局2004年版，总第741页。

称卷次、收录诗文多寡均有差异，只是这些本子皆散佚不传。①

《宋史》卷二〇八《艺文志七》著录："《张来集》七十卷，《进卷》十二卷。"②祝尚书先生认为："'来'当是'耒'之讹。百卷本原名《谯君先生集》，《柯山集》百卷殆即其本，盖付刊时所更。蜀刊《宛丘集》七十五卷，疑即张表臣所编《张右史集》，而稍增其卷次。若《张来集》果即《张耒集》，则《进卷》十二卷今已全佚。"③马端临《文献通考·经籍考》著录"张文潜《柯山集》一百卷"④。明胡应麟《少室山房笔丛·柯山集杂考》也提到"张文潜《柯山集》一百卷"。胡应麟说："张文潜《柯山集》一百卷，余所得卷仅十三，盖抄合类书以刻，非其旧也。余尝于临安僻巷中见抄本书一十六帙，阅之乃文潜集，卷数正同，书纸半已漶灭，而印记奇古，装饰都雅，盖必名流所藏，子孙以鬻市人。余目之惊喜……"⑤

第三节 《柯山集》中的海州书写

（一）

张耒一生虽然仕途坎坷，但他性情豁达、文采飞扬，这也与他的游学经历有关，这种游学经历养成的"漂泊"性情一直伴随着他，到他"工作"以后，也是漂泊在各地做官。在他的漂流生涯中，海州是他重要的"休闲驿站"，民间俗话说："一回生，二回熟，三回

---

① 韩文奇：《张耒及其诗歌创作研究》，西北师范大学博士论文，2006 年。
② 《宋史》卷二〇八《艺文志七》，总第 5370 页。
③ 祝尚书：《宋人别集叙录》卷十三，中华书局 1999 年版，第 619 页。
④ ［元］马端临：《文献通考》卷二百三十七《经籍考六十四》，清乾隆十二年武英殿刻本，总第 19475 页。
⑤ ［明］胡应麟撰：《少室山房笔丛》卷三，上海书店出版社，第 38—39 页。

是朋友。"张耒之于海州，何止来往三五次，可以称之为海州常客。

张耒与海州有缘，《柯山集》开篇第一卷中就有《后涉淮赋》写他来到东海（海州），因此前于"甲寅之秋"写有《涉淮赋》，故此篇题为《后涉淮赋》。《后涉淮赋》的题记写道："甲寅之秋，自正阳涉淮，作《涉淮赋》。既至泗之临淮，邑之东南皆淮也，朝游夕济，凡淮之惊畏风涛之变，无不历之矣。金秋又以事之东海，至涟水，入涟河，舟人告予曰：'淮水自是入海矣。'予生二十有二年，吴、楚、秦、蜀之国，来往殆遍，窃悲其迹之不常，作《后涉淮赋》，以自广云。"[①]据此记载，张耒年纪轻轻就游遍"吴楚秦蜀之国"，二十二岁就来到东海（时海州属县，今南城），此时为宋神宗熙宁九年（1076年），这大概是他第一次来海州。

在《嘉庆海州直隶州志》卷十三里，还收录一首张耒的七言绝句《绿野亭》，在《柯山集》卷二十四也收录这首七言绝句，名为《题绿野亭》，两首诗虽题名不同，却是同一首诗：

> 渺渺孤亭沧海东，天连平野思无穷。
> 可须户牖毫端上，自揽山河眼界中。[②]

"绿野亭"到处都有，写绿野亭的诗歌也比比皆是，明代祝允明写过《莆田郑殿中绿野亭》，北宋米芾写过《吴侍禁绿野亭》……名气最大的还是和张耒同时代的诗人郑伯玉，他也写过多首《绿野亭》七言绝句。《嘉庆海州直隶州志》收录的七言绝句《绿野亭》，我们从诗的环境、作者张耒、诗的意境等多方面来看，"渺渺孤亭

---

① 《后涉淮赋》，《张耒文集》卷一，第11—12页。
② 《题绿野亭》，《张耒文集》卷三十，第520页。

沧海东"，诗人登亭仰望无际的海阔天空的景象，自然流露出心驰神往的心境，这写的应该是位于海州城南的"绿野亭"。据李德身先生在《诗赋海州》中说："此诗亦为张耒晚年来游海州时作。"①

张耒从 1076 年二十二岁来海州，到宋徽宗崇宁五年（1106 年）诏除党禁，五十二岁得以自由后，依然经常游海州，三十多年的海州情，让他堪称"海州常客"，留下了多篇歌咏海州的美好诗篇。

（二）

张耒爱上海州，他来海州都有诗文记录。从《柯山集》所收录的诗文看，张耒不仅登上海州城楼，写下《登海州城楼》一诗，还两次登上孔望山顶的"乘槎亭"、海州城南的"绿野亭"。这几次游历都有诗作留存。

《登海州城楼》（《柯山集》卷十六）写道：

> 城外沧溟日夜流，城南山直对城楼。
>
> 溪田雨足禾先熟，海树风高叶易秋。
>
> 疏傅里闾询故老，秦皇车甲想东游。
>
> 客心不待伤千里，槛外风烟尽是愁。②

宋代海州东、北两面均为大海所包围。《登海州城楼》中所写"城外沧溟"，指的州城临海的景象；"城南山"指朐山；"疏傅里闾"，是说西汉官至太子太傅的疏广、官至太子少傅的疏受叔侄二人的故里在"东海"（其实，二疏故里实为汉之东海兰陵，并非宋之东海）；秦皇东游，指《史记·秦始皇本纪》所载秦始皇东巡到

---

① 李德身：《诗赋海州》，中国文史出版社 2005 版。

② 《登海州城楼》，《张耒文集》卷二十一，第 386 页。

胸山海边，还有立石秦东门之说。

《秋日登海州乘槎亭》(《柯山集》卷十六)写道：

> 海上西风八月凉，乘槎亭外水茫茫。
>
> 人家日暖樵渔乐，山路秋晴松柏香。
>
> 隔水飞来鸿阵阔，趁潮归去橹声忙。
>
> 蓬莱方丈知何处，烟浪参差在夕阳。[①]

据《嘉庆海州直隶州志·山川考》："乘槎亭在龙兴山（今孔望山）巅，可观海。"[②] 苏轼也写过此亭。

张耒的另一首《登乘槎亭》(《柯山集》卷二十一)写道：

> 海天秋雾暗乘槎，风响空山浪卷沙。
>
> 杳杳橹声何处客，一帆冲雨暗天涯。[③]

同一个乘槎亭，值得张耒两次抑或多次登临，并留下两首诗作，可见乘槎亭在张耒心中的分量，也足见他对海州是敬爱有加。

第一首七言律诗《秋日登海州乘槎亭》，写秋日登亭，秋日正是登高的最佳时节，八月桂花飘香，登上乘槎亭，望见海阔天空，欣赏渔樵自乐，读者从诗中都能读出松柏飘香的味道，谁能不心驰神往呢？张耒对于海州山光水色的赞赏和忆念，让人惬意，怡人心脾。

---

① 《秋日登海州乘槎亭》，《张耒文集》卷二十一，第381页。

② 《中国地方志集成·江苏府县志辑64》卷十三，江苏古籍出版社1991年版，第246页。括号内为引者注。

③ 《登乘槎亭》，《张耒文集》卷二十七，第473页。

第二首七言绝句《登乘槎亭》，虽然也是秋季登临，然"秋露暗"让乘槎亭呈一抹灰色，"风响""空山""浪卷沙"给人萧瑟的感觉，"杳杳"两字给读者带来幽暗、深广之感，远得看不见踪影，听不清是何处客的橹声，因而"冲雨黯天涯"，一种沧桑之感油然而生。这应该是张耒晚年复坐党籍落职后的一个秋天来游海州时写的，映射着他官场失意、颓势愁情。

（三）

张耒对海州的情怀还体现在他来海州途中所写的诗中，这些"道中"诗把他对海州的无限深情展现得淋漓尽致。《柯山集》卷十一有《海州道中二首》，卷十六有《将至海州明山有作》，卷十七有《自海州至楚途次寄马金玉八首》，此外还有卷十四《涟水》、卷二十的《过涟水》，等等。

《海州道中二首》写道：

其一

孤舟夜行秋水广，秋风满帆不摇桨。

荒田寂寂无人声，水边跳鱼翻水响。

河边守罾茅作屋，罾头月明人夜宿。

船中客觉天未明，谁家鞭牛登陇声？

其二

秋野苍苍秋日黄，黄蒿满田苍耳长。

草虫咿咿鸣复咽，一秋雨多水满辙。

渡头鸣舂村径斜，悠悠小蝶飞豆花。

逃屋无人草满家，累累秋蔓悬寒瓜。①

　　这两首诗勾勒了北宋后期江苏北部近海地区农村的田园景象。第一首写广阔的河水载着一叶孤舟，秋风满帆，诗人于夜航中谛听环视，欣赏着一路风光。第二首，续写第二天白昼所见，景物与夜间的静谧优美有所不同，显得比较萧疏。

　　这两首诗语言朴实，诗风平和清淡，如同浓淡有致的水墨画，反映了诗人追求朴实自然的情趣，然所写环境偏于静寂、萧条，色彩偏于幽冷。

　　《将至海州明山有作》写道：

望望孤城沧海边，好云深处是人烟。

鸟飞山静晴秋日，水阔人闲熟稻天。

旗影远摇沽酒市，棹歌归去隔村船。

功名富贵非吾事，誓劚明山数亩田。②

　　在诗中，当张耒远远望见海州一带山影的时候，就感受到是"明山"，即明丽的青山，独耸大海之滨的海州孤城正是他要前往的目的地。将至海州，张耒不断凝望着海州的迷人景象：秋晴稻熟、山静水阔的怡人风光；岸上酒帘招客、河中棹歌归船的村野画面，引发张耒退隐田园之思。诗人未至海州已为明山秋色所陶醉，情不自禁地唱出一曲向往海州的明山丽水和淳朴民风的赞歌。

　　《自海至楚途次寄马金玉八首》，共有八首七言律诗，其中第二

---

① 《海州道中二首》，《张耒文集》卷十三，第226—227页。
② 《将至海州明山有作》，《张耒文集》卷二一，第381页。

首写道：

> 萧萧柳岸野风秋，虹挂前山晚雨收。
> 回首孤城空绿树，满川斜日放归舟。
> 年来双泪供愁尽，老去劳生几日休。
> 试问故人思我否？梦魂还在海边州。①

海州人马金玉，是张耒的故交。这首诗应该是张耒游罢海州返回楚州淮阴故乡的途中写成的，诗中描写了凉秋时节，秋雨霏霏，张耒放舟归去，一路欣赏自然风光，表达了他留恋海州的秋色，更留恋海州的故友，怀念老友和梦萦海州，娓娓道来，写得无限深情。

（四）

张耒在《柯山集》中对海州的书写，还涉及风情民俗。比如在卷十一有一首《应龙》，张耒在题下注有："海州朐山有龙漂，人传有龙。"诗中写道：

> 应龙未遇风云起，仰活泥沙数尺水；
> 彼能坐致千里泽，可怜一掬何难致。
> 时哉未遇可奈何，一掬虽难微安敢；
> 易谁能寄语评中，相聚须史莫相忌。②

海州有龙的传说在这首诗里得到印证。"水牛化龙""神鱼化龙"是流传于海属地区的志怪传说，许多作家文人笔下多有记载。到明

---

① 《自海至楚途次寄马金玉八首》（其二），《张耒文集》卷二十二，第389页。
② 《应龙》，《张耒文集》卷十三，第226页。

代，吴承恩在《西游记》中还以海州地区"神鱼化龙""神龙化马"传说为底本，写出了东海龙王三太子化成白龙马驮唐僧西天取经的故事。海州地区乃至全国一直有"龙"崇拜习俗，明熹宗天启五年（1625年），海州知州翁承选甚至改山名为青龙山，就是为了凸显"龙"崇拜。海州地区的一些山上都建有龙王庙、龙洞、龙祠等，既是用于求雨也是百姓祭拜的场所。

《应龙》这首诗不仅记录了海州有龙的传说，还详细写了传说这龙能"仰活泥沙数尺水"，能"坐致千里泽"，张耒本想一睹龙的风采，可惜没有遇到。

《柯山集》卷二十四还录有一首《题海州怀仁令藏春亭》七言绝句，写道：

> 闻道山中贤长官，种花不肯放春还。
>
> 故知车马红尘地，催促东风不得闲。①

怀仁（今连云港市赣榆区）为海州属县，那时的县令应该是陈德任，《全宋诗》卷八〇九载有苏轼的《怀仁令陈德任新作占山亭二绝》。这个陈县令也是个精通诗文之人，能和苏轼及其"苏门弟子"张耒有交往，可见诗文道行不低。他不仅吟诗作画，还喜欢收藏且种养花草，因而他将自己的亭阁命名为"藏春亭"，张耒为这个"藏春亭"题诗，可见二人关系不一般。这首绝句也凸显张耒在海州除了马金玉外还有很多好友，与海州的感情可见一斑。

---

① 《题海州怀仁令藏春亭》，《张耒文集》卷三十，第519页。

第三章 元好问《遗山集》中的赣榆青口

元好问生活的时代，可谓是战火纷飞的年代，作为海边一隅的海州赣榆，处于蒙金、宋金、宋蒙拉锯式交战的前沿地带。

在这样的背景下，元好问居然来到赣榆，与他的友人"青口帅"移刺瑗给将士们鼓劲，也为海州赣榆留下了一首《横波亭——为青口帅赋》。

同样，海州也为元好问留下了研究、记载他一生历程的一部《元遗山先生年谱》。

这部年谱的作者就是清朝在海州板浦出生、成长起来的清代乾嘉学派代表人物、海州著名文人、许乔林和李汝珍的老师凌廷堪。

缪钺在《元遗山年谱汇纂》序中说道："清人为遗山撰年谱者凡数家：曰翁方纲，曰凌廷堪，曰施国祁，曰李光庭。（尚有荣廖所作遗山先生年谱略、在得月簃丛书中、殊疏略不足论。）大抵知人论世，凌氏为精。作诗年月，李考最详。《翁谱》疏陋，而有创始之功。"

考据学功底深厚的凌廷堪，为元好问作的年谱，能在包括他自己的老师翁方纲在内的众多方家里，被称为"凌氏为精"，甚至被后辈学习模仿，其学术功力可见一斑。缪钺在其所辑撰的《元遗山年谱汇纂》开篇《序例》中毫不隐晦地说："全书体例，略遵《凌谱》。"

凌廷堪《元遗山先生年谱》有凌氏自己于嘉庆元年（1796 年）十一月作的序言，开句即对"遗山先生金亡不仕"予以褒奖。

就这样，一部年谱、一首诗歌，将中国文学史上成就最高的少数民族诗人、金元时期"一代文宗"——元好问与东海一隅的海州赣榆连接在了一起。

元好问和杜甫一样，也是"诗史"级别的现实主义大诗人，是屈原之后少有的表现了悲壮、崇高之美的优秀诗人。

作为一个诗人、作家，他留下《遗山集》这样厚重的文学名著，同时还是元曲的倡导人，元曲兴盛，元好问功不可没。作为一个杰出的以诗论家、诗词美学理论家，他还留下众多精美绝伦的作品。作为一个历史学家，被认为二十四史中"独为最善"的金史，元好问的著作是其主要的资料来源。

元好问留给赣榆的这首《横波亭——为青口帅赋》，在诗歌史上是一首与李杜苏辛诗词比肩的著名诗歌。

第一节 "一代文宗"元好问的颠沛人生

（一）

元好问（1190 年 8 月 10 日—1257 年 10 月 12 日），字裕之，号遗山，世称遗山先生，太原秀容（今山西忻州）人，金末至大蒙古国时期著名文学家、历史学家。元好问自幼聪慧，擅作诗、文、词、曲，其中以诗作成就最高，词为金代之冠，散曲对当世有倡导之功。他是宋金对峙时期北方文学的主要代表，在文学上起着承前启后的作用。他于金宣宗兴定五年（1221 年）进士及第，后又以宏词科登第后，授权国史院编修，官至知制诰。金朝灭亡后，元好问被囚数年。晚年重回故乡，隐居不仕，于家中潜心著述。元宪宗七年（1257 年），元好问逝世，享年六十八岁。

史料有说元好问出身于一个"世代书香"的官宦人家。其实他的祖先并非世代都是读书人，而是行伍出身，到他的祖父辈才开始由武转文。元好问祖先原为北魏皇室鲜卑族拓跋氏。相传，他的祖先是北魏太武帝拓跋焘的儿子，一说为秦王拓跋翰，另一说为南安王拓跋余。后来的祖先又随北魏孝文帝由平城（今山西大同）南迁洛阳，并在孝文帝的汉化改革中改姓元。北魏分裂为东西魏后，元好问先祖先是迁居洛阳，后落籍汝州（今河南临汝）。唐末五代以后，又由河南移家平定州（今山西平定）。他的高祖元谊，在北宋晚期徽宗宣和年间（1119—1125 年）任忻州神武（虎）军使。曾祖元春（一作椿）任北宋隰州（今山西隰县）团练使，又从平定移家忻州，遂为忻州人。祖父元滋善，在金朝海陵王正隆二年（1157 年）任柔服（今内蒙古土默特右旗托克托附近）丞，也就是从元滋善开始，元家才接触文墨。父亲元德明多次科举不中，以教授乡学为业，平时诗酒自娱，著有《东岩集》。

元好问父辈兄弟三人，二叔、小叔均无子嗣，而元好问的父亲元德明生有三个儿子，元好问最小，《元好问全集》卷三十七《南冠录》引："予以始生之七月，出继叔氏陇城府君。"[①] 说的是元好问出生后七个月，即过继给他的二叔父元格（后元好问称他为陇城府

---

① ［金］元好问：《南冠录引》［金］元好问撰，姚奠中主编：《元好问全集》卷三十七，山西人民出版社 1990 年版第 47 页。以下只注篇名、书名、页码。

君）。五岁以前，元好问在忻州家乡，四岁时开始读书识字。金章宗明昌六年（1195 年），元格任山东掖县县令，五岁的元好问随父赴掖县（金掖县属山东路莱州，今山东莱州）上任，他后来在《济南行记》中追忆说："予儿时从先陇城府君官掖县，尝过济南，然但能忆其大城府而已。"[①] 在掖县，元好问完成了他的小学教育，七岁入小学，八岁学作诗。金章宗承安五年（1200 年），元好问十一岁时，元格迁官冀州，元好问又随父官于冀州（金冀州属河北东路，今河北衡水冀州区），冀州学士路宣叔（路铎）赏其俊爽，教之为文。金章宗泰和三年（1203 年），元好问十四岁时，元格动了回乡之念，之所以动回乡之念，乃是为了元好问的学业，想给他找个好老师，让儿子学有所成，蟾宫折桂。元格后来打听到河东南路泽州一带民风淳厚、质直尚义，便在河东南路陵川县县令出缺时，要求迁官陵川。元好问随父回到今山西晋城市陵川县，受学于陵川饱学之士郝天挺。此时，元好问才真正开始接受"读书游学、家国教养"。

（二）

元好问生活的时代，正是金元兴替之际，金朝由盛而衰，蒙古本是金的臣属，崛起后征伐四方而灭掉金国。在这样的大战乱大动荡的社会环境里，元好问也经历着国破家亡，流离逃难的痛苦煎熬。作为县令的儿子，尽管随着他的嗣父到处"奔波"，但是二十岁前，元好问过的是学生和公子哥的优裕生活。这二十来年，随着他的继父元格，转徙于山东、河北、山西、甘肃的县令任上，元好问一方面得到了良好的教育，很早显露出文学才华，八岁即因作诗而获得

---

① 《济南行记》，《元好问全集》卷三十四，第 773 页。

"神童"的美誉。虽然初次参加科举未能魁名高中，但因多遇名人指教，学问大为长进，打下了作诗为文的深厚根基。太原王中立（字汤臣）、翰林学士路铎（字宣叔）、名儒郝天挺（字晋卿）等人都对元好问有过指教师授的功劳。另一方面，丰厚的物质生活和科场失意的打击，使元好问养成了嗜酒的不良癖好。

这期间有一件事是不得不说的，元好问在跟着郝天挺学了一年多时文后，年仅十六岁的他于泰和五年（1205 年）赴试并州（今山西太原）。他在路上听一位捕雁者说，天空中一对比翼双飞的大雁，其中一只被捕杀后，另一只从天上一头栽了下来，殉情而死。元好问便买下这一对大雁，把它们合葬在汾水旁，建了一个小小的坟墓，叫"雁丘"，并写《雁丘》辞一阕，其后又加以修改，遂成这首著名的《摸鱼儿·雁丘词》。

金章宗登基，元好问出生，金章宗驾崩时，元好问十九岁，元好问二十年前的青春年华，完全是在金章宗时期度过的。金章宗是金朝汉文化最高的一位皇帝，诗词创作甚多，又爱好书法、绘画，他在朝中设立书画院，搜集散佚的书籍和书画名品，尤其推崇宋徽宗赵佶的瘦金体书。元代有一说："帝王知音者五人：唐玄宗、后唐庄宗、南唐后主、宋徽宗、金章宗。"[1] 章宗时期，不仅文化繁荣，经济也发达，农业经济发展很快，手工业和商业也发展迅速，财富积累达到了前所未有的水平。这一时期也是金朝人口数量最多的时期，泰和七年（1207 年）间达到五千三百五十多万人，被称为人口之极盛。这样的盛世对于元好问未来成为大诗人、"一代文宗"无疑起到了重要作用。

---

① ［元］陶宗仪：《燕南芝庵先生唱论》，徐永明，杨光辉整理：《陶宗仪集》，浙江人民出版社 2005 年版，第 416 页。

当然，如果仅仅社会环境好，元好问的成就是否能比肩李杜苏辛一代文宗的地位似很难说。所谓"国家不幸诗家幸，赋到沧桑句便工"，如李、杜在开元盛世遇上安史之乱，辛弃疾在宋、金联合灭辽后遇上宋室南渡一样，元好问也恰遇上了金朝由章宗"明昌之治"转向"贞祐南渡"由盛而衰而亡国的时代。

（三）

随着金章宗的去世，金帝国风雨飘摇，衰亡之势日盛一日，元好问国难家难纠集于一起。元好问从金宣宗贞祐四年（1216年）五月寓居三乡，到金哀宗正大元年（1224年）五月应宏词选权国史院编修，这为他以后编金史打下了基础。国史院编修的八年间，虽然不断迁徙，但生活还算是安定的。这段时间是他诗词创作最丰富的时期，他的诗词也由友人传诵而传播开来，他也开始致力于交友论文，诗词创作，长进很大。此后为官十年，直到金哀宗天兴三年。然而，这十年间，元好问时而在朝，时而在野，过得并不得意。先是正大二年（1225年）"辞史院职"，接着正大三年（1226年）"秋归嵩下，旋除镇平令"，正大四年（1227年）从内乡令被"罢官"，正大六年（1229年）"服母丧"，正大七年（1230年）赴任邓州帅移剌瑗幕僚，正大八年（1231年）正月，蒙古军围凤翔，四月，陷之，他所服务的邓州帅移剌瑗"献城投降"，元好问虽辞职幕僚，但金朝得以苟延残喘。天兴二年（1233年）哀宗兵败，走归德。1234年，金哀宗不愿当亡国之君，将皇位传给东面元帅完颜承麟，史称金末帝。蒙古与南宋联军陷蔡州，金哀宗自缢于幽兰轩，金末帝完颜承麟死于乱军中，金朝亡。

可怜元好问从正大八年八月入京，到天兴二年正月崔立以汴京城降蒙古，京官只当了十六七个月。但就这一年半的京官，却因

"崔立碑"事使他名节受到争议。

在儒家文化里，文人最讲究气节，元好问摊上大事了——"叛贼崔立立碑事件"，引起了世人的非议。事实是，1233年，蒙古军兵临汴京城下，为避免屠城惨剧，元好问曾建议弃城，最后守城元帅崔立投降蒙古军，并将五百名后宫人员和官员押送蒙军。但没想到的是，这些人却被蒙军屠杀，完全背离元好问之本意。但崔立自认为救活了京城百万民众，要求文人为自己立碑颂德，自然无人愿意，最后他找到了无官无职的太学生刘祁、刘郁撰稿，逼元好问润笔。元好问非但没润笔，反而删掉阿谀奉承之词，直记其事，敷衍成文。但是，这就是"参与了"，崔立碑碑文虽为刘祁所作，元好问修改也是事实。人都有软弱之处，亦都有迫不得已之时，考之史书留给后人争议去吧。

还有一事也是颇有争议，汴京城破后，元好问曾写信给蒙古中书令耶律楚材，请他保护资助五十四名金朝儒士，酌加任用。耶律楚材并未给元好问回信，但元好问举荐的儒士大多被元朝起用。后来的事实证明，那五十四名知识分子中有十五名在《元史》中有所记录，他们对保存中原文化方面起到了很大的作用。但这件事被后人说成是"为蒙古国推荐人才，举荐金朝儒士"。元好问曾立下志向，金亡后绝不出仕，但他确实给蒙古中书令耶律楚材写信了。这一举动的确惊世骇俗，在元好问看来，人才难得，因此要格外珍惜、保护，然各种责难迎面而来。

第二节 《遗山集》与元好问的文学创作

（一）

《遗山集》，又名《遗山先生文集》，是元好问诗文集，起祖本有二：最初由严忠杰在元世祖中统三年（1262年）编录成集，张德辉类次的"全集本"，前有李治、徐世隆二序，后有杜仁杰、王鹗二跋，收录包括诗十四卷、文二十六卷，共四十卷，元刻中统本《遗山先生文集》收诗1280首，编为十四卷，只分体不编年，这是最早的"遗山集"；第二个是元世祖至元七年（1270年）所刻曹益甫搜补的"家藏诗集本"，比前者多收八十余首诗。两者各自印行。全集系统有明弘治李瀚本（称为"李全本"）、清康熙华希闵本、四库全书本；诗集系统有明弘治李瀚本（称为"李诗本"）、明末毛汲古阁本（称为"毛本"）。"全集本"是元好问诗歌在后世得以流传的第一文本和载体，它确定了遗山全集系统的收诗数量、编排顺序，至明代李瀚重刊本、清代华氏本等均沿袭此制，元刊本现已不可见。至清道光二年（1822年），施国祁《元遗山诗集笺注》（施本）以华本为底本，以李全本和曹益甫"诗集本"为主校本，将全集系统和诗集系统合为一体，其后清代刻本以及当代出版的《遗山集》基本皆承袭施本。

今传世的重要刻本还有清宣宗道光三十年（1850年）张穆刻本。此本在康熙本的基础上有所增补，计诗十四卷，在原来一千二百八十首之外，又从施国祁所辑逸诗得八十二首，共一千三百六十二首；文二十六卷、附录一卷、补载一卷、考证一卷、新乐府（词）四卷、《续夷坚志》四卷、年谱四种（翁方纲谱、施国祁谱、凌廷堪谱、李光廷谱），其中附录与补载二卷均有所增益。

在《四库全书》集部五·别集类四收录了《遗山集》，据《四库全书》显示，《遗山集》四十卷。卷一，古赋；卷二，五言古诗；卷三,七言古诗；卷四,七言古诗；卷五，杂言；卷六，乐府；卷七，五言律诗；卷八、九、十,七言律诗；卷十一,五言绝句，六言绝句，七言绝句；卷十二、十三、十四,七言绝句；卷十五，宏词；卷十六至卷三十一，碑铭表志碣；卷三十二至卷三十五，记；卷三十六、三十七，序引；卷三十八，铭；卷三十九，书；卷四十，上梁文，青词，祭文，题跋，后另附有新乐府一至五卷。

遗山诗词集版本校勘方面，忻州师范学院狄宝心教授的《施国祁〈元遗山诗集笺注〉改动原本的得失》[1]，重点对施国祁笺注遗山诗对原本改动的得失进行了分析，径改原本中的刊印讹误，省却了读者翻检之劳，而有意替作者改正错误，则是求是不求真，背离了遗山诗原貌。《遗山诗原貌考》[2]中对十首遗山诗的原貌进行了探讨。忻州师范学院张静《〈元好问全集〉增补诗辨误》[3]一文，对《元好问全集》增补中误收的八首诗进行了辨正。复旦大学颜庆余的《元好问词集的版本问题》[4]，探析了遗山乐府的版本源流以及三大流传系统，介绍了遗山词的九种词集版本。

（二）

业界对《遗山集》的评价甚多，而且几乎全是赞评，可谓是"好评如潮"。

---

[1] 载《江苏大学学报（社会科学版）》，2008 年第 2 期。
[2] 载《晋阳学刊》，2009 年第 3 期。
[3] 载《民族文学研究》，2009 年第 3 期。
[4] 《书目季刊》台北书目季刊社，41 卷 4 期，2008 年。

《四库全书总目·遗山集》评："好问才雄学赡，金元之际，屹然为文章大宗。所撰《中州集》，意在以诗存史，去取尚不尽精；至所自作，则兴象深邃，风格遒上，无宋南渡宋江湖诸人之习，亦无江西派生拗粗犷之失，至古文绳尺严密，众体悉备，而碑版志铭诸作，尤为具有法度。"①

近代钱基博《中国文学史》称："一时称者以其诗直配苏黄；而文则不使奇字，新之又新；不用晦事，深之又深；但见其巧，不见其拙；但见其易，不见其难。东坡之后，继以元子，可也。然好问诗文，非东坡之流亚也；盖志不在东坡之快利，而出以重缓；又不为山谷之生拗，而力求弘润；沉着痛快，固不仅浩浩直达，如赵秉文、王若虚之为苏轼者也。文为韩愈之排奡，而无其妥帖。诗得杜甫之沉郁，而逊其渊永。"②

诸多评价中，最为集大成的应该数到清赵翼的一首《题元遗山集》诗。清代著名史学家、文学家赵翼（1727—1814 年），著有《廿二史札记》与王鸣盛《十七史商榷》、钱大昕《二十二史考异》合称清代三大史学名著，这样的大家专门写有《题元遗山集》诗："身阅兴亡浩劫空，两朝文献一衰翁。无官未害餐周粟，有史深愁失楚弓。行殿幽兰悲夜火，故都乔木泣秋风。国家不幸诗家幸，赋到沧桑句便工。"③

这首题诗直言元好问曾经经历的金元易代之变，给国家带来了大灾难，破坏严重，所谓"浩劫空"。幸亏有元好问"金亡不仕"四十多岁开始近三十年，致力于搜集整理金代文献，编有《壬辰杂

---

① 《四库全书遗山集提要》，《元好问全集》卷五十，第 409 页。
② 钱基博，曹毓英校订：《中学文学史》（下），华中师范大学出版社 2011 年版，第 611 页。
③ ［清］赵翼：《赵翼题遗山诗》，《元好问集》卷五十二，第 465—466 页。

编》《中州集》，并作有大量诗文，为一代文宗，集两朝文献于一身。全诗朴实淳美，明白晓畅，读来尽收胸臆，毫无隔阂之感；用典灵活巧妙，议论深刻精辟。"国家不幸诗家幸，赋到沧桑句便工"两句，写出诗人经历与其诗歌创作的辩证关系，发人深思，至今为人们所传诵。今人胡忆肖《赵翼诗选》说："这首诗大约作于乾隆五十五年（1790 年）。诗中对元好问的经历与其诗歌创作的关系作了极为精辟的论断。元好问亲历国家衰败，有真情实感，发于诗歌则沉郁悲凉，不少作品记录了金元易代之际北国人民的悲惨生活。国家遭遇了不幸，但元好问却因此写出了优秀诗篇。"①此诗是作者读元好问著作后的感想和评价，充分肯定了《遗山集》的成就；并指出元好问后期的作品多写故都的荒凉和亡国的哀痛，金元易代，是国家的不幸，但诗人却因经历了家国沧桑之变，写出了许多杰出诗作。

赵翼在《瓯北诗话》卷八评元好问："又值金源亡国，以宗社丘墟之感，发为慷慨悲歌，有不求工而自工者：此固地为之也，时为之也。"②这里即用其意。赋，吟咏、描写。沧桑，沧海桑田之省文，此指金之易代。诗中评论元好问入元后辑存金代文献之志节与诗作之成功，知人论世，切中肯綮。

（三）

《遗山集》的编辑刻印，扩大了遗山诗的接受范围，延续了遗山诗的传播，为明、清人对元好问诗歌的进一步接受和阐释奠定了基础。安徽师范大学胡传志教授的《稼轩词的北归及其走向兼论元

---

① ［清］赵翼著，胡忆肖选注：《赵翼诗选》，中州古籍出版社 1985 年版，第 162 页。
② ［清］赵翼著，霍松林，胡主佑校点：《瓯北诗话》，人民文学出版社 1963 年版，第 117 页。

好问在其中的作用》[①]，则将元好问纳入稼轩词的传播中，勾勒稼轩词在北方的接受传播轨迹的同时，论述元好问所起到的重要作用。辛弃疾以词陶写性情的观念，挥洒自如、随心所欲等表现手法，通过元好问等人的传播深入人心，从而推动了金末元初南北词风的融合。

文学史家称元好问为金元第一文人、"北方文雄""一代文宗"。作为金末元初著名作家和历史学家、文坛盟主，他是宋金对峙时期北方文学的主要代表，又是金元之际在文学上承前启后的桥梁，其诗、文、词、曲，各体皆工。

他的诗文到底有多好？来看他的一首传诵千年的《雁丘词》，无论是在晚会上还是电视里，很多的人都在改编，都在传唱，都在为这首歌词感怀不已，但是很多人并不知道，这是元好问十六岁时的作品。

摸鱼儿·恨人间情是何物

乙丑岁赴试并州，道逢捕雁者云："今旦获一雁，杀之矣。其脱网者悲鸣不能去，竟自投于地而死。"予因买得之，葬之汾水之上，垒石为识，号曰"雁丘"。同行者多为赋诗，予亦有《雁丘词》。旧所作无宫商，今改定之。

恨人间，情是何物？直教生死相许！

天南地北双飞客，老翅几回寒暑。

欢乐趣，离别苦，就中更有痴儿女。

君应有语，渺万里层云，千山暮雪，只影为谁去？

---

① 载《安徽师范大学学报（人文社会科学版）》，2007 年第 5 期。

横汾路，寂寞当年箫鼓。荒烟依旧平楚。

招魂楚些何嗟及，山鬼自啼风雨。

天也妒，未信与，莺儿燕子俱黄土。

千秋万古。为留待骚人，狂歌痛饮，来访雁丘处。[1]

　　大雁的生死至情深深地震撼了元好问，他将自己的震惊、同情、感动，化为有力的诘问，问自己、问世人、问苍天，究竟"情是何物"？情至极处，具是何物，竟至于要生死相许？他的诘问引起读者深深的思索，引发出对世间生死不渝真情的热情讴歌。在"生死相许"之前加上"直教"二字，更加突出了"情"的力量之奇伟。词的开篇用问句，突如其来，先声夺人，犹如盘马弯弓，为下文描写雁的殉情蓄足了笔势，也使大雁殉情的内在意义得以升华。

　　"千秋万古，为留待骚人，狂歌痛饮，来访雁丘处"——这是从正面对大雁的称赞。词人展开想象，千秋万古后，也会有像他和他的朋友们一样的"钟于情"的骚人墨客，来寻访这小小的雁丘，来祭奠这一对爱侣的亡灵。"狂歌痛饮"生动地写出了人们的感动之深。全词结尾，寄寓了元好问对殉情者的深切哀思，延伸了全词的历史跨度，使主题得以升华。

　　仅仅这一首词，就让人感觉到元好问"北方文雄""一代文宗"的称号并非浪得虚名。

---

[1] 《摸鱼儿·恨人间情是何物》，《元好问集》卷四十一，第128页。

第三节　元好问及其《遗山集》的海州情怀

（一）

在《遗山集》卷八"七言律诗"中收录一首《横波亭》，全诗如下：

横波亭

为青口帅赋

孤亭突兀插飞流，气压元龙百尺楼。
万里风涛接瀛海，千年豪杰壮山丘。
疏星淡月鱼龙夜，老木清霜鸿雁秋。
倚剑长歌一杯酒，浮云西北是神州。[①]

翻译成今天的白话文，全诗意思如下。

横波亭凌空飞架在青口小沙河入海处，整个豪雄气势压过当年陈元龙的百尺楼气魄。登上横波亭凭高临远，可望见"飞流"奔入海口，与万里风涛的大海相接，千百年来，豪杰的豪气使山河雄壮。星空稀疏，月光凄迷，江夜平静，鱼龙潜藏，老树败叶凋零，白霜寒气凛冽，北雁南飞，哀声阵阵。登上横波亭，持着长剑，放声高歌，举杯畅饮，怅然远望浮云低压的西北方，那里本是中国的领土。

这首诗是元好问为镇守金国青口要塞的老朋友、时任"青口帅"的金将移剌瑗（移剌粘合）所作。诗情由景生，情景会通，为元好

---

① 《横波亭·为青口帅赋》，《元好问集》卷第八，第199—120页。

问诗歌代表作之一。此诗借咏山亭周围山川形势，勉励驻军在国破家亡之际要心忧天下，奋发有为。他以屹立中流的"横波亭"做比喻，激励青口帅移剌瑗抵御外敌，倚剑长驱，收复被蒙古军占领的土地。

"为青口帅赋"是元好问的原注。"青口"濒临海州湾，为水陆要冲之地，当然也是军事要塞，所以金军在此置"青口帅"。其时，青口属赣榆，赣榆属海州治下。《金史·地理志》载："海州大定初，宋割以界，本领四县兼以涟水来属。"这是说，海州辖朐山、东海、赣榆（宋为怀仁县，金大定七年，即1167年改为赣榆县）、沭阳、涟水（皇统二年，即1142年由军降为县来属）共五县。下辖五个县以外，还有四个镇：赣榆县的荻水镇、临洪镇，涟水县的太平镇、金城镇。"横波亭"时在海州赣榆城青口镇的青口河上，亭坐落在青口河入海口南岸，高二十多米，六角亭盖，飞檐翘角，临海而立，今已不存。青口河由西北贯穿全县，经青口镇注入黄海。站在青山，风潮激荡，颇为壮观，还可东眺立有秦始皇碑的秦山岛。

读《横波亭》，一座孤亭突兀、挺拔的画面浮现眼前，"疏星、淡月、老木、清霜、鸿雁"名词叠加，构成了一幅寂静萧瑟的秋夜江景图，渲染出凄清的氛围，暗含着作者对国家前途的忧思，不仅为后文表达对清口帅的期许之情张本，还造成了行文的波澜起伏。因而使得开头这种"孤亭突兀"给人有一种气势凌人的感觉。

（二）

罗斯宁在《辽金元诗三百首》中称赞元好问的《横波亭》说这首诗"诗风豪迈苍劲，对偶工整，颈联尤为精炼清劲。时人李治称其诗'律切精深,有豪放迈往之气.'此诗可配此赞语"。[1]

元好问这首诗"有豪放迈往之气"。从语言上看,本诗遣词用字不同凡响,给人强烈的视觉冲击力。像首联中的"插""压"等字把横波亭下临飞流的孤高之势传神地表现出来了。再如颔联中的"万里""千年"分别从空间的广阔与时间的久远来表现景之壮观与人之英武,字里行间表现出一种磅礴于胸的豪迈之情。

《横波亭》首联起笔不凡,辞采雄壮,又巧借典故,既写出了横波亭下临飞流的孤高之势,也暗指了亭名之由来;颔联写眼前的景色引发了诗人对"千年豪杰"的追忆,这与"千古江山,英雄无觅孙仲谋处"表达的情感一致;颈联中疏星、澹月、老木、清霜加之"秋"与"夜",描绘出一派清寒江景,而鱼龙潜江,雁掠长空,更添清寥之感;尾联"倚剑长歌一杯酒,浮云西北是神州",这是全诗的落脚点,全诗主旨尽在于此,写倚剑高歌,慷慨豪饮,遥想浮云下的西北神州,都表现出勇往直前、收复故土的豪情壮志。

《横波亭》作于青口应该是没有疑问的。从《横波亭》可知,元好问必是亲自来到青口的,诗题中的正题(横波亭)与副题(为青口帅赋)的关系,继承了唐代孟浩然《洞庭湖·赠张丞相》、朱庆余《闺意·呈张水部》的体式,皆明言此而暗喻彼,言在此而意在彼。《横波亭》即是明写横波亭,暗喻移剌瑗,以横波亭的高峻特立,来赞誉移剌瑗的功高望重,在热烈的赞誉中寄寓了他对移剌瑗收复故土的热切希冀。

在《横波亭》中元好问借环境勾勒,衬托出危难时刻挺身而出,坚定威武的将军形象,借此表达他对国家危难的担忧和对将帅真诚深切的期望之情,表现了自己赤诚的爱国情怀。面对诗的主人翁(移

---

[1]　罗斯宁选注:《辽金元诗三百首》,岳麓书社 1990 年版,第 103 页。

刺瑗），站在前沿阵地（横波亭），元好问以"浮云西北"象喻河朔半壁河山惨淡无光。

在这一背景下，移刺瑗及其幕僚们登上横波亭，怅望浮云低压的西北方向，杯酒慷慨，倚剑长歌的情态跃然纸上，元好问也对他们寄寓了同仇敌忾、收复失地的深切希望。

海州赣榆既是蒙金在山东交战的南边缘，又是宋、金交战之北边缘，其"战略"地位可谓相当重要。但这里毕竟居于边缘一隅，"横波亭"位于这海边一隅的青口河畔，又不是什么著名"景点"，不可能有什么"声名远播"的传扬，所以元好问写风波亭必然是来到风波亭前的，通过《横波亭》诗中的情景描写可以看出，没有身临其境是不可能写出这样的诗句的。

那么，这首诗写于何时，换句话说，元好问是何时来赣榆青口的呢？

（三）

据清朝李光廷撰《广元遗山年谱》，《横波亭》应作于金宣宗兴定三年三十岁之前。兴定三年己卯，为1219年。缪钺《元遗山年谱汇纂》在"兴定三年"条下载："先生三十岁。在登封。三女阿秀生。"①《本集》卷二十五《孝女阿秀墓铭》："孝女阿秀，奉直大夫、尚书省令史、秀容元好问第三女也。兴定己卯，生于登封。"②再往前考，兴定二年戊寅（1218年）元好问二十九岁。钺按："先生本年行迹在《本集》中无明文可考。"③但李光庭的《李谱》："是

---

① 缪钺：《缪辑年谱上》，《元好问全集》卷第五十八，第632页。
② 《孝女阿秀墓铭》，《元好问全集》卷第二十五，第614页。
③ 缪钺：《缪辑年谱上》，《元好问全集》卷第五十八，第632页。

年由三乡移居登封，复往昆阳。"① 兴定元年丁丑（1217年），元好问二十八岁。在三乡，撰《锦机》一卷。往汴京以诗文见礼部尚书赵秉文。《本集》卷三十九《赵闲闲真赞》："兴定初，某始以诗文见故礼部闲闲公，公若以为可教，为延誉诸公间。又五年，乃得以科第出公之门。"② 兴定四年庚辰（1220年）。元好问三十一岁。居崧下。六月，与雷渊、李献能，同游玉华谷。八月，至汴京。兴定五年（1221年）三月，登进士第，不就选，时年三十二岁。金宣宗元光元年（1222年）与李献能在孟津，曾赴召至汴京。也就是说，兴定以来，关于元好问行迹，不曾有离开河南的记述。

刘祁《归潜志》称移剌瑗"为将镇静，守边不忧"，曾屡败北进的宋军。金哀宗正大二年（1225年），元好问曾行走于移剌瑗幕中，对移剌瑗甚为推崇，这期间便写下该诗篇。这个推断大致是差不多的。

梳理一下元好问为官为幕的经历可以发现，金哀宗正大元年（1224年）到金哀宗天兴三年（1234年）这十年，是元好问金朝为官的十年，这十年间，他时而在朝，时而在野，过得并不得意。史院编修当了还不到一年，正大二年五月，他就赴郑州找贾益谦访先朝遗事。夏，辞史院职，告归嵩山登封。正大三年（1226年）夏四月，过方城，从完颜彝（字良佐，小字陈和尚）之兄商州帅完颜鼎至南阳。秋归嵩下，旋除镇平令。正大四年（1227年）为内乡令。正大五年（1228年），罢官。正大六年（1229年）元好问四十岁，服母丧，闲居内乡白鹿原，著《东坡诗雅》等。正大七年（1230年）闲居白鹿原，再应邓州帅移剌瑗之邀，赴任幕僚。正大八年（1231年）

① ［清］李元廷：《广元遗山年谱》，清同治五年刻本，第40页
② 《赵闲闲真赞二首》，《元好问集》卷第三十八，第20页。

正月，蒙古军围凤翔，四月陷之。

从元好问的经历以及《横波亭》记述的内容看，作品的时间显然是金哀宗迁都后，当时他可以来青口的时间段有二：一是正大二年夏辞史院职，至正大三年春；二是正大五年，元好问罢官后至正大六年服母丧之前。而且，他应在金将移剌瑗再回去任邓州帅之前到青口。金将移剌瑗，本名粘合，字廷玉。世袭契丹猛安，累功迁邓州便宜总帅。天兴二年（1233 年），武仙就食邓州，疑武仙害己，加以邓州无粮，遂以州降宋。至襄阳，更名刘介，具将校礼谒制置使。次年（1234 年），疽发背，病死。金将移剌瑗献城降宋，是当时诸多金将的"共同选择"。当时蒙古南下，金国将亡，君臣背离，金将乃至金统治下的民众都不愿意投降蒙古，但又无力抵抗，就带着地盘人口投降到南宋。

综上，《横波亭》写于 1228 年前后属于比较合理的推断，也就是说，元好问大约在 1225 年或 1228 年前后来到青口，登上了风波亭。

第四章　吴承恩《射阳先生存稿》的海州人和事

中国古典文学四大名著之一的《西游记》，使得吴承恩这个名字早已为世人熟知。

关于《西游记》，关于吴承恩，关于《西游记》与海州的关联，关于吴承恩与海州的渊源，也早已成为学界和地方文化界所"深耕细作"的命题。

然而，作为一代文豪，吴承恩不仅仅只有《西游记》，还有诸多作品，比如《射阳先生存稿》。

《射阳先生存稿》是吴承恩毕生所写的各类题材、各种文体的诗词文赋的一个汇集，代表着文化人吴承恩的文学水平，展示着明中后期那个时代的运行状况。因而，《射阳先生存稿》不亚于任何一部名著。

《射阳先生存稿》的分量不弱于《西游记》，作为吴承恩的一部诗文集，不仅仅有诗词骚赋，也有表赞诔颂，还有祭告墓志，更有悼词跋序，是一部具有文化品位的厚重大书。

《射阳先生存稿》的成书，与海州有着千丝万缕的联系，书中记载着明代海州那些值得回味、值得考究的人和事。

《存稿》中的诗文，将吴承恩的文采飞扬、笔力遒健表现得淋漓尽致。

《存稿》中的诗文，将吴承恩的情感寄托、创作态度展露得恰到好处。

《存稿》中的诗文，将吴承恩的文思才华、文人思想昭示得淋漓尽致。

《射阳先生存稿》如同一个文人的发展史，透过这部书，读者可以读出一个真实的吴承恩。

《射阳先生存稿》如同一部明代社会断代史，透过这部书，读者可以回视那个社会的风貌。

《射阳先生存稿》如同一个地区的文化史，透过这部书，读者可以吟诵海州地区的诗史。

《射阳先生存稿》无愧于中国文学史、文化史、思想史、社会发展史上的任何一部名著。

第一节 淮海浪士吴承恩

（一）

吴承恩（约1500—1583年），男，字汝忠，号射阳，祖籍安东，即涟水县，元末明初吴承恩先祖迁居当时淮安山阳县河下古镇，至吴承恩已五代。祖籍海州、出生于淮安的吴承恩有一个"淮海浪士"的自号，淮海，狭义即指淮安、海州，也有广义所指。

关于"淮海浪士"的解释，不是那么简单，据学者李洪甫先生解释：他既不是不务正业、专事游荡的浪子，也不是到处流浪、行踪不定的"浪士",而是指浪漫的文士。吴承恩满腹经纶、珠玑文章,名噪淮海,却因为不愿趋炎附势、粉饰太平而连个举人都未得中。怀才不遇的他轻时傲世,只能以酒消怨。这就使吴承恩志趣高洁而性情纵放、无拘无束,成为一位迂疏漫浪的失意文士。

吴承恩的"浪",是对社会黑暗、朝政腐败以至科场隐私的一种愤懑、不平、指控和抨击。他蔑视达官显贵却同情平民百姓,他的官场失意皆出自他的抱负、爱恶和耿直毕露的锋芒。1986年春节,在中央电视台播出了由李洪甫先生编剧,上海电影制片厂、连云港电视台共同拍摄的以吴承恩为题材的电视剧——《淮海浪士》。

"浪士"是吴承恩的自号,无论在群贤毕至的大雅之堂,还是在市井巷陌的酒楼茶肆,他都自称"淮海浪士",引以清高和豪迈。人们看着他那放浪诗酒、快人快语的漫浪的仪度,也都十分地崇敬。"淮海浪士"的字号和吴承恩的辞采斑斓的文章一样,不仅文人墨客慕名,也是妇孺老幼皆知。

就是这个淮海浪士,写出了享誉世界的中国古典文学名著《西游记》,成就了一番伟大的文学事业。《西游记》成为中国神魔小说的经典之作,达到了古代长篇浪漫主义小说的巅峰,与《三国演义》《水浒传》《红楼梦》并称为中国古典四大名著。业界有言"明清小说看江苏",江苏是公认的文学高原,一部《西游记》又让江苏这个文学高原上凸显出一座高峰。由此可知,"淮海浪士"之名真不是浪得虚名的。

(二)

吴承恩除"浪"出了世界名著《西游记》之外,还著有《禹鼎志》《射阳集》四册、《春秋列传序》等多种著作,可惜的是《禹鼎志》和吴承恩的很多诗文散佚,幸好有后人辑集的《射阳先生存稿》四卷存世，让我们能得以搜寻到吴承恩的许多佚失诗文信息。比如，在《射阳先生存稿》卷二里，收有《禹鼎志序》，序云："余幼年即好奇闻。在童子社学时，每偷市蚩方稗史，惧为父师诃夺，私求愿伏读之。比长，好益甚，闻益奇。……国史非余敢议，野史氏其何议焉？作《禹鼎志》。"① 从《射阳先生存稿》这篇文章里，我们不仅知道了吴承恩撰有《禹鼎志》，也知道了写作《禹鼎志》的来龙去脉，还知道了《禹鼎志》是一部志怪作品，体裁篇章当与唐传奇相类。这让学界诸多研究者得以"顺藤摸瓜"，找出端倪。

学界一般认为《禹鼎志》已亡佚，但近代仍有目睹记录。蔡铁鹰先生就在《吴承恩集》提供重要信息说："上世纪五十年代，淮安河下吴氏老宅左近邻人汪继先所著《河下园亭记补编》有'射阳簃'条：'前明岁贡生吴公承恩著书室也，在打铜巷尾。……所著《西游记》小说，尤为脍炙人口……庚寅（1950 年）夏，同里王觐卿世伯，由泰典归里，暇至小斋闲叙，云有藏本。因得借阅一观。……先生著述甚富，有《射阳存稿》，又《续稿》《禹鼎志》及《花草新编》《射阳山人曲存》等……吴氏自明季以来，数百年所居之宅，未尝易主，今始知固其世守之家室也。又出其令先德手书所着《禹鼎志》原底本见示，为其家藏秘笈，而外间所罕见孤本。……'"②

蔡铁鹰所述内容大体均可确认：如吴氏老宅"射隔簃"，至 20 世纪 80 年代仍有他人可证，云在抗战期间才完全圮毁；如明妙本

---

① 蔡铁鹰笺校：《吴承恩集》，中国社会科学出版社 2014 年版，第 74—75 页。以下只注书名、页码。

② ［明］吴承恩：《禹鼎志序》，《射阳先生存稿》卷二，民国十九年北平故宫博物院图书馆排印本，第 89 页。以下只注篇名、书名、页码。

《花草新编》残卷已在上海出现，等等。唯《禹鼎志》至今没有其他信息，而其中所涉之汪继先等人均已作古，无从复核。

（三）

吴承恩大约在明武宗正德元年（1506 年，也有 1500 年等多种说法）出生于淮安府山阳县一个从学官到商人的家庭。他的父亲吴锐性格乐观旷达，奉行常乐哲学，为他取名"承恩"，字汝忠，意思希望他能读书做官，上承皇恩，下泽黎民，做一个青史留名的忠臣。吴承恩自幼聪慧，博览群书，尤其喜读野言稗史、志怪小说，据说吴承恩小时候勤奋好学，有一目十行、过目成诵的本领，书背得滚瓜烂熟，文章也写得漂亮。他还精于绘画，擅长书法，爱好填词度曲，对围棋也很精通，还喜欢收藏名人的书画法帖。少年时代，吴承恩就因为文才出众而在故乡出了名，"尝爱唐人如牛奇章、段柯古绯国所著传记，善模写物情，每欲作一书对之"[①]，颇得官府、名流和乡绅的赏识。负责考核秀才的学院大人（督学使者）读了吴承恩的文章后十分惊诧，认为吴承恩是个奇才，要想考个举人、进士什么的，对吴承恩来说就像低头拾起一棵草那么容易。当时的淮安知府葛木就对吴承恩非常赏识，以"国士"看待他，"国士"是一国之中才能最优秀的人才。明朝著名文学家、明孝宗弘治十二年（1499 年）进士、"弘治七子"之一、有"金陵四家"之称的朱应登认为，吴承恩"可尽读天下书"，而"以家所藏图史分其半与之"。

据刘怀玉《吴承恩与西游记》[②]书中介绍：当时与吴承恩年龄差不多的学生很多，如沈坤、张侃、倪润等。在这些人当中，吴承恩与沈坤的关系最好。吴承恩叙述他自己和沈坤一同参加府县考往事，

---

① 《禹鼎志序》，《射阳先生存稿》卷二，第 78 页。
② 东方出版中心 2008 年版。

说当时他与沈坤都是"童稚","童稚"指十岁左右的孩子。尽管后来沈坤考上状元,做了大官,但考上秀才却可能是吴承恩在前,沈坤在后。他们是近邻,沈坤父亲看着吴承恩在一片赞扬声中长大,又得到督学使者打包票,在他的眼里,已经考上秀才的吴承恩是沈坤学习的榜样。不但沈坤父子如此,而且吴承恩声名远扬以后,许多人羡慕他,追捧他。吴国荣(后来为吴承恩《射阳先生存稿》写跋者)那时就说,吴承恩"髫龄,即以文鸣于淮,投刺造庐,乞言问字者恒相属"①。"髫"指小儿头发下垂,"髫龄"就是十岁左右的小儿。吴国荣的话意思是说,吴承恩从幼年时期开始,就以文才享誉淮海一带,经常有人从大老远的地方赶来,到他家递上名片,登门拜访,向他求教,请他指导。

(四)

没承想,少年聪慧,众人夸奖的神童吴承恩,到了成年以后却屡遭坎坷,以至于一生不得志。大约在明世宗嘉靖四年(1525年)左右,二十岁左右的吴承恩,娶了本城户部尚书叶淇的族裔叶氏,建立了自己的小家庭。在此之前,他的姐姐吴承嘉已嫁给了本城沈尚书的后人沈山。吴承恩结了婚以后,步入了青年时期。此时,吴承恩已经考入淮安府儒学,成为一个标准的儒学生员。作为一个有才华的青年,吴承恩是不会安心于子承父业做点小买卖的,读书人的志向是科举入仕走向官场,因此他一门心思读书应考。然而,命运就这么捉弄人,吴承恩在科举考试中屡遭挫折,这对热衷于科举的青年来说,心里是多么着急,又是多么的痛苦。

最难过的日子是嘉靖十年以后这几年,他的"粉丝"沈坤考中

---

① ［明］吴国荣:《射阳先生存稿·跋》,《射阳先生存稿》卷四,第255页。

了举人，而他却落了榜。紧接着，他的同学张侃、倪润等相继考中，破壁飞去，而他仍然是个老秀才。他感觉到无法向家里人交代，无法向师长交代，无法面对社会。这在《射阳先生存稿》中多有诗文提到。吴承恩科举道路很不顺利是人所共知的，连一个举人都考不上，对于少年时代才华横溢的吴承恩来说，实在尴尬。尽管前辈师长同学以及官府长官都理解他，没有嫌弃他，依然与他保持良好的关系，但越是如此，吴承恩本人心里愈加难受。

特别是在嘉靖十一年（1532年）父亲去世的时候，吴承恩近乎崩溃了，在《射阳先生存稿》中有《先府宾墓志铭》记载。他十分痛心，呼天抢地地痛哭说："乌首！孤小子承恩不惠于天，天降严罚，乃夺予父。"[1] 他把父亲的去世，归罪为自己做得不好。"然又平时不学问，不自奋庸，使予父奄然没于布衣，天乎？痛何言哉！天乎？痛何言哉！乌乎！"[2] 这里有个"官俗"——古代有"封翁"规定，当官满一定时间并考核合格者，可向朝廷申请封父母甚至祖父母与自己一样的官（荣耀称号）。墓志铭中说的是"都怪我平时四处游历，不好好读书，没有考中举人、进士，捞个一官半职，没让我的父亲跟着风光一番，当个封翁，父亲仍然以一个布衣老百姓死去。天啦，我是何等的痛心啦！"

此后直到终老，吴承恩的科场之路一直不顺。嘉靖二十九年（1550年），吴承恩被补为岁贡生。嘉靖四十五年（1566年）任浙江长兴县丞，做了归有光的手下，并与丁忧在家的徐中行来往密切，还算惬意。但后来蒙冤下狱（也有人说没有下狱），经过朝廷里的文友搭救，官复八品，到王府做了"荆府纪善"。由于宦途困顿，

---

[1] 《先府君墓志铭》，《射阳先生存稿》卷四，第149页。
[2] 《先府君墓志铭》，《射阳先生存稿》卷四，第149页。

吴承恩晚年绝意仕进，闭门著述，大约在明神宗万历八年（1580 年）终老其身。

第二节　《射阳先生存稿》与海州的密切联系

（一）

《射阳先生存稿》全书四卷，卷首有陈文烛《吴射阳先生存稿叙》，序文中说明了文集的刊刻时间、刊刻者："吴汝忠卒，几十年矣。友人陆子遥收其遗文，而表孙进士丘子度梓焉。"① 说明该文集是吴承恩去世接近十年，由陆子遥编辑整理，丘度付梓的。陈文烛序文时间落款为：万历庚寅（即万历十八年，1590 年），推断吴承恩大约于 1580 年终老即由此而来。

《射阳先生存稿》四卷，按文体分类编排。"卷一"收有"赋"三篇，"骚"一篇，"五言古诗"十首，"七言古诗"十五首，"五言律诗"十首，"五言排律"二首，"七言律诗"三十一首（两首存目），"五言绝句"四首，"六言绝句"《长兴》六首，"七言绝句"二十三首，"颂"六篇；"卷二"收入二十六篇各类序文；"卷三"收有"论"一篇，"表""赞"各两篇，"杂著"三篇，"志铭"四篇，"诔"一篇，"祭告文"八篇，"跋"四篇，"启"四篇；"卷四"收入"幛词"三十九篇，"词"五十二阕，"小令"八阕，"套数"九则。

《射阳先生存稿》中载录的诗文内容广泛，既有抒写吴承恩内心情怀，又有吟咏山川景物，还有部分反映社会生活的作品。陈文

---

① ［明］陈文烛：《吴射阳先生存稿叙》，《射阳先生存稿》卷一，第 1 页。

烛对吴承恩的存稿高度赞美："今观汝忠之作，缘情而绮丽，体物而浏亮，其词徽而显，其旨博而深。《明堂》一赋，铿然金石，至于书、记、碑、叙之文，虽不拟古何人，班孟坚、柳子厚之遗也；诗、词虽不拟古何人，李太白、辛幼安之遗也。盖淮自陆贾、枚乘、匡衡、陈琳、鲍照、赵嘏诸人，咸有声秋苑，至宋张耒而盛；乃汝忠崛起国朝，收百代之阙文，采千载之遗韵，沉辞渊深，浮藻云峻，文潜以后，一人而已。真大河、韩山之所钟哉！"①

丘度的初刻本书末有自称"通家晚生"吴国荣于明神宗万历十七年（1589年）写的《射阳先生存稿跋》。后来在万历四十年（1612年）左右，丘度增补重刻，并约请当时文坛名家李维桢题写《吴射阳先生集选序》。吴承恩诗文均能自出胸臆，这对于复古风气弥漫的明朝中期文坛是难能可贵的，因而李维桢在序文中评价："人情物理，即之在耳目之前，而不必尽究其变。盖诗在唐与钱、刘、元、白相上下，而文在宋与卢陵、南丰相出入。至于扭织四六若苏端明，小令新声若《花间》《草堂》，调宫征而理经纬，可讽可歌，是偏至之长技也。大要汝忠师心匠意，不傍人门户篱落，以钓一时声誉，故所就如此。"②

关于《射阳先生存稿》"据说另有《续编》一卷，然虽有记载却都似是而非，既没见到传本也没见到详备描述，故学界多搁置不论。"③

民国十年（1921年）冒广生所刻《楚州丛书》中的《射阳先生文存》仅辑十六篇古文，是个残本。直到民国十八年（1929年）万历年原刻《射阳先生存稿》四卷本才在故宫博物院图书馆被找到（故

---

① ［明］陈文烛：《吴射阳先生存稿叙》，《射阳先生存稿》卷一，第1页。
② ［明］李维桢：《吴射阳先生选叙》，《射阳先生存稿》卷一，第3页。
③ 《吴承恩集·前言》，《吴承恩集》，第1页。

宫原本后被带往台湾），民国十九年（1930 年）照此本排印了铅印本，由于校对不精，有不少脱文和讹误。古典文学出版社一九五八年出版的《吴承恩诗文集》，就是以民国十九年铅印本为底本，参照其他资料进行校正、标点辑注而成的。当代有刘修业、刘怀玉，蔡铁鹰等诸先生先后出版过此书的笺校本。

（二）

前文述及吴承恩的"淮海浪士"不是浪得虚名的，生长于淮安山阳的他注定与淮海大地特别是海属地区有解脱不了的联系。吴承恩自己认可"先世涟水人"，在明代以前涟水曾几度归属海州，吴承恩号为"淮海浪士""淮海竖儒"，也是因之于此种地望的故乡情结。关于吴承恩与海州的密切联系，前边笔者已经做了介绍。淮安吴氏与海州云台山吴氏之间的宗族关系，这一点在史籍志乘中的反映屡见不鲜。

奉吴承恩为先祖的淮安人吴进（1714—1793 年），也是淮安的学者，受其族祖影响颇深。他也极力搜求吴承恩的著作，有史料证实，吴进至少三赴云台，首次作《游云台山北记》："〔乾隆四十二乙亥（1777 年）〕予客板浦，兄用晦招过诸韩村，得游云台山之北小山……小腰山而上，兄用晦之别墅在焉，卉木繁盛，在云台别具一观，距别墅西南二里高出为苍狼坡，策杖而登……"[①]，赞颂了他的"家兄"吴用晦"世代居守"之即林园的清幽和俊美，第二次（大约 1447 年）吴进在海州发现吴承恩的遗稿，然"仓卒未及录"；三十年后的乾隆四十二年（1777 年），吴进才在老友金玉书家，借录了吴承恩诗文集中的"数篇"，存为淮安"文献"，而吴承恩

---

① ［清］吴进：《游云台山北记》，［清］崔应阶主编，吴恒宣校订，《江苏省云台山志》卷五，成文出版社 1983 年版，第 306 页。

的这些遗作"在他的家乡也很少发现"。吴进在《吴射阳遗集跋》中:"射阳先生集,于三十年前在朐山友人家见之,仓卒未及录。"①在由人组成的社会里,人与人之间的所有关系综合起来不外乎"血缘"(血脉关系,比如家族亲人)、"地缘"(乡里关系,比如老乡)、"业缘"(有共同的爱好、事业,比如师徒、同事、同学、文友)、"情缘"(情感联结,比如朋友)这四缘,吴承恩的族孙吴进在海州发现吴承恩遗著,集结了他与先辈吴承恩的族人之缘、海州地缘、文化传承之缘各种关系。因此,《射阳先生存稿跋》与海州的紧密关系已经属于"牢不可破"。包括最早提出吴承恩是《西游记》作者的清代古文字和考古学家吴玉搢(1698—1773年)也属于吴承恩晚辈,吴进有《寄族祖山夫先生书》留于世间,吴山夫,即吴玉搢。清乾隆时期著名戏曲作家吴恒宣,字来旬,别署郁州山人,先世居海州板浦,乾隆三十五年(1770年)居淮安,议纂《云台山志》,乾隆四十年(1775年)成书。

(三)

《射阳先生存稿》卷三有《先府宾墓志铭》(民国十九年故宫刻本中已有《先府君墓志铭》的提法,后蔡铁鹰先生根据1975年出土的碑刻改为《先府君墓志铭》并加上"——孤哀之吴承恩泣血撰次并书篆"),这是吴承恩在其父吴锐逝世后所撰写的墓志铭。墓志铭介绍了他的姓名字号、籍贯、生平经历,并提及吴承恩的祖父、曾祖父。文章如泣如诉,文情并茂,其父状貌品学,栩栩如生,"情感之痛切、描摹之细致、言辞之斟酌"②,无愧大手笔,堪与历代墓

---

① [清]吴进辑,冒广生刻:《楚州丛书·射阳先生文存》,如皋冒氏暨淮阳志局,民国十年(1921年),第170页。

② 《吴承恩集》,第107页。

志名篇相媲美。吴承恩在墓志铭中写道："先君讳锐，字廷器，先世涟水人，然不知何时徙山阳。遭家穷孤，失谱牒，故三世以上，莫能详也。曾祖讳鼎，祖讳铭，余姚训导；皇考讳贞，仁和教谕。"①将其与吴承恩撰写的另外一篇《刘居士夫妇合葬墓墓志铭》对应比较，可以发现，吴承恩肯定地说"先世涟水人，然不知何时徙山阳"，而不是"淮安涟水人"，稍为关注历史，就能看出吴承恩的身世与海州相关，这明确了吴承恩祖先的海州籍贯。

　　蔡铁鹰先生将《射阳先生存稿》和吴承恩的《花草新编》合起来出版了由他笺校的《吴承恩集》，在这个集子里还收录了后来发现的吴承恩撰写的不在《射阳先生存稿》和《花草新编》中的一些诗词绝句、跋、赞、传、墓志铭，蔡铁鹰将其编辑成"辑轶"，其中就有《刘居士夫妇合葬墓》的墓志铭。这篇墓志铭开篇写道："刘公讳承业，字述之，号曰关东居士，淮郡之安东人也。"紧接着又强调"安东在淮郡，旧名涟水……"②，看起来，"淮郡之安东"后一句紧接着说"安东在淮郡"，是明显重复的废话，在"惜墨如金"的铭文中，是不该出现的。

　　据著名学者李洪甫先生考证③，笔者曾经怀疑过，吴承恩《先府宾墓志铭》既然明确说他的祖父吴铭做过"余姚训导"，曾祖父吴贞是"仁和教谕"，可是，淮安知府卫哲治等人纂修的《清乾隆淮安府志》中这两位老先生的名字皆"不见"于淮安府举荐贤才的"岁荐"名录，方志家在书中埋下悬疑：难道吴家"不系淮籍耶"？出于正史的记录披露了重要的史实，我们可以认为，吴承恩的祖父、曾祖父也不自认淮安人，否则"余姚训导""仁和教谕"不会不在

① 《先府君墓志铭》，《射阳先生存稿》卷四，第149页。
② 《刘居士夫妇合葬墓》，《吴承恩集》，第293页。
③ 《江苏灌南刘氏墓志铭与吴承恩祖居地》，载《文物》2011年第4期。

淮安的府志上。

殊不知吴承恩在刘氏墓志中那句"废话"正是要说明：吴、刘两家虽然是乡里，但不是一个郡的人；刘家地属淮安安东，而吴家的居址不属于淮安。因为，刘家在安（东）海（州）分界之南，吴家在安海分界之北。明代淮安的安东，就是今天的涟水；安东的南侧属于淮安，北侧就是属于海州，这在《明海州全图》上白纸黑字，标写得清清楚楚，这也是在《先府宾墓志铭》中说"先世涟水人"而不是"淮安涟水人"的原因。

第三节 《射阳先生存稿》记述海州的人和事

除了上边介绍《射阳先生存稿》与海州的密切关联外，《射阳先生存稿》中也多次记述了海州的人和事，包括吴承恩与海州人氏的交往，为海州地方和海州人撰写的寿辞、词幛，为海州有人题写的赠歌，等等，在此列举二三。

（一）

《射阳先生存稿》收有一些吴承恩为海州人所写的祝词，其中值得一提的是吴承恩为胡琏家写的两则"寿辞"。其一是《射阳先生存稿·卷二》中的《寿胡内子张孺人六未裘序》，这是吴承恩为胡琏长孙胡应恩的妻子张氏贺寿所作的，文章写了很多胡琏家事，吴承恩写道："自孺人之归西畹也，我师南津翁，方在九列……"。[①]其二是《射阳先生存稿·卷四》中的《寿胡母牛老夫人七裘幛词》，这是吴承恩为胡琏长子胡效才之妻所写的幛词，文章历数了牛老夫

---

① 《寿胡内子张孺人六未裘序》，《射阳先生存稿》卷二，第116页。

人德行，特别是热情赞美了胡家对社会的功绩，同时还提及了吴承恩与胡琏家的亲戚关系。在这篇障词中，吴承恩写道："某等自惟累叶周亲，亦是连枝娇客""长淮南北，试问取、谁是名家居一？我舅津翁，人都道、当代岩廊柱石，夫子双洲，乘骢建隼，名望真无敌。"①

从这两篇文章的内容中，可以读出这样一些信息。

一是吴承恩十分尊敬胡琏，甚至在文中表现出"套近乎""攀附"的意味。《寿胡内子张孺人六袠序》说"我师南津翁"，《寿胡母牛老夫人七袠幛词》说"我舅津翁"，可见胡琏与吴承恩既是舅甥关系，也是师生关系，关系非同一般。

二是吴承恩在文中极力表现自己与海州胡家有姻亲关系。"某等自惟累叶周亲，亦是连枝娇客"，胡琏儿媳妇牛氏的妹妹，就是吴承恩的夫人。也就是说，吴承恩与胡琏长子胡效才是连襟兄弟。关于这一点需要做个说明，刘怀与先生在《吴承恩墓地调查散记》②中认为，吴承恩有妻叶氏和姜牛氏，胡琏儿媳妇牛氏的妹妹，就是吴承恩的姜夫人牛氏。但蔡铁鹰先生在《吴承恩集》中提出，"但此说并不确实，所谓'连枝娇客'，也许是说叶氏与牛老妇人有亲戚关系"③。笔者认为"连枝"指兄弟，"娇客"指爱婿，已经说明了关系的性质，如果叶氏与牛老妇人有亲戚关系，除非她们是姨表姊妹，否则不会用"连枝娇客"或"累叶周亲"说明是几代至亲。

三是吴承恩大力颂扬海州胡琏家族有"长淮名门第一"的称号。胡琏（1469—1542年），字重器，别号南津，海州沭阳新河镇人，明代军事家、政治家、抗葡英雄。胡琏于明孝宗弘治八年（1495

① 《寿胡母牛老夫人七袠幛词》，《射阳先生存稿》卷四，第228—229页。
② 《吴承恩研究》，江苏古籍出版社1984年版。
③ 《吴承恩集》，第153页。

年）科中举人，弘治十年（1505 年）科中进士，历任南京刑部郎中、闽广兵备道，累擢升巡抚、户部右侍郎。胡琏博学多才，精通经史，兵备尤精，胆略过人，为我国学习外来文化，改进西方坚船利炮之先驱人物。胡琏有胡效才、胡效忠、胡效谟、胡效诠四个儿子。其中，胡效忠的儿子胡应嘉为进士出身，胡效才的儿子胡应征为举人，加上胡琏，胡氏祖孙三代一门三进士、两举人，成为当地著名的望族，吴承恩盛赞胡琏一家为"长淮名门第一"。

《嘉庆海州直隶州志》，就有多处为胡琏和他的孙子、重孙一家四人立传的文字记载，另外在民国出版的《中国人名大辞典》及 1996 年《沭阳胡氏族谱》也都有所记述。

（二）

《射阳先生存稿·卷一》收录了一首《二郎搜山图歌》，这是吴承恩所作的一首七言古诗。诗前有序云："二郎搜山卷，吾乡豸史吴公家物。失去五十年，今其裔孙礼泉子复于参知李公家得之，青毡再还，宝剑重合，真奇事也，为之作歌。"[①]这首题画诗与《西游记》是有密切联系的，胡适将全诗录在他的文中，并将其作为吴承恩是《西游记》作者的内证之一举出："这一篇《二郎搜山图歌》很可以表示《西游记》的作者的胸襟和著述的态度了。"[②]

《二郎搜山图歌》是吴承恩精心构思的上品，虽是题画诗，却假借二郎神搜山捉妖的神话故事，揭露了当时"五鬼""四凶"横行的黑暗现实，期望"胸中磨损斩邪刀"，"救月有矢救日弓，世间岂谓无英雄？谁能为我致麟凤，长令万年保合清宁功"。[③]吴承恩

① 《二郎搜山图歌》，《射阳先生存稿》卷一，第 38 页。
② 胡适：《〈西游记〉考证论》，《努力周报·读书杂志》1923 年第 6 卷。
③ 《二郎搜山图歌》，《射阳先生存稿》，第 39 页。

在表达铲除邪恶的强烈愿望的同时，也抒发了自己不能有所作为的苦衷，感情充沛，气势凌厉。《二郎搜山图》表现的是民间传说二郎神搜山降魔的故事，所以也称为《二郎神搜山图》。图中描绘神兵神将们威风凛凛地搜索山林中的各种魔怪。这些妖怪，或是原形毕露，或化为女子，在神将们的追逐下仓皇逃命，或藏匿山洞。《二郎搜山图歌》与《西游记》有不解之缘，其内容主题与《西游记》赞扬孙悟空"大闹天宫"的英雄主义精神与气概何其相似，在诗作中，吴承恩酣畅淋漓地表达了他的社会道义观点。

关于二郎故事民间多有传说，其原型有"李二郎""赵二郎""邓二郎""孟二郎""杨二郎"等多种，吴承恩一定是知道的。尽管二郎传说甚多，但这首诗与海州地区，特别是灌河口（今连云港市灌南县）关于杨二郎的传说有关。因此它与《西游记》有密切的题材关联，也被认为是"吴承恩最重要的作品之一"。

（三）

《射阳先生存稿·卷一》有《赠裴鹤洲晋列卿兼逢初度歌》，裴鹤洲即《隆庆海州志》校证、海州赣榆人裴天佑，鹤洲为其别号。

关于裴天佑，《天启淮安府志》卷十六："裴天佑，字顺之，嘉靖庚戌进士。同辈所为乞差广交纷华之事，耻弗为也。令建安，食御如寒士，为政务厚民。巡按山东，初出朝时，权贵嗾公曰：某州某判官墨且酷，宜殛去。既而知廉且贤，竟优奖之。罪人挟万金赂免死，公籍其金于官，置之法。晋大理，人稍无冤。播光禄，三月约省二千金。既归，杜门谢客，诗酒自娱，士友所镵有《拙逸亭稿》。祀乡贤。"[①]海州属淮安府，因此裴天佑传入《淮安府志》。嘉

---

① ［明］宋祖舜修，方尚祖纂，苟德麟、刘功昭、刘怀玉点校：《天启淮安府志》（下），方志出版社2009年版，总第738页。

庆《海州直隶州志》、光绪《赣榆县志》所述略同。在诗中，吴承恩指认裴天佑家乡的云台山是海上仙山："主人本是瀛洲客。"[①] 苍梧山明代时曾坐落海中，与陆地遥相对望，有"海上瀛洲"之称。沈括在《梦溪笔谈》里说："今之东海县乃汉之赣榆。"[②] 由此也看出吴承恩对云台山的地理和相关文献的熟悉程度。

因为裴天佑嘉靖庚戌进士时的考官是李春芳，因此裴名义上是李春芳的学生。李春芳《贻安堂集》卷十有《答鹤洲裴建安令尹》，吴承恩与裴相识，可能是因李春芳的关系而认了同乡。吴承恩嘉靖四十三年秋冬受李春芳"敦喻"进京待选，其时有可能重回北京等候长兴县丞的任命。[③]

该诗的以下十余句历数裴天佑的为官经历，裴进士及第后除出任福建建安县令外，还出任巡按御史长达十年，旋又出任大理寺丞，故篇中有"金门献策""武夷烟霞""台柏篙遵""十年监察"等描述。

《射阳先生存稿·卷一》还有一首五言古诗《古意》：

> 日出沧海东，精光射天地。
> 俄而忽西掷，似是海神戏。
> 羲和鞭六龙，能躯不能系。
> 劳劳彼夸父，奔走更何意。
> 余自尘世人，痴心小世尘。
> 朝登众山顶，聊复饮其气。[④]

---

① 《赠裴鹤洲晋列卿兼逢初度歌》，《射阳先生存稿》卷一，第255页。
② ［北宋］沈括：《梦溪笔谈》（第一卷），中华书局1974年版，第60页。
③ 《吴承恩集》，第24页。
④ 《古意》，《射阳先生存稿》卷一，第26—27页。

在《山东省志》泰山卷"名人登山"中，编者认为本诗是吴承恩登泰山所作，蔡铁鹰先生《吴承恩集》也存此说，不过笔者有不同看法。例如就本诗提到的各种传说来看，并非泰山地区独有。而且，持"登泰山说"者还忽略了两个基本事实。

一是全诗海气氤氲，应为海中之山，而绝非陆地之山。"日出沧海东"所观之景为海上日出，日升于海面；"俄而忽西掷，似是海神戏"，日落之处亦为海面，如在泰山观日落，日落在旷野大地，那么何来"海神戏"？由此可见，吴承恩是在海岛之上，四周全是海。纵观当时符合《古意》诗环境的，只能是处于海中的云台山群岛，况且诗末"朝登众山顶"也说明他身处海岛之上。

二是明时泰山与海早已不相关，连"海边"都相距很远。"登泰山说"认为吴承恩于明世宗嘉靖二十九年（1550年）从大运河进京路过登泰山，其实他只是经过济宁，但并不一定就登了泰山。

《西游记》中吴承恩描写的山基本涵盖了他的足迹，如果去过泰山应该在《西游记》中有所提及，然而，常任之《西游记中的山》[1]认为，吴承恩在小说中写了真实的、虚拟的、科幻的、艺术化的、有名的、无名的三十座山，都是用诗描述的，却不见与泰山相关的山。由此笔者质疑《古意》不一定是登泰山之作，它可能是登海州云台山之作。这一观点尚待进一步考证，或许由此能破解吴承恩登上云台山的历史之谜。

---

[1] 载《西游记文化论丛（第3辑）》，南京大学出版社2016年版。

第五章 杨锡绂《四知堂文集》的海州咏颂

　　杨锡绂，一个清代官员，为官清廉正直，署理各地各衙门，都有可圈可点的业绩。他爱民勤政，为百姓所颂扬，在世时百姓就能为其建纪念馆，实为可贵。尤其是他治理漕运十二年，兴修水利，严禁陂塘改垦，节制江南八省钱粮，亲临漕船，监督水运，这些举措不仅保证了京师供应，得皇帝嘉奖；所取得的成效，老百姓也交口称赞。

　　杨锡绂，一个文化"大咖"，无论公文奏疏还是文学作品，都是一把好手。能在框框很死板的"公文"里做出十分像样的文章已经很不容易，居然还能在"信马由缰"的想象思维中做出一千多首好诗歌，就更加难能可贵了。

　　杨锡绂对以海州为中心的朐海地区情有独钟，是在海州地区留下诗作最多的文人之一，也是朐海地区留下诗作的官员中官职最高的。

　　杨锡绂于乾隆二十二年（1757 年）被授予漕运总督一职，当时漕运总督府在淮安。长期隶属淮安府的海州，已经在雍正二年

（1724 年）升格为海州直隶州，脱离淮安治下，并下辖沭阳县、赣榆县。在淮安做漕运总督的杨锡绂，第二年就来到海州视察，此后几年，他经常来往于海州和淮安间，并且每次来海州都会留下一批诗文。

他登上云台山察看山海情势，到海州阅兵视察、捐助南城苍梧山修建庙宇，做了一系列好事，还留下不少诗文，为今天研究海州文史积累了十分宝贵的资料。

杨锡绂为什么会对海州情有所眷呢？作为总督一级的朝廷命官，他深知海州之重要，这个重要不仅是军事上的，更多是在经济发展上。在清朝，海州因鱼盐之利而引起朝廷重视，板浦作为当时的淮盐重镇、淮北盐都，历来为官员所重视，两江总督陶澍不也对海州"关注"有加吗？

查阅清朝的财政数据，前期的盐税有两千万两，到中期，这项收入长期维持在四百万两，到了后期，居然达到八千万两，个别时候甚至达到一亿二千万两，光绪年间居然有二亿三千万两到二亿六千万两。无论数据是否有水分，或有多少偏差，但是盐税的确是清廷财政的巨大来源。

清朝财政收入中，除了关税占一小部分（约 20%）外，就是农税和盐税，且农税和盐税几乎持平各占一半。而这一半的盐税中，两淮地区又占到全国的一半，以板浦为中心的"三大盐场"——板浦、中正、临兴（即青口）的盐税又占到两淮地区的一半。也就是说，海州提供的盐税可达到整个国家财政收入的 10%。作为朝廷官员，再没有"政治头脑"也不会忽视海州的。

与此同时，运盐河直通大运河，盐是漕运的重要货源。因而，杨锡绂身为漕运总督，想不把海州高看一眼都不行，所以，他频繁来海州，也由此留下了诸多诗文。

第一节　漕运总督、诗文大咖杨锡绂

（一）

杨锡绂生于康熙四十年（1701年），卒于乾隆三十三年（1768年），字方来，号兰畹，江西省临江府清江县人。杨锡绂出身于书香门第，父亲曾是县学生，后在乡里讲学。因受到家庭影响，杨锡绂自幼开始读书，包括宋儒之书、经说、史学、辞章等等，在父亲的言传身教下，他尤其对宋儒的书十分喜爱，这也是他对宋明理学的入门阶段。史料记载，杨锡绂年少之后，极力推崇程朱理学，一直到老。他认为理无所不在，是社会生活的最高准则，反对王守仁主张的"心即理"的阳明心学。在穷究事物之理上，他主张程颢的"主静"，着重"正心诚意"，也认同程颐的"主敬"，着重"格物致知"。在治学及为人之道方面，杨锡绂认为，治学必须先要正学术，然后再正心术，以此为基础才能以宋儒之学说为作文的根本；再者，便是读书人要将读书、应试以及成为圣贤之人的人生目标紧密地结合起来，有了这些，加上读书人的气节，就一定会在毕生有所作为。这些思想对他的成长以及后来的为官经历影响很大。

雍正五年（1727年），杨锡绂考中进士，随后历任吏部考功司主事，历任吏部郎中、贵州道御史、顺天府乡试同考官、广东肇罗道、广西布政使、礼部右侍郎、湖南巡抚等官职。乾隆十八年（1753年），杨锡绂升任都察院左都御史，次年署理吏部尚书，并任殿试读卷官。乾隆二十年（1755年），杨锡绂又从署理湖南巡抚升为礼部尚书，并署理山东巡抚。

乾隆二十二年（1757年）正月，乾隆皇帝突然将杨锡绂调往江苏淮安，并交给了他一个关乎朝廷命脉的艰巨工作，这便是出任漕运总督，并兼提督淮扬地区海防军务。这既是对他的信任，也是对他的一个考验。后来的实践证明，杨锡绂对漕运是有极大贡献的。

杨锡绂无论担任任何职务，都能取得卓著政绩，百姓能为他建生祠，足见其爱民勤政。乾隆二十八年（1763 年），杨锡绂加太子太保。乾隆三十三年（1768 年）杨锡绂去世，乾隆帝赐祭葬，谥"勤悫"。其著作有《漕运全书》《四书讲义》《四知堂文集》等。

（二）

乾隆元年（1736 年），杨锡绂被任命为广西布政使，清朝的布政使相当于今天的常务副省长，主管一省的行政和财赋出纳工作。杨锡绂一到任，就"请禁州县以土产馈上官"，即抓廉政建设，制止下官行贿。敢于这样做，首先自身要做得正，这也凸显杨锡绂为官还是正直的。值得一提的是，杨锡绂不仅是个勤恳正直的好官，也是一个强硬的"狠官"。

这一年发生了一件大事，贵州苗民石金元犯上作乱，焚毁了永从县县治。这次事件被称为贵州"苗乱"，又称古州苗民起义，清史称为"古州苗乱""贵州苗乱""苗民叛乱"。这是中国"康乾盛世"时期的一次大规模的苗族人民起义，对清朝统治者造成了极大震撼。面对"苗乱"即将波及广西，杨锡绂"会贵州、湖广兵剿擒之"。当时，清廷调集两湖、两广及云、贵、川七省兵力数万人，由哈元生、董芳率领，前往贵州镇压义军。七月，清廷又任命刑部尚书张照为抚定苗疆大臣，并调河北、河南、浙江等省官兵作后援。义军则凭借有利的地理条件继续打击清军。乾隆帝即位后任命张广泗为七省经略兼贵州巡抚，总管征剿事宜，大举进攻。乾隆元年，起义军被围困于牛皮大箐（今贵州黔东南州雷公山），终因起义领袖先后被俘或牺牲而宣告失败。

乾隆六年（1741年），杨锡绂被升为广西巡抚，出任一省军政、民政主官。此时"苗乱"仍有继续，迁江土苗再次发动起义，谋犯思恩府。杨锡绂檄兵往捕，得其首领李尚彩及其党八十余人。乾隆七年（1742年），杨锡绂上奏言："广西未行保甲。苗、僮虽殊种，多聚族而居，原有头人，略谙事体。请因其旧制，寓以稽覈。苗、瑶、伶、僮各就其俗为变通。"[1]乾隆帝对此颇为赞许。杨锡绂又奏言："设兵以卫民，乃反以累民：城守兵欺凌负贩，攫取薪蔬；塘汛兵驱役村庄，恣为饮博。臣于抚标访察惩治，请敕封疆大臣共相厘剔。"[2]这也得到了乾隆帝的批准。"八年，梧州知府戴肇名馈人参，诡其名曰'长生果'，却之，具以闻，上谕曰：'汝可谓不愧四知矣。'广西民有逃入安南者，捕得下诸狱，疏闻，上命重处，锡绂即杖杀之。上谕曰：'朕前批示，令其具谳明正典刑。乃锡绂误会，即毙杖下。此皆当死罪人，设使不应死者死，则死者不可复生矣。"[3]此事过后，杨锡绂被交部议处。

（三）

乾隆九年（1744年），杨锡绂被任命为礼部侍郎。乾隆十年（1745年），乾隆帝授其湖南巡抚一职。杨锡绂奏言："周礼：遂人治野，百里之间，为浍者一，为洫者百，为沟者万，捐膏腴之地以为沟洫。诚以蓄泄有时，则旱潦不为患，所弃小、所利大也。后世阡陌既开，沟洫虽废，然陂泽池塘尚与田亩相依，近水则腴，远水

---

[1] 赵尔巽等撰：《清史稿》卷三〇八《杨锡绂传》，中华书局1977年版，总第10584—10585页。以下只注篇名、书名、页码。

[2]《清史稿》卷三〇八《杨锡绂传》，总第10585页。

[3]《清史稿》卷三〇八《杨锡绂传》，总第10585页。

则瘠。湖南滨临洞庭，愚民昧于远计，往往废水利而图田工。甚至数亩之塘，培土改田；一湾之涧，绝流种蓻。彼徒狃于雨旸时若，以为无害；不知偶值旱涝，得不偿失。且溪涧之水，远近所资，若截垦为田，则上溢下漫，无不受累。官吏以改则升科为劝垦之功，亦复贪利忘害，沟洫遂致尽废。臣以为关系水利，当以地予水而后水不为害，田亦受益。请敕各省督抚，凡有池塘陂泽处所，严禁改垦。"①

乾隆帝因各省米价偏高，谕各地督抚体察陈奏，杨锡绂上疏说："米贵由于积渐。上谕谓处处积贮，年年采买，民间所出，半入仓庾，此为米贵之一端。臣生长乡村，世勤耕作，见康熙间石不过二三钱，雍正间需四五钱，今则五六钱。户口多则需谷多，价亦逐渐加增。国初人经离乱，俗尚朴醇。数十年后，渐习奢靡，揭借为常，力田不给。甫届冬春，农籴于市，谷乃愈乏。承平既久，地值日高，贫民卖田。既卖无力复买，田归富户十之五六。富户谷不轻售，市者多而售者寡，其值安得不增？臣以为生齿滋繁，无可议者。田归富户，非均田不可，今难以施行。风俗奢靡，止可徐徐化导，不能遽收其效。至常平积贮，当以足敷赈济而止，不必过多。目今养民之政，尤宜专意讲求水利，使蓄泄有备，偏灾不能为患。以期产谷之多，未必非补救米贵之一道也。"②这条奏疏递上去，乾隆帝欣然接受了。

（四）

乾隆二十二年（1757年），杨锡绂被授予漕运总督一职，疏请豁兴武、江淮二卫旗丁欠缴漕项，乾隆帝责其沽名钓誉，命以养廉

---

① 《清史稿》卷三〇八《杨锡绂传》，总第10585页。
② 《清史稿》卷三〇八《杨锡绂传》，总第10585—10586页。

代偿损失。乾隆二十三年（1758 年），杨锡绂上疏说："屯田取赎，宜宽年限。价百金以上，许三年交价，价足田即归船。旗丁交兑不足，名曰'挂欠'。应由坐粮厅限追惩治，督运官以下有一丁挂欠，即停其议叙，旗丁改金。新丁但交篷桅杠索价值；旧丁公私欠项，不得勒新丁接受。水次兑漕，令仓役执斛，旗丁执概。江淮、兴武二卫运丁运粮，快丁驾船。应循例并金，不得避运就快。"上谕曰："此奏确有所见。"① 乾隆帝将其交给下面的人讨论，之后接纳了他的意见。

乾隆二十五年（1760 年），杨锡绂疏说："自开中河，漕艘得避黄河之险。独江北、长淮等帮，以在徐州交兑，不能避险。请令改泊皂河，弁丁诣徐州受兑。州县代雇剥船转运过坝。"② 乾隆帝听从了他的建议并因杨锡绂实心治事，命他免以养廉代偿漕项。乾隆二十六年（1761 年），他再次上疏："运蓟州粮船自宁河转入宝坻，由白龙港、刘家庄达蓟州。水道淤浅，请责成官为疏浚"，他又说："板闸、临清、天津三关，尚沿明制，漕艘给发限单，应请裁革。州县收漕如有搀杂潮润，粮道察出，本管知府视徇庇劣员例议处。军丁兼充书役，一体句金。头舵水手受雇，领费辄复潜逃，请发边远充军。"③ 乾隆皇帝看罢，下诏说："所奏俱可行。"并且又一次采纳了他的建议，还加封他为太子少师。

乾隆二十八年（1763 年），杨锡绂被加封太子太保。乾隆二十九年（1764 年），他上疏称："军、民户籍各分，既隶军籍，即应听金办运。乃宦家富户百计图避，所金皆无力穷民，情理未得

---

① 《清史稿》卷三〇八《杨锡绂传》，总第 10586—10587 页。
② 《清史稿》卷三〇八《杨锡绂传》，总第 10587 页。
③ 《清史稿》卷三〇八《杨锡绂传》，总第 10587 页。

其平。嗣后如金报后辨诉审虚，参劾治罪。"① 乾隆帝说："锡绂此奏打破了朝中的瞻徇之习。按他说的办，相关部门的人也都商量一下。"杨锡绂又上疏言："粮艘例禁私盐。道经扬州，总督、盐政及臣各专委督察。乃又有淮扬道，扬州游击、守备、江都、甘泉两县，各差兵役搜查，粮艘因之羁阻。如江广帮为通漕殿后，过扬州已在冬令，尤为苦累。臣思事权宜归于一，请专听总督、盐政委员督察，余悉停止。"② 上谕说："所奏极是。"乾隆三十年（1765 年），杨锡绂上疏言："骆马湖蓄水，相传专济江广重运。今岁帮船阻滞，先开柳园堤口，运河水长，江浙帮遂得遄行。次开王家沟口，江广帮至，湖水未尝告竭。每岁沂水自湖而下，为海州、沭阳水患。若于四五月间引湖济运，亦减海州、沭阳水患，一举两利。"③ 乾隆帝又一次听从了他的建议。

第二节 《四知堂文集》与杨锡绂的治漕功绩

（一）

《四知堂文集》是杨锡绂的编年体诗文集，共三十六卷。此集"以奏疏为多"，次为诗文，兼有书表序跋铭记杂著。

卷一至卷十六均为"奏疏"，收入杨锡绂为官理政的请示报告批文等文书；卷十七为"咨""议""禀"，卷十八为"详""牌"，卷十九为"牌""檄""示"，大多也是杨锡绂的工作记载。从这些可以看出，杨锡绂为官还是勤奋敬业、有为官理政思想的。卷二十

---

① 《清史稿》卷三〇八《杨锡绂传》，总第 10587 页。
② 《清史稿》卷三〇八《杨锡绂传》，总第 10587 页。
③ 《清史稿》卷三〇八《杨锡绂传》，总第 10587—10588 页。

为"记"，收入杨锡绂为馆舍祠堂庙观寺院所写的文章以及题词之类，其中就有为南城凤凰山玉皇阁重修所写的《苍梧山重建佛殿记》；卷二十一、卷二十二为"序"，收入杨锡绂为当时的友人、长辈作的寿辰序文以及文章、文集序文等；卷二十三至卷二十五为"书"，收入杨锡绂与各地同僚、文友的书信往来文章；卷二十六为杨锡绂撰写的"墓志铭""墓表""传"和"祭文"；卷二十七为"行述""行状"；卷二十八为"赋""说""书后""杂著"。卷二十九至卷三十六为杨锡绂的诗歌，其中卷二十九为《焚余草》集，收入古今体诗九十四首，卷三十、卷三十一、卷三十二皆为《督运草》集，分别收入古今体诗九十首、七十六首、一百零三首，卷三十三为《督运草》《巡营草》集，收入古今体诗一百零二首，卷三十四为《筹运草》集，收入古今体诗六十首，卷三十五、卷三十六皆为《运余草》集，分别收入古今体诗一百一十九首、一百一十六首。

《四知堂文集》名称来源于杨氏堂号"四知堂"。"四知"典故出自后汉太尉杨震，《后汉书·杨震传》写道："举茂才，四迁荆州刺史、东莱太守。当之郡，道经昌邑，故所举荆州茂才王密为昌邑令，谒见，至夜怀金十斤遗震。震曰：'故人知君，君不知故人，何也？'密曰：'暮夜无知者'。震曰：'天知，神知，我知，子知，何谓无知！密愧而出。'"[1] 这说的是杨震拒贿的故事，杨震曾举荐荆州茂才王密为昌邑令，杨震途经昌邑县的时候，王密"怀金十斤"送给杨震，杨震拒绝了，并教育了王密"天知，神知，我知，子知"的道理。后世杨姓多以"四知"名堂。杨锡绂亦然，也以"四知堂"

---

① ［南朝宋］范晔撰，［唐］李贤等注：《后汉书》卷五四《杨震传》，中华书局1965年版，总第1760页。

作为自己文集的名字。

《四知堂文集》有嘉庆十一年（1806 年）刻本，目前通行、常见的是上海古籍出版社 2010 年出版的《清代诗文集汇编·295·四知堂文集》三十六卷。

（二）

从《四知堂文集》卷一至卷十六的"奏疏"，以及卷十七的"咨""议""禀"、卷十八的"详"、卷十九的"牌""檄""示"等文章中，大致可以梳理出杨锡绂的工作情况和治漕功绩。

徐悦在《理学家杨锡绂的治漕功绩》[①]中指出，杨锡绂到任后，首先就开始整饬漕政，清除漕弊。虽此时还是"乾隆盛世"，但漕政中所暴露出来的弊端也不比以往少，尤其是漕运各级官员之间的贪污、舞弊以及对军丁的吃拿卡要问题，始终是让漕运总督头疼的难题。虽历任总督在不断治理、整顿，但漕政一直都是"锢弊难除"。即便如此，作为负责漕运的一把手官员，杨锡绂仍然要对漕运工作进行监督、监察和管理，至少不能让这些弊端影响到他治下的漕粮运输。

杨锡绂曾经向朝廷上疏奏章，申请豁免了兴武、江淮二卫漕运军丁所欠缴的漕项税费，本来想用此方法给军丁减轻一些负担，谁知却引得朝廷的指责，还落得个让他用自己的养廉银来替军丁补偿缴纳漕项税费的结果。不过后来乾隆皇帝见杨锡绂一心为国，实心治事，便又免去了对他的这一处罚。

乾隆二十三年（1758 年），杨锡绂上疏朝廷：

屯田取赎，应该适当放宽年限。如果钱数在百金以上，要准许

---

① 载于淮安文史网站，2016 年 1 月 9 日。

三年交纳，钱银交纳后便可以归船。而漕军士兵们若交兑不足，有挂欠发生，则由坐粮厅规定日期进行追查惩治，督运官以下人员如果有一名漕军战士挂欠，则停止对督运官考绩，并不给予加级、记录或其他奖励，而拖欠的士兵则也要更换。新的战士补充进来后，旧有士兵公私所欠的税费，不得再强行加派到新调入的士兵身上。各个水次在兑漕之时，要让仓役和军丁全部负责起来。江淮、兴武二卫部队军丁运粮，快丁驾船，应遵循原则进行操作，不得避运就快。

此疏一经上奏，引起乾隆皇帝重视，当即朱批："此奏确有所见"。并随即便下达至相关部门进行讨论，最终准许了杨锡绂的请示。

乾隆二十八年（1763年），因为功绩卓著，杨锡绂被加衔太子太保，此时已经是他担任漕运总督的第七个年头。乾隆皇帝登基二十八年来，漕运也从没有像今天这样畅通。虽不说杨锡绂完全杜绝了漕政中的贪污、腐败之事，但他兴利革弊，肃清漕政，将漕运治理得顺畅通达，效果还是非常明显的。杨锡绂深知"舟行偶不慎，痛遭覆溺之险"的漕运艰辛，他历时多年，凭借自己担任漕运总督时的经验，编撰了一本《漕运全书》，为后任者处理漕政问题给出了指引。不过，此书直到杨锡绂逝世后才由后任漕运总督黄登贤呈上朝廷。因为实际意义和可操作性非常大，朝廷在审核之后，便命历任漕运总督必须遵照杨锡绂旧章主持漕政，可见此书对于漕运巨大的实用性。

（三）

直到道光二十四年（1844年）后，清廷令翰林院检讨爱新觉罗·载龄等人继续编修《漕运全书》，至光绪二年（1876年）才宣告完成。《漕运全书》共有九十六卷，记载了从清初以来的漕运常制、咸丰、同治朝的一些改革、变通诸事也有辑入。其中分为漕粮额征、征收事例、白粮事例、通漕运艘、选补官丁、官丁廪粮、贴费杂款、计屯起运、漕运河道、随漕解款、京通粮储、截拨事例、奏销考成、挽运设防、通漕禁令、盘坝接运等二十三类，是重要的漕运政务的指导性书籍。

如著者没有极高的个人修养，如果不是专注在漕运工作上，那么就算多有视察，多有总结，也是无法写出这样一部全书的。杨锡绂一生为官四十多年，为朝廷和国家鞠躬尽瘁。他悉协大体，不断给朝廷上疏奏章，所奏之事多为百姓之需。在他为官的几十年间，最大的成就来自漕运总督任上。

十二年间，杨锡绂管理近万条漕船及运丁数万人，南来北往向京城输送粮食、丝绸、瓷器等物资。其间又与河道总督共理漕河之事，大力维护河道的畅通，并确保漕运船只所经过的地方没有人干扰运河所到地方的百姓。在他的治理下，漕船多年航行安稳，没有重大事件发生。

杨锡绂担任漕运总督的这十二年，也是整个清朝漕运最为稳定的十二年，且也是朝廷收到关于漕运奏章最多的十二年。他用自己儒雅的性格和始终推崇的宋儒理学，主掌着国家的漕运命脉，可以说是稳稳当当。

能将莫大的漕运政事管理得如此得心应手，乾隆皇帝自然是对他喜爱有加。乾隆二十七年（1762 年），乾隆皇帝专门赐杨锡绂诗一首：

转漕由来大政关，得人久任谓卿闲；
四星储蓄天容与，千里南北岁往还。
革弊深应体民隐，董输兼欲恤丁艰；

奉公尽职诚斯在，扈跸仪文尽可删。①

诗中，杨锡绂治理漕政的功绩被一一展现。不但如此，杨锡绂的治漕功绩，还被后人拿来与康熙年间治河名臣靳辅相提并论，并赞其为"数十年来，论漕政者，必举先生第一"②。

（四）

胸海地区有人曾将《四知堂文集》中有关胸海部分的诗文独立编为一册（分为一至十卷），单独刊刻成书，即《四知堂文集胸海集》。

《四知堂文集》卷二十九至卷三十六中，主要辑录杨锡绂的诗歌，他对胸海地区情有独钟，写下了许多歌咏海州地区山水名胜、人文风俗的诗篇。板浦文化名人许桂林在《琴想山房传声谱》中写杨锡绂："少师清江杨勤悫公为乾隆中名臣，书法亦苍劲。今云台山下人家，多藏其墨迹。盖公督漕最久，每岁之冬，阅兵海上，所至留题。馆吏预磨墨汁，濡毫以待，积楮盈寸，挥翰如飞，乐之不以为疲也。"

杨锡绂以海州为背景或写海州的诗歌将在下文介绍，他不仅直接写海州，而且对海属地区周边也多有书写。乾隆二十八年杨锡绂巡视海州，来海州途中所作诗《由庙湾至盐城作》中记有"一轮明月扁舟夜，载得清清海上霜"③句。乾隆二十四年（1759年）杨锡绂巡视海州期间途经新安镇（今连云港市灌南县）作《新安镇登舟》。

---

① ［清］弘历：《赐漕运总督杨锡绂》，转引自康芬，龙晨红主编：《江西历代著作考》，江西人民出版社2015年版。

② ［清］王昶著，周维德辑校：《蒲褐山房诗话新编》，齐鲁书社1988年版，第17页。

③ ［清］杨锡绂著：《由庙湾至盐城作》，《清代诗文集汇编二九五·四知堂文集》，上海古籍出版社2010年版，第590页。以下只注篇名、书名、页码。

乾隆三十年（1765 年）杨锡绂坐船来海州，夜间船停泊在新安镇写有《新安镇夜泊》："临河古镇海云边，雪后庭阶倍皎然。清景当前难坐失，忍寒呵冻写瑶笺。"[①] 返回淮安时他还写有《由板浦至新安镇二绝》，其中有"才向马头先决起，枝头残雪又飞花"[②] 句。杨锡绂频繁所写的"新安镇"建于明隆庆年间（1567—1572 年），初名悦来集，崇祯九年（1636 年）改名新安镇。清代隶属于海州，今为灌南县政府所在地。这些诗说明，新安镇居于淮安到海州的中间地带，清朝时期依然是一个繁华的水路码头重镇。

第三节　《四知堂文集》中的海州记述

（一）

杨锡绂一生作诗无数，他在《四知堂文集》卷三十《督运草自序》里说："……未能如专门名家之语不惊人死不休也，计自丁未成进士后至乾隆丙子凡三十年，约略为诗不下千余首，以不戒于火悉焚去，无存稿……"[③] 这说明杨锡绂写诗数量很多，而且还被失火烧掉散佚了一部分，但即便如此，现存三十六卷本《四知堂文集》，从卷二十九至卷三十六，还是用了九卷体量收录他的诗歌。

杨锡绂于乾隆二十二年（1757 年）被任命为漕运总督，当时漕运总督府在淮安。第二年他就来海州视察，此后几乎是隔三岔五就要来海州。并且他每次来海州均要留下诗歌，每次都不是一首诗，而是一批诗文。

---

① 《新安镇夜泊》，《四知堂文集》卷三十三，第 591 页。
② 《由板浦至新安镇二绝》，《四知堂文集》卷三十三，第 591 页。
③ 《督运草自序》，《四知堂文集》卷三十，第 554 页。

据李明友在《李汝珍师友年谱》①中考证：

乾隆二十三年（1758 年）四月，杨锡绂视察海州期间作诗四首：《板浦》《晓发海州》《晓发板浦》《云台山》等，见《四知堂文集》卷三十三《巡营草》。

乾隆二十五年（1760 年）十月末，杨锡绂巡视海州期间，作诗三首：《新安镇舟夜》《海州李牧新茸蜡庙成为纪以诗》《海州圆林寺》，见《四知堂文集》卷三十三《巡营草》。这一年，海州知州李永书在州城重修八蜡庙，并作《重修蜡庙记》（见《嘉庆海州直隶州志》卷第十九坛庙）一文以记之。

乾隆二十八年（1763 年）冬，杨锡绂巡视海州期间，作诗十首：《大伊山至板浦作》《东海苍梧山》《孔望山》《薄暮》《到海州作》《石棚山曼卿读书处》《赠沭阳令钱汝恭三首》《自板浦至新安》等。杨锡绂这次来海州途中还作诗《由庙湾至盐城作》；《大伊山至板浦作》中有夹注"是日长至"，可知时为冬至前后。这些诗均被收录于《四知堂文集》卷三十三《巡营草》。

乾隆二十九年（1764 年）他来海州视察，不仅作了一批诗歌，还去苍梧山（南城凤凰山）捐助致力于化缘修玉皇阁的宗师普观，并为普观作了《苍梧山重建佛殿记》等，见《四知堂文集》卷二十。乾隆三十年（1765 年）冬，杨锡绂巡视海州期间，作诗六首：《三元宫》《新安镇夜泊》《大伊山》《从苍梧山望云台》《由板浦至新安镇二绝》。这些诗均收录于《四知堂文集》卷三十三《巡营草》。

除上述列举之外，笔者在《四知堂文集》卷三十三《巡营草》集里还看到大量描写海州、板浦、沭阳、东海、云台山的诗歌，计有数十首，在此不一一列举出来。

---

① 凤凰出版社 2011 年版。

（二）

　　《四知堂文集》卷二十收入十一篇"记"，其中第九篇为《苍梧山重建佛殿记》，记载的是苍梧山（记中指向为南城"凤凰山"）的玉皇阁久废，清乾隆时期，有个叫普观的僧人募化创复庙宇，时任漕运总督杨锡绂资助其创建殿宇，并于清乾隆二十九年（1764年）撰文勒碑为记。据史料记载，该《苍梧山重建佛殿记》有刻成碑，原存于南城凤凰东山玉皇宫，但早已不见。笔者根据《清代诗文集汇编·295·四知堂文集》第二十卷录其全文如下，共五百二十字。

苍梧山重建佛殿记

　　苍梧山在东海营南城东山，北重岗复岭，直抵云台。南尽海滩，有伊芦山峙其前，如小屏障。滩地悉荒草，分青、红二种。红者不可耕种，色易而青则卤气净，居民始有报垦者，然亦不过什一也。闻数十年前，由板浦至南城尚需舟楫，今陆路矣。古所称桑田之说，其信然欤？东则烟波浩渺，弥望海气而已。山横而长近城，岭坳旧有玉皇阁，久废。僧普观，即东海人。少隶营卒，长以行伍不足为也，遂薙发为僧。一瓢一席一雨盖，坐玉皇阁废址，矢志募化，为创复计。始结茅，继稍稍支以木石，又继则正殿、山门具，又继则二门、两廊庑悉完，墙垣、阶级皆山石甃之，甚坚致。乾隆戊寅，予巡营至东海，都司李华即为言僧苦修状。然僧在庵日少，多以托钵他往。壬午冬复至，僧亦他出，乃书"愿力宏开"四字，留付其徒。僧归，诣淮谢余。曰："有志者事竟成。"僧之谓矣，僧曰未也。继自今方将易正殿以琉璃瓦，而扩其基，他禅堂、望海亭及接众之室，计三年内当次第举，予益嘉之。甲申初冬，复至庵，僧从蒲团起迎。余遂相与登山顶，四望云台在缥缈中，可望而不可即，其诸昔人所谓三神山欤？时海气弥漫，僧指极东处，谓黄者为沙，黑者为水。然亦依稀仿佛间，不甚能别白。而旷荡空杳，心目俱怡，令人不复作尘世想矣。夫儒释异教，而儒每轻释，乃宫墙颓废，酿士子金多悭吝啬缩，或累年而工不成。僧以一衲子，乃能沿门托钵于荆榛中，创复如来殿宇，宏整壮丽，庄严诸相，可不谓难欤？故为记其巅末，俾泐诸石，庶后之居是庵者，永不忘开创愿力也。①

这篇《苍梧山重建佛殿记》，一是为我们记下了板浦至南城之间海峡成陆的大致时间，1764年已是陆路；二是记载了玉皇阁复修的宗师普观的身份："东海人"，"少隶营卒，长以行伍"，后"薙发为僧"；三是记录了普观募化修庙的时间及艰难过程："乾隆戊寅（1758年），予巡营至东海，都司李华即为言僧苦修状"，这是说明庙在修建过程中，普观开始修庙的时间早于此，并且修建过程是循序渐进的，这种"愿力宏开"的"有志者事竟成"的精神实为可敬可叹；四是描述了当时云台山四周的环境情况，站在凤凰山上可以向东望到海，且能看清"黄沙""黑水"，对我们今天海陆变迁研究很有意义。此外，这篇文章还透露一个重要信息——那时"云台山""苍梧山"山名同时存在，且"苍梧山"那时狭指南城凤凰山，了解这个问题对于理解杨锡绂的诗歌有关键作用。

连云港市重点文物保护研究所编委会编、高伟主编的《连云港碑铭大观：连云港文物研究（第3辑）》②一书中也收入这篇《苍梧山重建佛殿记》，然文字与《四知堂文集》中的有个别出入，笔者

---

① 《苍梧山重建佛殿记》，《四知堂文集》卷二十，第425—426页。
② 中国文史出版社2015年版。

所录以《四知堂文集》为准。

（三）

上文介绍，《四知堂文集》卷三十三收录了杨锡绂很多以海州、板浦、新安镇、云台山等为背景的诗歌，其中有杨锡绂于乾隆三十年（乙酉 1765 年）来海州视察时写的《从苍梧山望云台》一诗：

> 攒矗千峰百里环，扪萝曾到翠微间。
> 空传火枣如瓜大，不见仙人海上还。①

《四知堂文集》在第二句"扪萝（意为追随）曾到翠微（即指青山）间"后面，刻有作者自注："二十八年曾上云台。"这说的是乾隆二十八杨锡绂曾来海州阅兵，当时登上过云台山。"火枣"是传说中的一种仙果，食之能羽化飞行。

对这首诗，后人误解很多。很多人都以"苍梧山就是云台山"的既定思维，批评说怎么能"从苍梧山望云台"呢？《嘉庆海州直隶州志》还特地指出了杨锡绂的错误，称："杨勤悫公《四知堂集》有《从苍梧山望云台》诗，盖未考图经也。"② 如果读一读《苍梧山重建佛殿记》，或许不会有这样的质疑，文章开头就说："苍梧山在东海营南城东山，北重岗复岭，直抵云台。"这已经明确指出了苍梧山具体位置，就是"南城东山"；也说明当时"苍梧山"名与"云台山"名同时存在，且那时的"苍梧山"就是狭指南城凤凰山，当然可以"从苍梧山望云台"了。了解这一点，也就不难理解杨锡绂《从苍梧山望云台》一诗了。

---

① 《从苍梧山望云台》，《四知堂文集》卷三十三，第 591 页。
② 《中国地方志集成·江苏府县志集64》，江苏古籍出版社 1991 年版，第 185 页。

关于"苍梧山"的话题，杨锡绂在《四知堂文集》卷三十三还有一首《东海苍梧山》，据考为乾隆二十八年（1763年）所作，诗的全文为：

旧垒颓摧草径芜，闲从马上问苍梧。
山头片石千秋在，曾见当年帝子无。[①]

业界有学者认为，"山头片石"应为秦东门之立石，杨锡绂这里称的苍梧山实乃朐山，看似有些道理。然而这首充满豪气万丈（甚至是霸气）的诗歌，以"马上""闲问""蔑视"的气概来责备衰败荒芜的旧垒，或许是提及立石秦东门之事。况且《史记》中有"（秦始皇）三十五年……立石东海上朐界中，以为秦东门"[②]的记载，但碑早已不存，连《嘉庆海州直隶州志》提及此事，也只是在州志"金石录"权存是目，有学者对此碑是否存在都大大存疑。因此杨锡绂提及"山头片石"可以被理解为不一定指向"秦东门之立石"。"立石秦东门"对海州是大事，可谓始皇之德政，提及这事似乎后面应跟上一句"今安在"才搭配，但"帝子无"的"无"应理解为疑问词，把"山头片石"理解为立石秦东门，与下文"帝子无"的蔑视，诗意不合。

与"苍梧"相对应的"帝"，似乎只有"舜帝"。古有"舜葬苍梧"一说，若照此理解，则"帝子"的"帝"似乎应为"尧帝"，"帝子"则为尧帝女儿娥皇、女英，皆为舜帝妃子。

[①] 《东海苍梧山》，《四知堂文集》卷三十三，第590页。
[②] ［西汉］司马迁撰，［南朝宋］裴骃集解，［唐］司马贞索隐，［唐］张守节正义：《史记》卷六《秦始皇本纪》，中华书局1959年版，总第256页。括号内为引者注。

第六章　凌廷堪《校礼堂诗集》的海州述怀

　　清朝中后期，淮北盐都板浦，是个名副其实的文化重镇、文化高地。

　　众所周知，文化不是物，再和谐的宇宙苍穹、再美好的自然景观，都不能构成"文化"，"文化"必须是基于人的活动产生的。板浦能成为文化高地，也是因为当时在这里有一批文化人。在这个"高地"上，产生过一座"高峰"，那就是李汝珍和众多文化名人的老师——乾嘉学派宗师凌廷堪。

　　凌廷堪生于板浦，成长于板浦，他从幼儿，到少年，到成年，人生中关键的二十三年都生活在海州。但是他却没有入海州籍，而是入了祖籍地的歙县籍，史志称其为"海州流寓"。

　　歙县，是徽州府治所在，是徽州文化的发源地，也是徽商、徽菜的主要发源地。

　　歙县，还是凌廷堪祖先做官的地方，然这个文化、经济相当繁荣的地方，却没有给地方官凌氏留下什么物质财富。不得已，凌廷堪的祖母带着孤子弃歙县而投奔娘家板浦。于是，板浦就结缘了这位经学大师凌廷堪。

　　凌廷堪有两个老师，一个是居于"草堂"，"接地气"的板浦地方文化名家吴恒宣，一个是居于"庙堂之上"的内阁大学士翁方纲，他们都是鼎鼎大名的学问家，对他的治学成长都产生了极大影响。

　　凌廷堪这位享有盛名的经学大师和国学大师，生长在板浦，之后还先后九次回板浦省亲。他教授培养了李汝珍、许乔林以及"中正二乔"、东辛程立中等诸多才子名士，对振兴、繁荣古镇板浦的学术文化产生了极大影响，他甚至影响了整个海州地区的学界文化，对其做出了不可否认的贡献。

　　如果要描绘凌廷堪的人生地图，海州板浦、扬州、北京和歙县，这四个地方就是他一生的地理坐标。扬州，让他从一个文人转变成学者，在扬州"赘华氏婿"，能在扬州出道，其根源还是"有赖于板浦"；北京，尤其是拜师翁方纲、与京城名流交游，使他从一个学人通过科举成为进入"体制内"的朝廷命官，根本上则是"得益于板浦"；歙县，虽是凌廷堪的祖籍地，是他晚年工作和终老的地方，然终老于祖居地，却依然没有留下物产，其后代又回到了凌廷堪生命的起点，"回归于板浦"。

　　凌廷堪一生著述非常之多，以《礼经释例》最为著名，他因此书成为乾嘉扬州学派翘楚。

　　凌廷堪的十四卷《校礼堂诗集》以独特的史学观关注社会问题，以质朴自然、感情真挚动人的文字描写自然山水、怀古思情、念亲怀友，他的一些学问诗亦能熔铸学问、性情于一体，属于学人诗中的佳作。

第一节　集学问大师与物质穷人于一身的凌廷堪

（一）

凌廷堪，字仲子，一字次仲，也称仲子先生。徽州歙县人，乾隆二十二年（1757 年）八月二十日出生于海州板浦场寓居（也有 1755 说）。清代经学家、音律学家，乾嘉扬州学派代表性人物。

史料记载，凌廷堪少赋异禀，读书一目十行，但因年幼家贫，弱冠之年方才开始读书。其实，凌廷堪幼时读过书，只因六岁（1762 年）时丧父，家庭断了经济来源，次年（1763 年）母亲王氏变卖首饰供他读私塾念书。1769 年凌廷堪十三岁时，嫡母（宗法社会妾所生的子女称父亲的妻子为嫡母）戴氏去世，凌廷堪因家贫，不得不辍学至商店当学徒，但他仍坚定学习。《校礼堂集》卷七载有其"十五学吟诗"的经历。十六岁（1772 年）时，凌廷堪协助吴恒宣编辑《云台山志》，并师从吴恒宣习音律，《云台山志》选录凌廷堪诗八首，此后他每年都有诗文作品，被收录在各种文集中。乾隆四十四年（1779 年），二十三岁的凌廷堪一直未出过远门，母亲王氏劝他"出游四方，就师友，求学问"①，这年二月初一凌廷堪应表兄、时任仪征课税司大使许执中之聘赴仪征，先是在许府做些抄写文书工作。这是他第一次出远门，留下了《别家》诗一首。正是此次游历扬州（仪征为扬州治下），为他开启了真正的学问生涯。在扬州，他结识并追随汪中、黄文旸等一批扬州学派学者，求学问道，充实自己，大有长进，"工诗及骈散文，兼为长短句"②，因仰慕其同

---

① 李明友：《李汝珍师友年谱》，凤凰出版社 2011 年版，第 44 页。以下只注书名、页码。
② 支伟成：《清代朴学大师列传》，岳麓书社 1998 年版，第 83 页。

乡江永、戴震学术，于是究心于经史，为他后来成为扬州学派代表人物奠定了基础。凌廷堪走出这一步，得益于母亲王氏的鼓励，求学并发展，得益于自身的执着追求，当然表兄之聘不仅给了他一份稳定的经济来源，更是给了他一个台阶，浙江文人张宜鹤大力推荐也是至关重要的。

正因为家贫，凌廷堪的父枢暂厝于板浦达十八年之久，待到乾隆四十五年（1780年）十月，凌廷堪才得以同兄廷尧、侄嘉锡扶父枢归葬祖坟地梅山汪家地。乾隆四十六年（1781年），凌廷堪自歙县由杭州回板浦，又应两淮巡盐御史伊龄阿之聘从板浦到了扬州，入扬州词曲局，任分校，受到两淮巡盐御史伊龄阿的赏识，还与汪端光、谢溶生、童钰、罗聘、李斗等有往来，开始撰写《元遗山年谱》初稿。时与阮元相识，成莫逆之交。

也因为家贫，加之事业未立，二十七八岁的凌廷堪一直未曾婚配，在当时已经是超级"剩男"了。终于，在乾隆四十九年（1784年）年春，凌廷堪和扬州华氏结婚，史料称其"赘华氏婿"。秋天，凌廷堪携妻华氏回板浦。作为扬州"赘婿"，凌廷堪在扬州的获得感似乎比出生地板浦更强，他的学问、人生成就在扬州，也是乾嘉时期扬州学派的代表人物。

（二）

如果说从板浦到扬州是凌廷堪学问人生的一大转折，那么赴京师拜师求学则是凌廷堪走上科举"正途"的关键一步。

乾隆四十七年（1782年）冬天，凌廷堪在学友的劝说下，终于决定赴京师拜师求学，开始了他的科举之路。经程晋芳推引，他结识了内阁学士翁方纲，翁读了凌廷堪的诗对其赞赏有加，答应收其为弟子，又介绍他去四库馆校书。乾隆四十八年（1783年）凌廷堪正式受业翁方纲之门，致力于经史之学，名公世卿、通儒雅士时在京中者悉知其名且欣赏他，"自入都后数月，名噪一时，都中皆知有先生"①。凌廷堪的科举之路虽有艰难，但因有贵人相助，还是比较理想的，他没有经过正式的考试程序进入全国竞试，而是通过纳资捐监的方式，也就是向政府缴费以取得"监生"的资格，之后进入所谓隶属中央的大学，这样他得以免去各种考试，而直接参加乾隆四十八年在顺天府举行的乡试。而这一年的主考官正是他的恩师翁方纲。但是出乎翁方纲意料的是，凌廷堪没能把握住机会，名落孙山。对此，凌廷堪非常内疚，十分沮丧。他觉得很对不起如此器重他的老师。乾隆四十九年（1784年），汪中与凌廷堪相见，辩论古今，汪中深为折服。汪中赞扬说"今得君合十有七矣"②，为人器重如此。乾隆五十年（1785年），凌廷堪考取一等，入国子监肄业。次年虽又再次经历顺天乡试不中，但他已没有什么挫折感了，继续与文方交往，论学论文，其中与孔广森、武亿相与订交志趣最洽。乾隆五十二年（1787年），他做客扬州，与秦恩复、刘台拱、焦循、李钟泗以及章实斋等有交往，撰《礼经释例》初稿。乾隆五十三年（1788年）秋，凌廷堪第三次参加顺天乡试，中北榜副贡第十名。这年冬，他回板浦省亲，受板浦场盐课大使李汝璜之聘，开馆授徒，李汝璜弟李汝珍"受业"，后来中正乔绍侨、乔绍傅，以及程中立等皆入其门下。乾隆五十四年（1789年）凌廷堪中举，隔年又中进士，乾隆五十八年（1793年）春，参加保和殿殿试，中三甲第二十六名，受县令，自请改为教职，次年十月选得宁国府教授，后去宁国府任职。之后因其母丧到徽州，曾一度主讲敬亭、紫阳二书院，后因阮元聘

① 《李汝珍师友年谱》，第83页。
② ［清］张其锦：《凌次仲先生年谱》，［清］凌廷堪撰，纪健生校点，《凌廷堪全集（四）》，黄山书社2009年版，第343页。以下只注篇名、书名、页码。

请，为其子常生之师。晚年凌廷堪下肢瘫痪，仍毕力著述十余年。

凌廷堪一辈子经济不景气，待到亡故那年依然一贫如洗，在歙县无任何产业，连他一直梦寐以求的农舍几间、薄田数亩也没能实现。家乡歙县九部七图之祖居地早已上无片瓦，下无立锥之地，仅存祖坟凌氏墓地一区而已。凌廷堪的长侄嘉锡及嗣孙名德待葬事毕，归返板浦。而凌廷堪自从去宁国府任职，就再也没回板浦。

综合凌廷堪《校礼堂文集·卷二十七·宁国凌氏宗谱序》、张其锦《凌次仲先生年谱》、李明友《李汝珍师友年谱》、王章涛《凌廷堪传》、刘舫《大家精要·凌廷堪》以及歙县沙溪凌氏谱，大致可以整理出凌廷堪的家世源流与传承。

（三）

凌廷堪的先世居浙江余杭，唐高宗显庆年间（656—660 年），先祖凌安（元一公）出任歙州州判，卒于任所，其家属遂滞留于此，聚居于歙北沙溪，开始歙州凌氏一族的世代延续，因此凌安被供奉为迁歙始祖。凌廷堪《校礼堂文集》卷二十七有《宁国凌氏宗谱序》也称元一公为始迁祖："吾歙之凌始于元一公，讳安……是为余杭迁歙之第一世祖。"[1] 在此序之末尾，有凌廷堪自己署名的"嘉庆二年九月初八日，元一公第三十九世裔孙、赐同进士出身、敕授文林郎、宁国府儒学教授加一级廷堪谨序"[2]，这里与凌廷堪的弟子张其锦所编《凌次仲先生年谱》推算凌廷堪为第三十八世有抵牾，笔者相信凌廷堪本人书写，而对他人推算存疑。自元一公凌安之后，再传而有东支、西支之分，其后裔散处各地，相对集中者有富春、休宁、宣城、饶州、歙南诸地，但总体而言以双溪为大宗。

① 《宁国凌氏宗谱序》，《凌廷堪文集》卷三，第 247 页。
② 《宁国凌氏宗谱序》，《凌廷堪文集》卷三，第 248 页。

　　凌廷堪的六世祖"烈祖"（应为族谱中第三十三世祖）凌善人，在沙溪建辅仁堂，供子弟读书；凌廷堪的"天祖"（三十四世祖）凌子任，字肩吾，明神宗万历十年（1582年）举人，官至广西平乐府永安州知州，著有《白雪楼稿》四（政抽编）二卷、《永安州志》六卷、《族谱》十卷。凌廷堪的"高祖"（三十五世祖）凌坤元，字宁一，邑庠生，著有《长松室》《稳香舍》二稿，今存有凌坤元编修《凌氏宗谱》。凌廷堪的"曾祖"（三十六世祖）凌济生，字方平。凌廷堪的祖父（三十七世祖）凌易筠，字松友，开始往来江淮，曾作为宁远将军岳钟琪幕客，后经商，过着亦幕亦商的生活，与板浦灶户许世贞交好，许将自己的女儿嫁给凌易筠，至此凌易筠频繁往来于歙县和板浦之间。因为凌廷堪的祖母为海州板浦许世贞女儿，她是许乔林的姑祖母，所以许乔林在文中常常称凌廷堪为"外兄"（表兄弟）。凌廷堪的父亲（三十八世）凌文焜（1706—1763年），字灿然，国学生。根据李明方《李汝珍师友年谱》按语："凌文焜秉承祖训，隐德不仕，以谋生至海州板浦场，投靠外祖父许世贞，并在板浦成家立业。娶妻戴氏，因无子，又娶王氏。王氏生二子，长子凌廷尧，次子即凌廷堪。另，凌文焜卒于壬午年十二月二十八日，是时已是公历1763年2月10日，故不能将其卒年定为1762年。"[1]

　　因为祖父凌易筠"仅得中寿"，那时凌廷堪的父亲凌文焜尚未能立业，在歙县谋生无着，祖母许氏迫于生计，携孤子文焜弃家投奔板浦娘家，一家人侨居海州板浦。随后凌文焜在板浦娶妻生子，所以凌廷堪与其兄凌廷尧（1737—1805年）皆出生于板浦，应该是地道的海州板浦人，但凌廷堪一直未入籍，所以只能算是徽州

① 《李汝珍师友年谱》，第7页。

歙县人。

因凌廷堪无子，其长兄凌廷尧有二子，即四十世的凌嘉锡、凌嘉锦，他便将凌嘉锦过继给凌廷堪作为嗣子。可惜嘉锦早逝，未给凌廷堪留下孙子，于是凌廷尧又将凌嘉锡的儿子凌名德（四十一世）过继给凌廷堪做孙子，凌廷堪去世后凌名德回板浦定居。关于凌廷堪后人回海州后定居何处，笔者查出两条信息：

一是连云港本土学者张传藻先生在吴鲁星所撰《许、李年谱》（未刊稿）"后记"中说："凌廷堪（1755—1809年）原也是歙县人，也是进士，后来落户海州，至今云台山下的凌州仍居住着他的后人。"

二是几年前，笔者曾在网上看到"米山珠湖堂的博客"有短文说，板浦东伊芦境内，如今有凌氏家族二十余户，博主认为是凌廷堪的后代，但缺少证据。[①] 笔者没有去细究，如果是"凌廷堪后人"，可能为凌廷堪过继孙凌名德之后裔。

第二节 《校礼堂诗集》与凌廷堪的诗歌特色

（一）

凌廷堪一生著述非常之多，有《礼经释例》一十三卷、《燕乐考原》六卷、《校礼堂文集》三十六卷、《校礼堂诗集》十四卷、《札记》六卷、《晋泰始笛律匡谬》一卷、《梅边吹笛谱》二卷、《充渠新书》二卷、《元遗山年谱》二卷、诗集十四卷及若干卷。另据罗士琳《畴人传续编》载，尚有未成稿的《魏书音义》一种。

---

① http://blog.sina.com.cn/u/6489349294。

　　大概由于凌廷堪的学术成就大大掩盖了他的诗名的缘故，在凌廷堪众多的著述中，《校礼堂诗集》远没有《礼经释例》影响之大。凌廷堪以研究"礼学"著称于世，且"礼学"成果有"盖世"之盛誉，却少有人知道凌廷堪最早是以诗歌开始显示才能、步入文坛的，也是以诗歌之影响赢得名声，并开始结识各界名流、学人大师，从一个"才人"转向一个"学人"的。在当时及后世文坛，对凌廷堪的诗歌不乏知音。乾隆六十年（1795 年），卢文绍在给凌廷堪《校礼堂初稿》写的序言中这样称赞他的诗文："诗不落宋元以后，文则在魏晋之间，可以挽近时滑易之敝。"① 几十年后，清末学者李慈铭在《越缦堂读书记》中也高度评价凌廷堪的诗歌成就，"乾隆中经儒之称诗者，沃田最胜，兰泉次之，先生诗可以上肩西庄，下揖芸台，其中往往自出名论，又时证发经义，则诸家所未及"②。沃田指的是沈大成，兰泉是王昶的号，西庄指王鸣盛，阮元号芸台。这四人在乾嘉时期都是以学人身份而作诗，凌廷堪能和他们并称，说明其诗歌应在乾嘉学人诗谱系中占有重要一席。

　　然后世及当今研究凌廷堪的学者，对《校礼堂诗集》的了解却很少。它不仅不像"礼经"那样本身就有学问因子，甚至同样是诗文，查阅网络搜集凌廷堪研究成果，对《校礼堂文集》的研究多于对《校礼堂诗集》的研究，且对《校礼堂诗集》的研究深度也不足。

（二）

　　凌廷堪的诗歌主要收录在《校礼堂诗集》中。

　　《校礼堂诗集》共十四卷，该诗集卷次是以编年为次序的。卷一录甲午（1774 年）到丁酉（1777 年）；卷二录戊戌（1778 年）到

---

① ［清］卢文绍：《校礼堂初稿序》，《凌廷堪文集》卷四，第 318 页。
② ［清］李慈铭：《越缦堂读书记》，《凌廷堪文集》卷四，第 297 页。

己亥（1779 年）；卷三录庚子（1780 年）到辛丑（1781 年）；卷四录壬寅（1782 年）到癸卯（1783 年）；卷五录甲辰（1784 年）到丁未（1787 年）；卷六录戊申（1788 年）到庚戌（1790 年）；卷七录辛亥（1791 年）到壬子（1792 年）；卷八录癸丑（1793 年）；卷九录甲寅（1794 年）到乙卯（1795 年）；卷十录丙辰（1796 年）到丁巳（1797 年）；卷十一录戊午（1798 年）到庚申（1800 年）；卷十二录辛酉（1801 年）到壬戌（1802 年）；卷十三录癸亥（1803 年）到甲子（1804 年）；卷十四录戊辰（1808 年）到己巳（1809 年）。

《校礼堂诗集》录诗卷次编号始于乾隆三十九年（1774 年），当时凌廷堪十八岁。收录在《校礼堂诗集》中最早的诗，就是他十八岁时所作的《静女吟》。而在《校礼堂诗集》卷五乙巳年《学古诗二十首》的第二十首中明确写道："十五学吟诗，于今十余载。"①，说明凌廷堪十五岁时即能写诗，但《校礼堂诗集》中并没有收载他十五岁的诗，却从十八岁开始的。这不能不说是遗憾。

《校礼堂诗集》是凌廷堪死后一年，他的弟子张其锦北走海州、南下扬州多方收集并整理出的遗作。凌廷堪原来编订的自己诗集中，各集子的名称会根据创作时间和地方的变化而变化。乾隆三十九年到乾隆四十一年（1776 年）所作的诗被命名为《学吟集》；乾隆四十二年（1777 年）到乾隆四十三年（1778 年）所作的诗被命名为《佣书集》，他又将前两个集子总名为《紫石山房吟草》，后又删改为《海隅集》；乾隆四十四年（1779 年）所作的诗被命名为《銮江集》；乾隆四十五年（1780 年）十一月到乾隆四十六年（1781 年）二月所作的诗被命名为《负土集》；乾隆四十七年（1782 年）八月到十月所作的诗被命名为《游燕集》；乾隆四十八年（1783 年）到

---

① 《学古诗二十首》（其二十），《凌廷堪文集》卷四，第 67 页。

乾隆五十五年（1790 年）所作的诗被命名为《春草阁诗》，后又删改为《易蜩集》；乾隆六十年（1795 年），他把乾隆五十五年之前和之后的诗作，总名为《校礼堂初稿》。

从《校礼堂诗集》中可以看出，嘉庆十年（1805 年）到嘉庆十二年（1807 年）凌廷堪无诗歌作品。这可能是因为凌廷堪忙于读礼而无暇写诗，并非有作品散佚。①

（三）

《校礼堂诗集》中有很多凌廷堪关注社会问题的诗歌，中国古代知识分子历来有关心政治的传统，凌廷堪那些反映社会现实、关注民生疾苦的时政诗，体现了社会底层文人凌廷堪的人文情怀和忧国忧民的文人思考。靳举在《凌廷堪交游与诗文研究》中指出，凌廷堪的这类诗共有十一首，其中反映河工问题的四首；反映民间俗祀的四首；反映社会不良风气的一首；反映东南战事的二首。②

乾隆三十九年八月十九日，黄淮决口，下游一片汪洋，沦为泽国。十八岁的凌廷堪用诗歌记录下了淮河河溢给百姓带来的巨大灾难。

《校礼堂诗集》卷一甲午年第四首《河溢》写道："号呼望救声入云，富强登舟贫弱死。死者骨肉为尘泥，生者俱上长淮堤。淮堤无米不得食，惟见日暮风凄凄。……洪范五行多附会，愿随击壤颂皇仁。"③这首诗体现了凌廷堪作为一个知识分子关心民瘼、关注时政的可贵情怀。诗人用白描的手法刻画了淮河河溢后灾民的种种痛苦，感情深沉动人。可惜，诗的最后，凌廷堪却把希望寄托在皇

---

① 靳举：《凌廷堪交游与诗文研究》，上海大学硕士论文，2008 年。以下只注篇名。
② 《凌廷堪交游与诗文研究》。
③ 《河溢》，《凌廷堪文集》卷四，第 2 页

帝身上。虽然这样写多少减弱了对社会的批判性，但是写作此诗歌的时候，凌廷堪还只是个从未出过远门，生活贫穷、辍学经商的年轻人，把希望寄托于朝廷，也是作为一介百姓十分真实、朴素的想法，这也是正常的。

乾隆四十四年，二十三岁的凌廷堪开始了人生的第一次出门远游。他去仪征途中渡过黄河时，闻得仪封河崩，深感忧虑，写出了《渡黄河》一诗："浅濑客方看雁鹜，上游人说走蛟鼍。"并发出"击楫中流发浩歌"的感叹。[①] 清代四大政"河工""漕运""盐政""兵饷"是关系国计民生的大事，向来为忧国忧民之士所关注。《校礼堂诗集》卷二中有四首诗都与淮河河工相关，足以见得凌廷堪对黄河河工尤为重视。日后，凌廷堪"受业弟子"李汝珍虽然出于捐吏目的，但选择"河工"的他毅然决然地赴河南候选治河县丞，或许与凌廷堪这种"忧国忧民"的忧患意识传承有某种关系。

（四）

《校礼堂诗集》中，收录了许多写景纪游、咏史怀古的诗歌，读这些诗，可以看出凌廷堪对写景诗的创作极为自信。凌廷堪常常喜欢以诗歌来纪游，他曾在诗中多次提及这一爱好，如《校礼堂诗集》卷三有《舟中望摄山》："回首山灵仍自笑，题诗聊复记吾曾"[②]；《箬岭》："题诗记游历，排纂惊昌黎"[③]。凌廷堪创作了大量的写景纪游诗，他曾在《送程时斋游关中》一诗中说："收拾山川来笔底，万颗骊光千尺长。"[④] 凌廷堪的记游写景诗大多写于外出宦

---

① 《渡黄河》，《凌廷堪文集》卷四。
② 《舟中望摄山》，《凌廷堪文集》卷四，第31页。
③ 《箬岭》，《凌廷堪文集》卷四，第33页。
④ 《送程时斋游关中》，《凌廷堪文集》卷四，第8页。

游途中，每至一地，必题新诗。凌廷堪笔下的写景纪游诗呈现出多种风格，或豪放雄健，或清新俊逸，或淡泊高华，或追求诗歌的新鲜感和险境。除通过景物描写来表现对自然山水的热爱和自己心情外，凌廷堪还由历史古迹生发咏史怀古之情。《校礼堂诗集》中有悼念历史上的名臣、武将的诗；也有追慕历史上的先贤圣哲、诗人作家的诗；还有针对某一或几个历史事件抒兴亡之感。凌廷堪借史咏怀、感慨兴叹，表达着自己的史学观。

凌廷堪是个极重亲情的人，《校礼堂诗集》中收录有他的数首念亲思家诗，凌廷堪早年所创作的送别诗也被收入其中。

乾嘉时期，由于受汉学考据时代风气的影响，诗歌创作上开始出现以经术学问为诗，以考据为诗的倾向，其代表人物是翁方纲。作为经学家、考据家，翁方纲认为"所为诗，自诸经注疏，以及史传之考订，金石文字之爬梳，皆贯彻洋溢其中，论者谓能以学为诗"[1]。其论诗标举"肌理说"，主张"为学必以考证为准，为诗必以肌理为准"[2]。"肌理"用来论诗，包括义理与文理。义理为"言有物"，指以六经为代表的合乎儒家道德规范的思想与学问；文理为"言有序"，指诗律、结构、章句等作诗之法。作为翁方纲弟子，同时也是经学家，凌廷堪写了很多谈学论道的诗歌，在《校礼堂诗集》中多有收录。另外，凌廷堪的一些学问诗，合性情与学问于一体，是他的学问诗中优秀之作。

总而言之，凌廷堪关注社会问题的诗歌，大都语言质朴自然、感情真挚动人。诗中多用白描的手法对社会现实进行客观描述，暗含作者态度。有学者认为，凌廷堪的诗还常通过对比的手法来对社

---

[1]　赵尔巽等撰：《清史稿》卷四八五《文苑二》，中华书局1977年版，总第13395页。

[2]　［清］翁方纲：《志言集序》，黄霖，蒋凡主编：《中国历代文论选新编：精选本》，上海教育出版社2008年版，第224页。

会进行批判；一些咏史怀古诗凸显了他的"独客"形象，缅怀历史上英雄人物的同时，也暗伤自己的怀才不遇，表达自己独特的史学观；念亲怀友诗语言流畅自然，少数写得豪放雄健，但都是感情深厚缠绵、感人至深，已得唐诗三昧；一些学问诗亦能熔铸学问、性情于一诗，属于学人诗中的佳作。

第三节　《校礼堂诗集》中的海州述怀

（一）

如果给凌廷堪画一幅人生地图，无论是人生履历图，还是文才成长图，抑或他的学问思想图，有四个地方是不可以轻描淡写的——海州板浦、扬州、北京和歙县，这四个地方就是凌廷堪一生的地理坐标。

先不说板浦，且看其他三个地方。

扬州让凌廷堪谋得差事，解决温饱问题；扬州使得凌廷堪结识不少饱学之士，也使他得以汲取学养，由一个文人转变成学者，且学问不断得以提升，直至成为一代经学、礼学大师，一名扬州学派代表学人。在扬州"赘华氏婿"，给了凌廷堪这个"高龄剩男"一个相对完整的家。然而这一切都因他的表兄、他的娘舅家板浦许氏的"出手"。因此他能在扬州出道，其根源还是"有赖于板浦"。

北京，尤其是拜师翁方纲、与京城名士交游，使凌廷堪从一个学人通过科举成为进入"体制内"的朝廷命官。这一切得益于"内阁中书改授吏部主事，迁员外郎，被举荐纂修四库全书"的程晋芳。程晋芳和凌廷堪既是歙县相同祖籍地，又是当时淮安府（海州板浦也为淮安府治下）同乡，且程晋芳为人"好周戚友，求者应，不求者或强施之"①。凌廷堪由程晋芳而拜上翁方纲，结识诸多名士，并且程晋芳出资为凌廷堪捐了个"监生"，才有了后来的举人、进士，因此他"得益于板浦"老乡。

歙县，虽是凌廷堪的祖籍地，但从他祖父去世、祖母带着孤子来板浦投靠娘家，歙县就不再有他家的一片泥瓦，他也只是在二十四岁送父亲下葬才第一次到祖籍地。然中进士之后，自请改教职，得以做宁国府教授，他曾一度主讲敬亭、紫阳二书院，在那里著述写书。去职后因其母丧到徽州，且在嘉庆十年（1805年）这一年五月到九月，连续丧长兄、母亲、妻子，自己又瞎了一只眼，其悲惨可谓至极，直至终老。然终老于祖居地，却依然没有留下物产，其后代又回到了凌廷堪生命的起点，"回归板浦"。

凌廷堪在海州板浦出生，青少年时期都是在板浦度过的，特别是十六岁得以拜板浦名士吴恒宣为师，正逢吴恒宣修《云台山志》，于是就其聘任，不仅获微薄收入，还因吴恒宣是一位剧作家，尝作《双仙记》《义贞记》，受其影响，凌廷堪开始留心南北曲学，认为"词曲虽小道，亦音律中之一端"②。凌廷堪学问的底子、成长的基础都是在板浦打下的，其后无论到扬州"有赖于板浦"，还是在京城"得益于板浦"，抑或终老于祖居地后，后代"回归板浦"，都足以说明，板浦是凌廷堪的"根"，板浦有凌廷堪的"魂"，他魂牵梦绕的地方终究是板浦。所以在凌廷堪的《校礼堂诗集》中，有大量的海州自然景物、乡土亲情、人事感怀的诗歌。

---

① ［清］袁枚著，周本淳标校：《小仓山房续诗文集》卷二十六，《翰林院编修程君鱼门墓志铭》，上海古籍出版社1988年版，第1714页。
② 《凌次仲先生年谱》，《凌廷堪文集》卷四，第336页。

（二）

凌廷堪是个极重亲情的人，他的诗歌中存有多首念亲思家诗。他六岁丧父，自幼由母亲抚养长大；二十三岁时，在母亲的鼓励下，开始外出求学，终于造就一代名儒。凌廷堪对母亲的感情极为深厚，他初次离家远行时，在《别家》一诗中曾这样写道：

东风荣蓬根，蓬生日以滋。

欲逐道途转，恋此三春晖。

游子昧爽兴，再拜辞庭闱。

廿载奕膝下，未尝顷刻离。

今日远行役，恐母常念儿。

行李行载途，犹复牵母衣。

兄为引离樽，欲语仍含悲。

仆夫催登程，相亲徒依依。

我马何踤躞，我车何逶迤。

飘飘白云飞，悠悠使我思。①

整首诗语言质朴自然，感情真挚动人。凌廷堪以飞蓬自喻，而将母亲视为三春晖，取孟郊"谁言寸草心，报得三春晖"之意。"行李行载途，犹复牵母衣"。通过"牵"这一细节动作，生动传神地表现了他对母亲的依依不舍。②

凌廷堪因家贫，父亲凌文焜去世后十八年不得归葬故乡，只能停柩当地。他二十岁时作七歌，既表达了对父亲的哀思，又深深自

① 《别家》，《凌廷堪文集》卷四，第18—19页。
② 《凌廷堪交游与诗文研究》。

责不能将父亲归葬家乡。《二十生日作歌七首》其二云：

> 我昔孩提先子逝，终天之恨谁与陈。
> 有柩十年未归葬，呜呼天地一罪人。①

所以，当凌廷堪出门远行，辞别父亲棺板时，心情无疑是沉痛的。《别先君子柩》中云：

> 旅梾淹朐海，悠悠十八春。
> 却含将别泪，犹是未归人。
> 漫诩千年赋，空惊七尺身。
> 江乡何日返，南望倍酸辛。②

当他在外出途中得到家信后，心情变得极为宽慰，《得家信》云：

> 忽忽辞家客，萧条对酒杯。
> 恰当三月暮，喜见一书来。
> 乍读平安信，暂令怀抱开。
> 羁心极流水，无处不潆洄。③

全诗并无华丽辞藻，亦无巧琢雕饰，只是用自然的语气叙述收到家信后的喜悦。

---

① 《二十生日作歌七首》（其二），《凌廷堪文集》卷四，第9页。
② 《别先君子柩》，《凌廷堪文集》卷四，第19页。
③ 《得家信》，《凌廷堪文集》卷四，第22—23页。

凌廷堪虽然自小在海州长大，但他始终有种外乡人的感觉。

凌廷堪早年写给好友章洞的友情诗，多写得情意绵绵、淡洁高雅，如写于早年的《酌亭往赣榆云十日始归作此怀之》云：

> 分手能几日，离怀难自由。
> 相思频望远，风雨亦登楼。
> 山送溪声晚，天连海色秋。
> 遥望素心友，吟断白萍洲。①

这首诗的字里行间无不充满着思念之意。诗中的"吟断白萍洲"不禁让人想到温庭筠的《望江南》中的名句"肠断白萍洲"。

（三）

凌廷堪的记游写景诗通过对山水景物的描写，或表现羁旅行役之苦、思亲怀乡之情；或描述个人游历见闻感受，表达淡泊自然的心境。《登云台山》《云台山二十四景》《登东海谢禄山观海》《秦东门铭》《奇泉铭》《天池铭》《牛墩河》等大量诗文，就是凌廷堪和诗友们游历海州山川景点的见证。

《校礼堂诗集》卷一收录有凌廷堪十九岁时所作的《登谢禄山观海并序》。谢禄山，即南城山。今天的南城即为宋东海县故城。诗的序言写道："宋乐史《太平寰宇记》：东海县有谢禄山，在县西一里。王莽时，东海徐宣、谢禄击莽将田况，大破之，曾屯兵于此，因名。"②诗中对出现在海州的海市蜃楼奇观进行了书写。

诗云：

---

① 《酌亭往赣榆云十日始归作此怀之》，《凌廷堪文集》卷四，第4页。
② 《登谢禄山观海》序，《凌廷堪文集》卷四，第4页。

阳侯驱涛天外来，巨浪倒蹴青天开。

溃沦一气望不辨，喧阗白昼生风雷。

长空灏漾日月伏，远浦击汰鼍景回。

被襟有客踞峰顶，下瞰万顷如一杯。

金蝉小岛浪花里，狂澜作柱犹崔巍。

天风浩浩肆鼓荡，两腋蓬勃何雄哉。

乘风我欲到玄圃，愿挟卢敖游九垓。

青螭桀骜不可驭，侧身东望空徘徊。

妖蜃播灵竟幻化，沧溟忽辟金银台。

飞仙羽士控鸾鹤，珠宫贝阙疑琼瑰。

眼前此景许谁道？玄虚一赋真奇才。

……

分争割据底何问，鲲鹏蜉蝣皆劫灭。

俯仰宇宙三叹息，浩歌击剑倾尊罍。①

这首《登谢禄山观海》一诗在《云台新志》等多部史料中有收录。

历史上的海州海域经常出现海市蜃楼奇观，古人归因于蛟龙之属的蜃吐气而成。平静的海面突兀现出方圆数公里的亭台楼阁、城郭古堡、山川树木之幻景，虚无缥缈，变幻莫测，若隐若现，宛如仙境。凌廷堪的这首诗正是对这种现象的描述。

这首诗颇有李白七言歌行的味道，纵横开阖、变化超忽。诗的开始部分以大胆想象之笔，写"想落天外"之景，超迈绝伦。随后，

---

① 《登谢禄山观海并序》，《凌廷堪文集》卷四，第5页。

凌廷堪桀骜不驯的形象跃然纸上,"被襟有客踞峰顶,下瞰万顷如一杯"。诗的最后,他发出深沉的历史感叹:历代纷争割据犹如一场蜗角之争的游戏,又如同鲲鹏蜉蝣一样终归于幻灭。

在另一首诗《登云台山》(《校礼堂诗集》卷一)中,凌廷堪通过景物描写来表现对自然山水的热爱和自己的心情。诗云:

> 千仞崔嵬峻莫扳,天边浓结绿云鬟。
>
> 泉悬绝壁垂寒练,日浴洪涛转大镮。
>
> 万里风波回砥柱,千秋峦障作重关。
>
> 团圆塔影浮云外,半插青霄半倚山。①

凌廷堪的这首七律,应为青年时代游云台山时所作。通过描写云台山之高峻难攀的情景,将层层山峦形容犹如美人黑亮的环形发髻,描写登至山腰仰见泉悬、俯见日出的景象,登至山头所见波回、峦叠的气势。最后以立在黄河激流中的砥柱山作比喻,云台山抵住万里风浪,以登顶望塔、塔耸半空作结。诗中涉及云台山的自然、人文景观,写到了海清寺塔的影像,以及塔下为纪念玄奘一家团圆而建的团圆宫。

《校礼堂诗集》中有大量的海州书写,限于篇幅不赘述。

---

① [清]凌廷堪:《登云台山》,[清]崔应阶重编,吴恒宣校订,《江苏省云台山志》卷八,成文出版社1983年版,第525页。

后 记

古朐海州，历史悠远，文化淳厚，自新石器时代始有先民生存于斯，赓续于斯，虽历经沧桑更替，然海州文脉传承未断。

少昊置都城，秦帝设朐县，武定称海州，这里一向钟灵毓秀、地灵人杰。海州的先民创造文明、丰腴文化、传承文脉，他们将桑梓情深刻于石、记于碑、撰于史、写于文、传于世，于是留下了"东方天书"，留下了中国最早的"摩崖造像"。海州文脉相继，绵绵瓜瓞。

自古以来，蓬莱瀛洲方丈为人神共同向往之所；三山仙岛，俱与海州有所关联，寰宇名士皆乐意海州。于是，这里留下了浩如烟海的名著佳构。

海客瀛洲，说的是作客海州之名士，他们皆非海州籍，但也皆与海州有缘，无论他们是为了海州抑或不是专门为海州写作，但他们书写的名著皆与海州有关联。于是，便有了这部《海客瀛洲说名著》。

得益于上苍眷顾，无论游历于海州、客居于海州、仕宦于海州，也无论是走马还是久居于海州，他们都是以海州为背景的写作者，无不留下关于他们与海州的无尽情缘，这些记载，利我海州古邑，润我海州人民，泽被海州子孙。也让海州历史文化得以传承，将文采风流尽展于海州。

从古至今，客居海州的贤达之人无计其数，留下关于海州的诗词文赋、小说戏曲、碑铭志书、史乘考释、策论日记、药方食谱……浩如烟海，仅仅笔者正在参与编撰的《海州艺文志略》就有十数卷百多万字，但即便如此，仍无法详尽挖掘梳理全面。后来，笔者挑选撰写了三十多位文化名人和他们的三十多部文化名著，撰写稿几乎都在《苍梧晚报》予以连载，有的还在其他报刊刊载。出版本集仅选取了其中的十七位名人的十七部名著以及作者与海州的渊源。未收入本辑，以及今后续写的，将以《海客瀛洲说名著补续》形式再行刊印。

本次出版部分，依题材分为文化名著、小说戏剧名著、诗文名著，于是有了"文化名著润海州""文学名著写海州""诗文名著颂海州"三个部分，今以"三卷"的形式呈现，并按章节一以贯之下来。

出版本书，得益于《苍梧晚报》连载选题，《苍梧晚报》责编的敦促与悉心编校给了我们持续写下去的信心；得益于张师树庄先生，作为地方文史大家，张先生不仅为本书写序提携，还逐篇校读，精心审核，校正错讹，盛为感激；得益于崔谦博士对参考文献的细心核对；得益于北京鸿儒文轩责编秦国娟女士认真负责的工作，她虽经历一波三折仍坚持不懈，对本书有玉成之功；中国言实出版社的领导和编辑人员，悉心审稿、精心编校，为本书出版尽职尽责；美编为本书设计了精美封面，为本书增光添彩，在此一并表示衷心的感谢！

今天的一切，都将成为明天的历史，今所撰《海客瀛洲说名著》，由于笔者学识水平及目见文献史料所限，讹误在所难免，敬请读者指正，能将所察讹误与我们交流，我们将感激不尽。

我们相信，随着史料挖掘的进一步明朗，对先贤及其著作研究的进一步深化，本书将会显露出理解不深，甚至典籍误用以及其他错讹，好在还有纠错和"补续"机会。

徐习军

于海州海宁之都"仁让堂"书斋

2023 年 10 月